U0627829

环渤海大湾区协同发展研究

Research on the Collaborative Development of the Bohai Bay Area

周　楠◎著

南开大学出版社
NANKAI UNIVERSITY PRESS

天　津

图书在版编目(CIP)数据

环渤海大湾区协同发展研究 / 周楠著. -- 天津：
南开大学出版社，2025. 5. -- ISBN 978-7-310-06642-1

Ⅰ. F127.6

中国国家版本馆 CIP 数据核字第 20249BZ086 号

版权所有　侵权必究

环渤海大湾区协同发展研究
HUANBOHAI DAWANQU XIETONG FAZHAN YANJIU

南开大学出版社出版发行

出版人：王　康

地址：天津市南开区卫津路 94 号　　邮政编码：300071

营销部电话：(022)23508339　营销部传真：(022)23508542

https://nkup.nankai.edu.cn

河北文曲印刷有限公司印刷　全国各地新华书店经销

2025 年 5 月第 1 版　　2025 年 5 月第 1 次印刷

240×170 毫米　16 开本　15.5 印张　2 插页　242 千字

定价：85.00 元

如遇图书印装质量问题，请与本社营销部联系调换，电话：(022)23508339

序　言

　　湾区作为当今国际区域版图和世界发达沿海城市的重要标志，代表着区域发展的最高水平。当前，中国区域经济发展格局正在发生深刻变化，东部地区的经济实力持续增强，中西部地区经济发展迅速，区域间发展差距逐渐缩小，区域一体化程度不断加深，跨区域合作日益增加，以中心城市为主要载体的城市群也在逐渐发挥其汇聚与扩散资源要素的主体功能。在新时代区域协调发展战略向纵深推进的背景下，为全面贯彻新发展理念、着力构建新发展格局、推动高质量发展，需要加快推进湾区建设步伐。我国湾区建设的构想可以追溯到 1986 年成立的环渤海经济区，当时天津联合环渤海地区 13 个沿海城市发起成立了环渤海地区经济联合市长联席会，这标志着环渤海经济圈的建设构想被提上地方政府议程。2015 年 4 月，随着京津冀协同发展重大国家战略正式实施，环渤海地区也成为这一国家战略在协同层次与地理空间上升级与拓展的重要区域。自 2017 年 3 月粤港澳大湾区建设上升为国家战略后，在 2019 年的全国两会上，多名代表委员建议可以超前谋划和推动建设环渤海大湾区，以此形成与粤港澳大湾区南北呼应的格局，同时加快建设以首都为核心的京津冀世界级城市群，推动京津冀区域协同向纵深发展，实现高水平建设雄安新区与振兴东北，进而推动中国北方地区高质量发展。

　　环渤海区域是指以环渤海经济圈为基础，环绕渤海全部及黄海部分沿岸地区组成的广大经济区域。一般意义上的环渤海区域覆盖北京、天津、河北、辽宁和山东五省市，属于沿海合作区域。更广意义上的环渤海区域除上述五省市外，还包括属于内陆协作区的山西省和内蒙古自治区。本书采用一般意义上的地理范围界定，即环渤海地区沿海合作紧密圈。本书首先从宏观视野提出建设环渤海大湾区的战略定位与总体思路，再以多学科视角为观照，分别从新经济地理理论、新区域主义理论和尺度理论对环渤海大湾区建设的理论逻辑进行阐述。在系统梳理与划分环渤海区域建设与发展历程的基础上，着重探讨建设环渤海大湾区面临的现实困境及解决路径，进而从城市群视角出发，对该区域所涵盖的京津冀城市群、辽中南城市群和山东半岛城市群的协同发展现状与问题进行总结与分析，并有针对性地提出应对思路。考虑到国内外知名湾区建设与发展的成功经验对高质量建设环渤海大湾区具有重要的启示与借鉴意义，本书分别对旧金山湾区、纽约湾区、东京湾区及粤港澳大湾区的成功经验进行凝练，提出对建设环渤海大湾区的有益启迪。区域协同发展关涉政治学、经济学、管理学等多个学科和研究领域，本书将协同学理论、协同治理理论、府际协同理论与政策协同理论作为研究环渤海大湾区协同发展的理论基础，进而从多学科出发、以专题形式展开深入研究。研究内容包括基于新发展理念的环渤海大湾区协同发展水平测评、环渤海大湾区城市群府际协同治理体系建构、环渤海大湾区科技创新政策协同演变及其影响以及环渤海大湾区高新技术产业协同创新研究四个专题。

撰写本书的最初想法源自 2020 年 10 月立项的天津市哲学社会科学规划青年项目"环渤海大湾区府际协同治理体系研究（TJZZQN20-004）"，因此，也可将本书作为该项目的一个重要研究成果。在本书的撰写过程中，我指导的学生团队参与了部分章节的资料收集、汇总、分析与撰写工作，他们是硕士研究生刘洁、杨珍、赵晓旭、冯冉冉等，以及于 2023 年 9 月保研至中央财经大学政府管理学院的本科生尹停停。

本书得到天津科技大学社科专项资金支持，在此表示感谢。我还要感谢南开大学出版社及编辑夏冰媛为本书的出版付出的辛勤工作。

周　楠

2024 年 2 月

目　录

第一章　环渤海大湾区建设的战略定位与总体思路

　　湾区作为当今国际区域版图和世界发达沿海城市的重要标志,存在于海岸带地区,是一种典型的滨海经济发展形态,代表着区域发展的最高水平。湾区因具备开放的经济结构、高效的资源配置能力、强大的集聚辐射功能、发达的交通运输体系和包容的文化环境,成为全球经济增长与产业技术变革的重要引擎[①]。湾区经济是现代经济发展方式与优越地理空间融合的产物,世界银行调研数据显示,全球有约 60% 的经济体量、70% 的工业资本和人口、75% 的大城市集中在港口海湾地带及其直接腹地。从科尔尼咨询公司发布的《区域分化的城市发展机遇:2023 年全球城市指数报告》中不难看出,2023 年全球排名前 10 位的城市大多分布在湾区(如表 1-1所示),这预示着全球正加速步入湾区时代。

表 1-1　2022—2023 年全球城市综合排名十强城市及排名变化

城市	2023 年排名	2022 年排名	2022—2023 年排名变化
纽约	1	1	0
伦敦	2	2	0
巴黎	3	3	0
东京	4	4	0
北京	5	5	0
布鲁塞尔	6	11	+5
新加坡	7	9	+2
洛杉矶	8	6	−2
墨尔本	9	8	−1
香港	10	10	0

数据来源:科尔尼 2023 年全球城市指数报告。

　　[①] 马忠新、伍凤兰:《湾区经济表征及其开放机理发凡》,《改革》2016 年第 9 期。

　　党的二十大报告明确提出，要"加快构建新发展格局，着力推动高质量发展"。在以中国式现代化全面推进中华民族伟大复兴的新征程上，作为未来经济发展蓝图核心部分与区域经济布局关键环节的大湾区建设，不仅是深入推进国家治理体系和治理能力现代化建设的重要内容，还是加快构建以国内大循环为主体、国内国际双循环相互促进的新发展格局的内在动力①，而"以城市群、都市圈为依托构建大中小城市协调发展格局"则是党的二十大报告围绕促进区域协调发展对未来中国城市群向现代化迈进作出的总体规划。当前，中国区域经济发展格局正在发生深刻变化，东部地区的经济实力持续增强，中西部地区经济发展迅速，区域间发展差距逐渐缩小，区域一体化程度不断加深，跨区域合作日益增加，以中心城市为主要载体的城市群也在努力发挥其汇聚与扩散资源要素的主体功能。在新时代区域协调发展战略向纵深推进的背景下，为全面贯彻新发展理念、着力构建新发展格局、推动高质量发展，需要加快推进我国湾区建设步伐。

　　我国湾区建设的构想可以追溯到 1986 年成立的环渤海经济区。当时天津为顺应国家提出的区域经济发展总体规划，联合环渤海地区 13 个沿海城市②，发起成立了区域性经济合作组织——环渤海地区经济联合市长联席会，这标志着环渤海经济圈的建设构想被提上区域内地方政府议程。在首届会议上，与会成员将"联合起来、振兴渤海、服务全国、走向世界"确立为环渤海地区经济联合的工作方针。1992 年，党的十四大报告明确提出要加快环渤海地区的开发、开放，将这一地区列为全国开放开发的重点区域之一。2014 年 3 月，"加强环渤海及京津冀地区经济协作"被纳入当年政府工作报告。2015 年 4 月，中共中央政治局审议通过了《京津冀协同发展规划纲要》，这标志着习近平总书记亲自谋划、亲自部署、亲自推动的京津冀协同发展重大国家战略正式落地实施，环渤海地区也由此成为这一国家战略在协同层次与地理空间上升级与拓展的重要区域。同年 9 月，《环渤海地区合作发展纲要》经国务院批准正式颁布实施，加快环渤海地区合作发展，是推进实施"一带一路"建设、京津冀协同发展等国家重大战略

---

　　① 杨枝煌、陈尧：《中国大湾区建设的战略运筹》，《社会科学》2020 年第 12 期。

　　② 13 个沿海城市（不含天津）：丹东、大连、营口、盘锦、锦州、秦皇岛、唐山、沧州地区、滨州地区、东营、潍坊、烟台、青岛。

和区域发展总体战略的重要举措,事关国家改革开放和区域协调发展大局,具有重大意义①。2018 年 11 月,中共中央、国务院联合发布的《关于建立更加有效的区域协调发展新机制的意见》进一步强调:"以北京、天津为中心引领京津冀城市群发展,带动环渤海地区协同发展。"②在 2019 年的全国两会上,有多名代表委员建议可以超前谋划和推动建设环渤海大湾区,以此形成与粤港澳大湾区南北呼应的格局,同时加快建设以首都为核心的京津冀世界级城市群、推动京津冀区域协同向纵深发展、实现高水平建设雄安新区与振兴东北,进而推动中国北方地区高质量发展。

第一节　环渤海大湾区建设的战略定位

环渤海区域是指以环渤海经济圈为基础,环绕渤海全部及黄海部分沿岸地区所组成的广大经济区域。从地理区位来看,环渤海区域北通东北经济区,南连长三角区域,西接丝绸之路经济带,东邻韩国、朝鲜、日本等东北亚经济区,自古就是连接东北、华北、西北、华东、华中等地区的交通要道和战略要地。在不同历史时期和不同政策背景下,环渤海区域范围有所不同。一般意义上的环渤海区域覆盖北京、天津、河北、辽宁和山东五省市,属于沿海合作区域。更广意义上的环渤海区域除上述五省市外,还包括属于内陆协作区的山西省和内蒙古自治区。本书采用一般意义上的地理范围界定,即环渤海地区沿海合作紧密圈。

环渤海区域连接海陆、作用独特、区位优越,是推动我国北方经济高质量发展的核心地带,也是我国"一带一路"建设、京津冀协同发展、雄安新区建设、山东半岛"黄蓝两大战略"等多个国家重大战略交互叠加的重要区域。环渤海区域现已形成以京津冀为"一体"、辽宁和山东为"两翼"的三大板块结构,区域内拥有三大港口群、三大"一带一路"综合试验区、四大国家自主创新示范区和五大自由贸易试验区以及一个新旧动能转换综

---

① 国家发展改革委:《国家发展改革委印发〈环渤海地区合作发展纲要〉》,https://www.gov.cn/xinwen/2015-10/24/content_2953190.htm。
② 《中共中央 国务院关于建立更加有效的区域协调发展新机制的意见》,https://www.gov.cn/zhengce/2018-11/29/content_5344537.htm。

合试验区和四个国家级新区。①加快建设环渤海大湾区将全面促成国家级战略的联动实施，推进区域经济发展方式的转变和新旧动能转换，以及进一步提升环渤海区域国际化与现代化水平，形成我国参与东北亚地区经济合作竞争的新优势。建设环渤海大湾区需要聚焦国家战略需求与把握区域发展实际，进而确立以下战略定位。

一、我国北方经济增长的重要引擎

环渤海区域紧邻渤海湾，拥有便利的海上运输条件，是我国北方重要的海上门户和国际贸易的重要通道。环渤海区域拥有煤炭、铁矿石、石油等丰富的自然资源，这些资源对于该地区能源和工业领域的发展起到重要的支撑作用。北京、天津、石家庄、青岛、济南、沈阳、大连等区域内重要城市集聚的包括人才、资本、技术等优质要素是推动环渤海区域经济发展的关键动力。加快建设环渤海大湾区，将其打造成我国北方经济增长和转型升级的重要引擎，进而呼应环杭州湾区域和粤港澳大湾区等地的开发开放，就需要合理有效利用环渤海区域优越的地理区位、丰富的自然资源，同时充分释放以京津冀为代表的中心城市和城市群的发展潜力和经济动能，不断培育新的经济增长点。

二、具有全球影响力的科技创新中心

环渤海区域拥有众多国内外知名的高等教育和研究机构，这些学研机构不仅培养了一大批高素质的科技创新人才，还开展了大量高质量的前沿科研工作，并取得了丰硕的研究成果，这些都为夯实与提升环渤海区域科技创新根基和水平打下了坚实的理论基础。该区域还是信息通信、生物医药、人工智能、新材料、新能源等战略性新兴产业的聚集地，例如北京中关村、天津滨海-中关村科技园、雄安新区-中关村科技园、大连生态科技创新城以及山东产业技术研究院高科技创新园等科技创新孵化器和产业基

---

① 三大港口群：京津冀港口群、东北港口群、山东港口群；三大"一带一路"综合试验区：辽宁"一带一路"综合试验区、胶州"一带一路"综合试验区、临沂"一带一路"综合试验区；四大国家自主创新示范区：中关村国家自主创新示范区、天津国家自主创新示范区、山东半岛国家自主创新示范区、沈大国家自主创新示范区；五大自由贸易区：中国（天津）自由贸易试验区、中国（辽宁）自由贸易试验区、中国（山东）自由贸易试验区、中国（河北）自由贸易试验区、中国（北京）自由贸易试验区；一个新旧动能转换综合试验区：山东新旧动能转换综合试验区；四个国家级新区：天津滨海新区、山东青岛西海岸新区、辽宁大连金普新区、河北保定雄安新区。

地，为研究理论转化为现实生产力提供了广阔平台，它们以推动科技创新为使命，吸引全球高科技企业入驻投资。瞄准世界科技创新和产业发展前沿，加快建设环渤海大湾区，就是构建开放型融合发展的区域协同创新共同体，进而将其打造成为具有全球影响力的科技创新中心。

三、我国北方现代综合交通运输枢纽

渤海是我国最大的内陆海，与黄海相连，不仅为区域内沿海城市提供便利的海上运输通道，也是连接东北、华北、华东等地的要塞，同时还是我国实施"一带一路"倡议和加强沿海地区发展的重要节点。以京津冀为代表的环渤海区域内省市不断加强省域内陆运、海运、空运的基础设施建设和交通管治能力，逐渐构建起便捷高效的交通运输体系。以雄安新区创建具有深度学习能力、全球领先的数字智能城市为契机，超前布局智能基础设施，推动形成布局合理、功能完善、衔接顺畅、智能高效的基础设施网络，打通面向全球的战略性通道。加快建设环渤海大湾区，提升该区域各省市内外公路、铁路、机场、港口等交通运输方式的互联互通水平，实现区域内多种交通方式的相互协调与配合，将其打造成为我国北方现代综合交通运输枢纽。

四、具有国际竞争力的现代产业中心

环渤海区域产业基础较好，尤其是制造业实力雄厚，产业结构优势较为突出。京津冀地区已形成能源、化工、冶金、建材、机械、汽车、纺织、食品等多个支柱产业，生物医药、新能源、新材料等高新技术产业也成为该地区的主导产业。京津两地凭借其政策、人才、资金和技术优势，着力发展科技、金融、信创等高端产业。辽宁省着力发展石油化工、装备制造、冶金钢铁与港口物流产业，山东省则以机械制造、食品加工、石油化工和纺织等产业见长。为合理有序疏解北京非首都功能，区域内其他省市都在积极承接非首都功能产业。加快建设环渤海大湾区，推动区域内各省市产业转型升级与加快构建现代产业体系，促进产业间优势互补、紧密协作与联动发展，不断培育世界级产业集群，进一步强化区域新产业、新业态与新模式发展，加快培育与形成新质生产力，将环渤海大湾区打造成为具有国际竞争力的现代产业中心。

五、宜居宜业宜游的优质生活联动体

在京津冀协同发展战略和创新驱动发展战略的双重带动下，以京津冀为核心的环渤海区域积累了较强的经济实力，创新活力也在持续推进经济社会高质量发展中不断迸发，从而创造出更多的就业机会和广阔的发展空间。环渤海区域拥有教育、医疗、养老等丰富的公共服务资源，公共基础设施建设相对完善，加之该区域以秀美的海滨城市风光和深厚的人文历史底蕴著称，名胜古迹、自然风景、人文景观、传统艺术形式与现代城市发展相得益彰，营造出良好的居住和旅游环境。加快建设环渤海大湾区，依托区域内强大的经济发展基础、优质的社会民生保障、独特的海滨自然风光与悠久的历史人文底蕴，将其建设成为宜居宜业宜游的优质生活联动体。

六、国际交流与开放合作的重要门户

渤海是将我国东北、华北、西北地区与太平洋连接起来通向世界的对外关口，是欧亚大陆桥的主要起点。这种特殊的地缘优势为环渤海区域开展国内外多领域合作提供了便利条件。在"一带一路"倡议、京津冀协同发展、建设雄安新区等国家多重战略机遇叠加的黄金时期，加快推进环渤海大湾区建设，以湾区建设打破行政区划制约，可全面带动河北周边、辽宁南部、山东东部发展，继而辐射东北、华北地区，逐步形成统筹国内国际、协调国内东中西和南北方的区域发展新格局。建设环渤海大湾区，还可进一步加强与韩国、日本、俄罗斯、蒙古等东北亚国家的政治、经济、文化等方面的联系。比如与这些国家定期开展科技人文交流活动、共建科技创新综合体、共同推动技术转移，或者在投资、贸易、金融、教育等领域开展交流合作与功能对接，通过推动更广范围与更高层次的国际分工与合作，抢占东北亚对外开放战略制高点，培育参与国际经济合作竞争新优势，将环渤海大湾区打造成为国际交流与开放合作的重要门户。

第二节 环渤海大湾区建设的总体思路

建设环渤海大湾区旨在打破各自为政的历史局限，切实加强北京、天津、河北、辽宁、山东五省市的整体性协同发展，推动区域一体化建设步伐，实现经济、社会、生态等方面的协同进步。推动建设环渤海大湾区要

做好顶层设计与加强规划引导，凝聚合作共识与推动优势互补，坚持核心带动与谋求互利共赢，可从经济融合与产业协同、空间规划与基建布局、人才流动与社会服务、生态保护与绿色发展等方面设计总体思路，全面构建沿海、内陆协同开放新格局。

一、空间规划与基建布局

推动建设环渤海大湾区需要从空间上进行科学合理规划，具体即是要优化区域内城市布局。为避免环渤海区域三大板块城市间发展水平差距过大，从而产生阻碍区域一体化进程的马太效应，河北省、辽宁省、山东省需要制定优惠政策鼓励与支持省内中小城市发展，北京市、天津市等核心城市则要以其强大的经济辐射效能带动周边城市发展。与此同时，地方政府还要全面加强基础设施建设。比如，环渤海区域各省市要建立健全交通运输网络体系，提升彼此间的交通运输效率；还要善于抓住国家大力发展数字经济契机，不断增强大数据、云计算、人工智能等信息通信前沿技术的开发与应用能力，注重数字化基础设施建设，推进城市数字化转型，提升城市管理的智能化水平。

二、经济融合与产业协同

在推动环渤海大湾区建设中，加速一体化进程是实现环渤海区域经济融合的关键。因此，需要打破区域内各地间的贸易壁垒与市场阻隔，加强人才、资本和技术等资源要素的自由流动。同时结合各省市产业结构和布局情况，在稳步推进传统产业转型升级的基础上，大力促进先进制造业、高端服务业等融合发展，加大各地间的资源整合与优势互补力度，促进各省市特色发展、错位发展与互动发展，注重提升产业附加值，高效推动产业链、供应链、价值链和创新链的一体化协同发展，努力实现环渤海区域整体经济效益最大化。

三、人才流动与社会服务

推动环渤海大湾区建设，区域内各地政府还应加强交流合作，多措并举促进人才自由流动与提升社会服务水平。要简化人才流动以及跨省域就业和居住手续，建立跨省市人才交流平台和区域性人才流动服务机构。辽宁省、河北省、山东省要出台更有吸引力的人才引进政策，完善当地社会保障制度，为人才提供教育、医疗、住房、养老等方面的优质保障服务。北京市、天津市等核心城市可与区域内非核心城市共同探索建立人才交流机制与社保协同机制，以整体性与一体化为合作共识，以核心城市带动非核心城市为合作要领，以产生"1+1＞2"的协同效应为合作目标，共同致力于推动环渤海大湾区建设。

四、生态保护与绿色发展

环渤海区域因重工业聚集、城市化发展迅速、能源消耗等原因，该环境污染问题较为突出。因此，加快建设环渤海大湾区需要区域内各地政府在大力发展经济的同时，更加重视生态保护与绿色发展，并建立健全环境污染协同治理机制。各地要以生态文明建设为己任，通过推动绿色能源、清洁生产、循环经济等绿色技术和产业发展，实现经济与生态协调并进，还要加强生态型城市建设，促进城市生态环境的可持续发展以及人与自然的和谐共生。

第二章 环渤海大湾区建设的理论逻辑与历史进程

第一节 环渤海大湾区建设的理论逻辑

为加快建设环渤海大湾区提供系统丰富的学理支撑，基于经济学的新经济地理理论、政治学的新区域主义理论和地理学的尺度理论，从多学科角度阐述建设环渤海大湾区的理论逻辑要义。

一、新经济地理理论

从新经济地理理论出发，加快推动环渤海大湾区建设不仅有利于增强区域内核心城市、重要功能区和港口群的比较优势，进一步扩大其辐射带动效应，还可激励周边城市加速融入区域一体化进程，逐步缩小与中心地区的发展差距。

第一，该理论建立的"中心-外围"模型强调，地处中心位置的城市或城市群因行业集中形成的聚集经济可以给整个地区带来正外部性，比如劳动力市场的"蓄水池"效应、中间投入品效应和技术"外溢"效应。当中心区域资源过度集聚、垄断优势扩张明显时，中心力量会得到持续强化，外围地带更加边缘化，进而拉大中心与外围之间的差距，产生马太效应。当中心区域具有较高的开放度与包容性，且辐射扩散力量较强时，"中心-外围"趋势会逐渐减弱，外围地域可以相对容易地与中心地区进行互动。由于湾区是在较小的共享水域内生成的狭长圆弧形海岸线，这一独特的地理形态可促使其周边城市群产生一种远大于一般城市群的向心力，为推动城市和产业的深度融合发挥重要作用①。目前世界三大湾区的发展主要依靠湾区内的中心城市带动周边城市共同发展②。加快建设环渤海大湾区，有利于弱化区域内各级治理主体的"核心-边缘"思想，打破行政分割，增强其整体意识与全局观念，促使区域内城市群向心力的持续增强和一体化程度不断加深，在更广范围内优化配置资源要素。环渤海区域的非中心城市在中心城市的辐射带动下，能够不断增强自身发展动能，并努力寻求与中心城市的错位发展，从而产生"1+1＞2"的协同效应。

第二，该理论在阐释市场和地理间的关系时提出，随着区域间交通便利化与贸易自由化程度不断加深，各地间的经济差距逐渐缩小，对外吸引力进一步扩大，区域竞争力也将得到提升。加快建设环渤海大湾区，推动构建便利畅通的交通网络体系，可降低区域内城市间的运输成本，促使城市间的联系更加紧密，亦可增强区域内现代服务业与先进制造业的集聚活力，激发强大的城市网络效应和规模经济效应。

第三，该理论认为区域经济政策很可能存在锁定效应，也即随着规模效益的递增，各地区间的经济差距将会进一步扩大。但是，如果发文机关级别更高且实施力度更大，则可转变这种地区间经济差距过大的局面。因此，由中央层面统筹协调，从宏观上制定并发布推动建设环渤海大湾区的相关政策，对于增进区域内城市间的协同合作关系、逐步缩小内在经济差距、实现环渤海区域经济高质量发展具有积极的导向作用。

二、新区域主义理论

新区域主义既非秉承传统区域主义理论以政府强有力的干预作为区域统治核心的观点，也不认可公共选择学派完全依靠市场"无形之手"自由绘制区域经济画卷的做法，而是采取一种折中方式尽力突破两种理论"一边倒"的局限。新区域主义理论认为任何层次上的区域化本质都是整合运动下的区域一体化③，应将政府与市场、集权与分权、公共部门与私人部门

---

① 申勇、马忠新：《构筑湾区经济引领的对外开放新格局——基于粤港澳大湾区开放度的实证分析》，《上海行政学院学报》2017 年第 1 期。

② 林贡钦、徐广林：《国外著名湾区发展经验及对我国的启示》，《深圳大学学报》（人文社会科学版）2017 年第 5 期。

③ 朱最新、刘云甫：《法治视角下区域府际合作治理跨区域管辖组织化问题研究》，《广东社会科学》2019 年第 5 期。

结合起来，各参与主体通过组建协作网络共同解决区域公共问题[①]。该理论在弱化政府绝对统治地位以及试图避免区域内地方政府各自为政和效率低下问题的同时，强调政府应扮演好组织者与协调者的角色，主张政府之外的市场与社会力量参与到区域整体治理中来，公私部门应以问题为导向，以协作共治为基础，彼此之间寻求通力合作，以相对灵活的多元互动与纵横协同为区域可持续发展提供源源不断的动力支持，以此提升区域治理成效[②]。由新区域主义理论可知，在中央的统领与规划下，加快推动环渤海大湾区建设可以全面激发区域内各地政府、市场与社会主体的参与活力，有利于促进各类参与主体的互动合作与利益整合，各参与主体也能在不断探索构建区域治理新模式中进一步明确自身定位与职责权限。

我国区域政策的制定与执行都是在政府领导下进行的，市场经济体制下，政府仍需在推动区域治理进程中发挥主导作用[③]。借鉴新区域主义理论针对政府失灵与市场失灵问题做出的回应可知，由中央统领谋划环渤海大湾区建设，通过在中央层面成立高级别综合性区域协调机构，以及授予地方相对自由的发展权限和构建区域性合作组织，为整个区域营造张弛有度的建设环境，可以影响甚至改变各城市公私组织间的张力结构，促使其内在张力逐渐增大。从单一城市来看，区域内城市政府在对所辖地域其他主体进行监督治理的同时，还可助推它们积极作为与自我发展，而且同一城市内的政府、企业与社会组织之间也能有效地实现资源共享与利益协调。从城市群角度看，外部环境推力与城市内各主体之间的张力能够强化不同治理主体之间的联络互动，从而逐渐催生出跨域公私组织协同治理新模式，加速环渤海区域一体化进程。

三、尺度理论

作为最早应用于自然科学领域并在发展中逐渐融入社会科学元素的尺度理论被视为一套辩证解读"社会-空间"动态关系的理论分析工具，尺度重组与尺度政治是其核心概念。"尺度"一词既有绝对空间之意，也涉及

---

① 崔晶、孙伟：《区域大气污染协同治理视角下的府际事权划分问题研究》，《中国行政管理》2014年第9期。

② 胡彬、仲崇阳、余子然：《长三角区域治理水平的测度与提升策略》，《区域经济评论》2022年第3期。

③ 曹海军：《新区域主义视野下京津冀协同治理及其制度创新》，《天津社会科学》2015年第2期。

空间中特定的社会关系①，其本质内涵由早期的客观性、固定性和工具性逐渐转变为度量性、层次性和关系性②。根据尺度理论，加快推动环渤海大湾区建设，一方面可从地理空间与社会关系上进一步拓展一体化场域，打破区域发展不充分、不平衡的格局，重塑符合新发展理念与促进高质量发展的治理结构；另一方面可从政治权力与行政等级上为区域内地方政府提供利益博弈与地位跃迁的平台，而且制度创新与政策优化也能在湾区建设过程中得以实现。

尺度重组用于解释与评价物理空间边界与社会关系结构在区域发展中的形成过程、动态演化和实际效果，现已成为当今大部分市场化国家和地区应对发展困境时普遍采用的空间重构战略③。尺度重组强调尺度并非孤立存在，而是在历史变迁和社会发展中被不断建构。运用柔性尺度重组策略加快建设环渤海大湾区，通过构建区域空间尺度，可以重塑环渤海城市区域形态和城市间关系，弱化行政区划对区域一体化的制约，由此带动河北周边、辽宁南部、山东东部发展，继而辐射东北和华北地区，形成协调东中西和南北方的区域空间新尺度。与此同时，还能增强区域内各城市治理主体应对经济危机和发展问题的能力。

尺度政治是以政治为导向对尺度化、尺度建构和权力关系转变的抽象表达，它将空间特征和空间效应融入政治权力来说明不同类型权力的运行轨迹、作用方式及形成的社会过程④，也即具有权势级差的不同行为主体通过策略式的尺度上推或下拉实现空间上的跃迁或下沉，以便提升自身话语权，进而完成既定目标⑤。我国区域治理的政治尺度是自上而下和自下而上共同作用的产物，前者是由中央主导创造新型空间尺度并采取集权方式对区域整体崛起与区域协调发展进行指导与调控，后者则是地方自主运用中央下放的中微观权力与其他同级别主体展开尺度博弈，以获取更多有利于自身发展的优势资源，二者共同促进新型央地治理关系的建立和央地双赢

---

① 殷洁、罗小龙：《尺度重组与地域重构：城市与区域重构的政治经济学分析》，《人文地理》2013年第2期。

② Howitt R, "Scale and the Other: Levinas and Geography", *Geoforum*, Vol.33, No.3, 2002, pp.299-313.

③ 张虹鸥、王洋、叶玉瑶：《粤港澳区域联动发展的关键科学问题与重点议题》，《地理科学进展》2018年第12期。

④ Allen J, "The Whereabouts of Power: Politics, Government and Space", *Geografiska Annaler: Series B, Human Geography*, Vol.86, No.1, 2004, pp.19-32.

⑤ 张衔春、胡国华、单卓然：《中国城市区域治理的尺度重构与尺度政治》，《地理科学》2021年第1期。

的国家空间格局的形成①。加快建设环渤海大湾区，可在具有跃迁特征的新尺度内实现强化中央治理权力、改善地方竞合关系、扩大政治博弈空间与丰富治理主体范围的四重目标。区域内各城市政府在尺度重组与尺度政治不断耦合的过程中，通过找准自身定位与明晰权力边界，逐步建立起基于广泛共识的城市间合作联盟，积极开拓与获取更多空间资源，以期增强城市话语权与竞争力。

综上，环渤海大湾区建设的理论逻辑建立在多学科基础之上，涵盖了经济学的新经济地理理论、政治学的新区域主义理论和地理学的尺度理论，这些理论共同为环渤海大湾区的建设提供系统深入的学理支撑。第一，新经济地理理论强调地理空间和经济活动的相互关系。加快建设环渤海大湾区可有助于优化区域内部经济活动布局，促进资源要素合理配置及增强区域内各地间的经济联动。第二，新区域主义理论主张政府、市场和社会力量有机结合，共同推动区域一体化进程。基于中央的指示精神与规划引导，推动环渤海大湾区建设可有助于建立健全多元化的区域治理体系，通过促进政府、市场和社会主体的共同参与和协作，提升区域整体治理成效，从而形成各参与主体互利共赢的协同治理新模式。第三，含括尺度重组与尺度政治双核心概念的尺度理论，关注的是不同空间尺度下的区域建设与发展问题。加快建设环渤海大湾区可根据区域空间尺度，不断优化区域空间结构与协调区域内城市间关系，进而提升区域整体竞争力，同时还可通过塑造新尺度，充分拓展合作空间与获取丰富资源，形成央地共赢的国家空间格局。

第二节 环渤海区域建设与发展的历史进程

改革开放以来，环渤海区域作为推动我国经济快速发展的核心地带之一，因其地理位置独特、传统产业特色鲜明、人口和经济规模庞大、发展空间和前景广阔，在区域协调发展战略中占据重要地位。纵观环渤海区域发展历程，环渤海地区经济联合市长联席会的召开以及"环渤海经济圈"概念的提出，标志着以北京、天津及周边城市为核心的经济区域的初步形

---

① 王璇、邹艳丽：《国家级新区尺度政治建构的内在逻辑解析》，《国际城市规划》2021 年第 2 期。

成①。随着城市化发展进程的不断推进与新型工业化步伐的明显加快，京津冀三地间的关系日益密切，以京津两地为中心的京津冀城市群以及"环渤海综合经济圈"逐渐形成，环渤海区域大部分城市开始进入合作发展阶段。自京津冀协同发展上升为国家战略以及《京津冀协同发展规划纲要》《环渤海地区合作发展纲要》的相继出台与落地实施，逐渐构建起围绕京津冀城市群，辐射辽东半岛、山东半岛经济带并呈横向蔓延之势的环渤海区域协同发展格局②。

系统梳理改革开放以来环渤海区域建设与发展的历史进程，可划分为以下五个阶段，详见表 2-1。

表 2-1　环渤海区域建设与发展历程

阶段划分	主要事件
发轫阶段 （1986—1991 年）	1986 年，环渤海地区经济联合市长联席会成立。
	1988 年，环京经济协作区成立。
形成阶段 （1992—2003 年）	1992 年，党的十四大报告首次正式提出要"加快环渤海地区开发和开放"的区域发展任务，国家有关部门也正式确立了"环渤海经济区"的概念。
	1996 年，《关于国民经济和社会发展"九五"计划和 2010 年远景目标纲要》提出要依托沿海大中城市，形成以辽东半岛、山东半岛、京津冀为主的环渤海综合经济圈。
初步发展阶段 （2004—2013 年）	陆续形成的诸如"廊坊共识""北京倡议""天津倡议"及《环渤海区域合作框架协议》等一系列纲领性文件，推动环渤海区域各地合作发展。
重点发展阶段 （2014—2018 年）	2014 年 2 月，习近平总书记在北京考察工作时发表重要讲话，将京津冀协同发展上升为国家战略。
	2015 年 4 月，中共中央政治局审议通过了《京津冀协同发展规划纲要》。
	2015 年 9 月，国务院批复同意《环渤海地区合作发展纲要》。
	2018 年 11 月，《中共中央 国务院关于建立更加有效的区域协调发展新机制的意见》发布实施。

① 刘良：《改革开放以来环渤海地区的政府间合作：历史、绩效与挑战》，《华北电力大学学报》（社会科学版）2017 年第 2 期。
② 王丽艳、戴毓辰、宋顺锋：《区域协调发展战略下推进环渤海大湾区建设的逻辑与时序探讨》，《城市发展研究》2020 年第 8 期。

阶段划分	主要事件
迈向新阶段 （2019 年至今）	2019 年全国两会期间，多名代表、委员建言可以超前谋划和推动构建环渤海大湾区，与粤港澳大湾区南北呼应，进一步促进京津冀协同发展与雄安新区建设，助力区域内新旧动能转换与东北振兴，进而推动我国北方地区经济社会高质量发展。

一、发轫阶段（1986—1991 年）

1986 年，在时任天津市市长李瑞环的倡议下，环渤海区域 14 个沿海城市和地区成立了区域性经济合作组织——环渤海地区经济联合市长联席会，该联席会每一年半至两年召开一次，这标志着环渤海经济圈的建设构想被提上政府议程，地方政府间合作进入了新阶段。同年，首届市长联席会议在天津举行，确定建立环渤海经济区，开展多方面、多层次、多种形式的经济联合，促进经济发展和繁荣。

1988 年，区域经济协作组织——环京经济协作区成立，与此同时，建立起市长、专员联席会制度，通过发挥首都中心城市的辐射带动作用，促进区域内经济协作与优势互补。

二、形成阶段（1992—2003 年）

1992 年，党的十四大第一次把环渤海地区开发写入报告，正式提出要"加快环渤海地区开发和开放"的区域发展任务，把环渤海区域列为全国开发开放的重点地区之一，环渤海地区开发被纳入国家发展规划，成为一项全国性区域发展政策。国家有关部门也正式确立了"环渤海经济区"的名称。伴随着社会主义市场经济体制改革不断推进，市场经济规律开始逐渐在区域经济合作中发挥重要作用，环渤海区域各省市政府对市场一体化的认知和理解也在逐渐加深。

1996 年出台的《关于国民经济和社会发展"九五"计划和 2010 年远景目标纲要》提出要依托沿海大中城市，形成以辽东半岛、山东半岛、京津冀为主的环渤海综合经济圈,将环渤海经济区与长江三角洲及沿江地区、东南沿海地区、东北地区等省区作为国家重点建设的 7 个跨省区市的经济区域。在此背景下，环渤海区域各地合作不断拓展，合作形式日渐丰富，区域经济一体化的远景规划也逐步增强。然而，在行政管理体系上仍存在阻碍区域经济一体化发展的因素。

三、初步发展阶段（2004—2013 年）

2004 年以来，环渤海区域各省市围绕党的十六届三中全会提出的"要加强对区域发展的协调和指导，鼓励东部有条件的地区率先基本实现现代化"重要精神以及国家"十五"规划中提出的"进一步发挥环渤海、长江三角洲、闽东南地区、珠江三角洲等经济区域在全国经济增长中的带动作用"发展策略，基于"合作、发展、共赢"的理念，在环渤海区域合作上开始有所突破。

2004 年 2 月，由国家发展和改革委员会（以下简称发改委）地区经济司主持的京津冀地区经济发展战略研讨会在河北省廊坊市召开，各地发改委代表共同签署旨在加强京津冀经济交流与合作的"廊坊共识"，决定就京津冀都市圈的基础设施、资源、环境等方面展开合作，引导区域内行业和企业间的经贸和技术合作，建立京津冀发改委部门间的定期协商制度，同时启动京津冀区域发展总体规划和重点专项规划的编制工作，统筹区域一体化的各项合作。"廊坊共识"的达成对于推动环渤海区域经济合作具有重要意义。

2004 年 5 月，在国家发改委的支持下，"环渤海经济圈合作与发展高层论坛"达成"北京倡议"，决定建立环渤海合作机制，推动环渤海地区经济一体化。2004 年 6 月，国家发改委、商务部和京、津、冀、辽、鲁等 7 省区市领导在廊坊市达成《环渤海区域合作框架协议》，将环渤海区域合作的工作机制正式确定下来。

2006 年 4 月，环渤海地区 32 个城市市长共同签署"天津倡议"，表示要加强环渤海区域各城市间在交通、能源、产业、科技、环境、旅游等全方位的合作。这一系列纲领性文件的形成和发布，持续推动着环渤海区域各地合作发展的步伐。

2013 年 5 月，习近平总书记在天津调研时提出，要谱写新时期社会主义现代化的京津"双城记"。同年 8 月，总书记在北戴河区主持研究河北省发展问题会议时，进一步提出要推动京津冀协同发展。

四、重点发展阶段（2014—2018 年）

2014 年 2 月 26 日，习近平总书记在北京主持召开座谈会，专题听取京津冀协同发展工作汇报，明确指出，"京津冀协同发展意义重大，对这个问题的认识要上升到国家战略层面"。总书记还强调，"要坚持优势互补、互利共赢、扎实推进，加快走出一条科学持续的协同发展路子来"，同时提出着力加强顶层设计等 7 点要求。将环渤海区域结构中代表"一体"的京津冀地区作为首要发展对象，为环渤海区域指明了发展重点和努力方向。

2015 年 4 月 30 日，习近平总书记主持召开中共中央政治局会议，审议通过了《京津冀协同发展规划纲要》。这标志着"推动京津冀协同发展"这一重大国家战略开始落地实施，也意味着环渤海区域协同发展拥有了强劲的内核动力。京津冀协同发展战略的实施，不仅深刻地改变环渤海区域政府间合作关系的既有格局，还推动环渤海区域政府间合作进入优化调整阶段。

2015 年 9 月 27 日，《国务院关于环渤海地区合作发展纲要的批复》对外发布。该文件明确了环渤海地区合作发展的指导思想、基本原则、发展目标和空间布局，提出要全面贯彻落实党的十八大和十八届二中、三中、四中全会精神，按照党中央、国务院决策部署，牢牢把握实施"一带一路"、京津冀协同发展等国家重大战略的历史机遇，主动适应经济发展新常态，以提高经济发展质量和效益、促进区域协调发展为主要目标，立足主体功能定位和自身优势，着力调整优化经济结构，着力扩大对内对外开放，着力创新合作体制机制，以基础设施互联互通、生态环境联防联治、产业发展协同协作、市场要素对接对流、社会保障共建共享为重点，努力把环渤海地区建设成为我国经济增长和转型升级新引擎、区域协调发展体制创新和生态文明建设示范区、面向亚太地区的全方位开放合作门户[①]。

2018 年 11 月 18 日，《中共中央　国务院关于建立更加有效的区域协调发展新机制的意见》发布实施，明确提出"以北京、天津为中心引领京津冀城市群发展，带动环渤海地区协同发展"，同样为推动环渤海区域协同发展指明了首要任务和前进目标。

---

① 《国务院批复同意〈环渤海地区合作发展纲要〉》，https://www.gov.cn/xinwen/2015-09/27/content_2939442.htm。

五、迈向新阶段（2019 年至今）

2019 年全国两会期间，多名代表、委员建言可以超前谋划和推动构建环渤海大湾区，与粤港澳大湾区南北呼应，进一步促进京津冀协同发展与雄安新区建设，助力区域内新旧动能转换与东北振兴，进而推动我国北方地区经济社会高质量发展。

全国政协委员、北京国际城市发展研究院院长连玉明建言"推动构建环渤海大湾区"，包括京津冀协同发展区、辽中南地区和山东半岛地区等三大区域的多个城市。他进一步指出，环渤海大湾区的建设将充分发挥北京、天津以及大连、青岛、唐山等沿海核心城市作用，带动整个区域的经济结构优化升级，提升国际化、现代化水平。全国政协委员李文海在两会期间提交了《关于积极推动环渤海湾区建设的提案》，他认为构建环渤海湾区对强化京津冀城市群辐射带动作用、促进东北振兴和抢占东北亚对外开放战略制高点具有特殊意义。建设环渤海湾区可以丰富国家陆海统筹战略体系，推动空间经济均衡发展，推动城市经济提质增效，也有助于优化环渤海地区产业布局和空间结构，有助于落实国家京津冀协同发展战略，并在更大范围上带动东北、华北区域经济共同发展，推动环渤海地区空间经济和国家地区经济均衡发展。全国政协委员徐英在两会上提交了《关于启动建设环渤海大湾区的建议》，倡议适时启动环渤海大湾区并纳入国家发展战略。

当前，湾区经济已成为推动世界经济和区域经济发展的新模式。从北京、天津等核心城市的形成到环渤海经济圈的建设，再到京津冀城市群、辽东半岛和山东半岛经济带的快速发展，标志着环渤海地区已具备建设大湾区的基础条件。2019 年，环渤海大湾区的概念正式亮相全国两会，湾区经济建设呼声持续高涨，由此引发社会各界开始关注与思考环渤海大湾区的建设与未来发展，环渤海区域正迎来向大湾区迈进的新阶段。

第三章　建设环渤海大湾区的现实困境与路径探索

第一节　环渤海大湾区建设面临的现实困境

较之粤港澳大湾区的锐意改革、发展强劲、自主创新与开放包容，环渤海区域经济活力不足、市场分割明显、产业分工低效以及协同创新受限，加之区域海岸线弧度较深，这些都给建设环渤海大湾区带来较大阻力。

一、经济辐射不足以支撑区域一体化发展

经济辐射是指经济发展水平与现代化程度存在差距的地区之间进行资源和要素的双向流动与转移，以提升区域经济资源配置效率[①]。通常情况下，辐射源的经济发展水平与现代化程度相对较高的城市会向外转移资本、产业、技术、人才等要素，而辐射接纳体的城市则对外输出自然资源和劳动力。目前环渤海区域中心城市的辐射带动功能还难以有力支撑区域一体化发展。

由辐射源方面分析，环渤海区域中高级辐射源数量较少且能力有落差。拥有较高对外开放度和要素流动性的北京以其特有的区位、人才和资源优势，位居环渤海区域辐射源之首，在向津冀两地转移资本、产业和技术的同时，与山东和辽宁也建立起非首都功能疏解的良好对接关系。天津、青岛、济南、沈阳、大连、石家庄作为第二梯队辐射源，凭借较强的辐射带动功能正在不断促进周边城市发展。然而，环渤海区域中高级辐射源数

---

① 沈子奕、郝睿、周墨：《粤港澳大湾区与旧金山及东京湾区发展特征的比较研究》，《国际经济合作》2019 年第 2 期。

量相对较少，且中级辐射源由于资源占有不同、地理分布较为分散、彼此间合作紧密度不够，导致所能发挥的辐射带动作用存在较大差距，难以形成经济辐射合力。与此同时，受地方官员晋升"锦标赛"的影响，辐射源之间很可能会产生无序竞争。这些问题交织在一起不仅会削弱区域内辐射源经济辐射成效，也会加剧远离辐射源的非中心城市不断被边缘化的风险。

从辐射接纳体方面来看，环渤海区域辐射接纳体的吸收基础与能力参差不齐。辐射接纳体通过吸纳辐射源释放的能量，可以助推自身进一步发展。环渤海区域作为辐射接纳体的部分非中心城市，如邯郸、邢台、朝阳、葫芦岛、菏泽、济宁、枣庄，距离中心城市较远，在辐射源稀缺且无法形成集聚效应的情形下，由于所吸收的经济辐射效能非常有限，加之很难与中心城市建立紧密的经济联系，因而成为所在板块内的薄弱地带。部分位于辐射源附近的非中心城市，如廊坊、唐山、保定、辽阳、营口、潍坊、淄博，得益于良好的地理区位，可以优先享有吸收中心城市辐射带动能量的便利，但它们各自的经济基础与吸纳能力差异明显。有的城市可以较好地将辐射效能转化为经济发展所需的资源和动力；有的城市因经济水平和市场化程度较低、基础设施不健全、吸收能力薄弱，故在很大程度上影响其辐射效能的吸收与转化；还有的城市尽管具备良好的经济基础和转化条件，但自身吸收能力不强，也会影响其与辐射源之间的高效互动。这种由内外部因素共同作用于辐射接纳体引致的发展不平衡，会限制中心城市辐射效应的充分扩散，减缓环渤海区域一体化建设进程。

在辐射方式上，环渤海区域经济辐射方式单一制约其辐射功能的发挥。经济辐射的目的是实现区域间优势互补，辐射方式由低级、中级到高级依次分为点辐射、线辐射和面辐射三类[①]。由于环渤海区域内中高级辐射源数量不足、集聚程度低、经济发展水平与辐射带动能力不均衡，辐射接纳体的接纳基础与吸收能力存在明显差距，因此区域内的经济辐射方式以点辐射为主，并辅以少量的线辐射。具体为多以一个中心城市向周边一个或几个非中心城市辐射，如北京或天津向廊坊、保定等城市进行经济辐射，沈阳辐射带动抚顺、本溪、辽阳等城市发展，济南对德州、聊城、泰安等地形成辐射之势。较之单一辐射源，京津两地因地缘相近形成的辐射源集群能够对外释放更高强度的辐射效能，但这种线辐射方式在环渤海区域内

---

① 吴传清：《经典区际经济传递理论的演进：一个文献述评》，《中南财经政法大学学报》2009 年第 1 期。

非常少见。由三个或三个以上辐射源组成的辐射共同体一并发挥辐射带动功能的面辐射，在环渤海区域内还处于缺失状态。经济辐射方式的单一化和低级别，直接影响环渤海区域三大板块间合作的深度与广度。

二、交通运输尚未形成相对健全的网络体系

因渤海湾岸线蜿蜒曲折、所辖空间范围较大，环渤海区域交通运输与管理尚未形成相对健全的网络体系。着眼环渤海区域三大板块内部，京津冀路网结构不合理，以北京为中心的放射型路网结构容易造成枢纽运力紧张、运输成本上涨；三省市快速区域性公交系统尚不健全，城际公共交通换乘中心、交通线路和站点规划布局不足，不能充分满足城际运输经济、便捷的需要；除北京外，天津、石家庄、保定等地机场运力相对不足；尽管京津冀港口较多，但竞争大于合作，难以形成协同合力。辽宁省拥有东北较为发达的铁路运输体系，但铁路网络密度较低，铁路运力较为紧张；以沈阳都市圈环线为代表的高速公路联网加密建设不足，公路水运网安全质量有待提升；沈阳、大连航运资源较为丰富，鞍山、营口、丹东等地航空运力却明显不足；大连港、营口港、锦州港等港口基础设施建设仍需加强，港口集疏运体系尚未形成。山东半岛内济南至滨州、东营至淄博、青岛至日照等部分城市间铁运线路通达性不佳，省会、胶东、鲁南三大经济圈的城际铁路与高速公路规划建设空间较大；除济南、青岛机场外，其他城市机场设施建设相对落后，且城际直飞航线与货运航线配置有限，难以满足客货运输需求；岛内部分港口因与内陆运输系统衔接不畅，导致港口群运输效率不高，作为港口群补充的潍坊港、东营港、威海港与滨州港的配套设施不健全，其功能也未得到充分发挥。

从环渤海区域整体看，陆路联通以北京、天津、廊坊、保定、沧州、石家庄为核心，逐渐向南北外围扩散，高速公路密度偏低，东西向陆路运能相对不足，盘锦、丹东、东营等市因地势原因，陆路可达性较差。环渤海港口体系较为分散，各港口的对外竞争力与枢纽联络功能差距较大，天津港、青岛港、大连港在环渤海港口群中发挥"领头雁"作用，是各港口联络的重要枢纽，而威海港、丹东港、黄骅港、日照港对其他港口的吸引力则相对较弱。渤海又为半封闭内海，泥沙淤积、河床较浅，多数港口因航道水深不足而影响城市间水路运输。航空方面的问题突出表现为天津、大连等主要城市机场运能面临较大压力，城市间的信息交流和共享因航线

布局与资源配置不合理而发生阻碍，从而制约了"环渤海空中快线"等航空线路的进一步扩展。

三、产业布局趋同与分工协作低效并存

作为继长三角和珠三角之后我国经济发展的第三增长极，环渤海区域经济基础良好，经济实力增长迅速，产业基础厚实、特色鲜明，产业集群和产业链规模正在不断发展壮大。但在产业结构、产业布局和产业分工协作等方面，还存在一系列问题。

产业结构是衡量一个国家或地区经济发展水平的重要标志，世界知名湾区第三产业增加值占比均在80%以上。由国家统计局官网数据计算得到近五年环渤海区域五省市三次产业增加值占比（见表3-1），其中，北京第三产业增加值比重超过80%，天津在60%以上，河北、辽宁和山东的第三产业增加值比例基本在50%以上。整体上看，环渤海区域第三产业增加值比重与世界级湾区相比还存在较大差距，产业结构亟须优化升级。

表3-1 2018—2022年环渤海大湾区各省（市）三次产业增加值占比

年份	北京	天津	河北	辽宁	山东
2018	0.36:16.54:83.09	1.31:36.18:62.5	10.27:39.71:50.01	8.59:38.49:52.92	7.43:41.3:51.28
2019	0.32:15.99:83.69	1.32:35.2:63.48	10.06:38.29:51.65	8.76:38.12:53.11	7.25:39.94:52.81
2020	0.3:15.97:83.73	1.5:35.06:63.43	10.77:38.22:51	9.14:37.41:53.45	7.37:39.09:53.54
2021	0.27:18:81.73	1.7:36.17:62.14	9.98:40.49:49.54	8.8:38.91:52.28	7.27:39.62:53.11
2022	0.27:15.87:83.86	1.67:37.02:61.3	10.41:40.24:49.35	8.96:40.57:50.46	7.2:40.05:52.75

与产业结构相关联的产业布局是资源禀赋、要素条件影响产业高质量发展的集中体现[1]。从环渤海区域各地产业布局来看，北京打造现代服务业、"高精尖"产业和未来产业策源高地的空间布局有待进一步拓展，天津产业布局趋同性较高，易阻碍其产业链规模效应的发挥，京津两市在金融业和高新技术产业布局上也具有较强的相似性。河北以食品加工业和医药工业为主导产业的城市数量超过一半，其中石家庄、保定、邯郸的产业布局相似度较高，廊坊和秦皇岛也存在一定程度的产业相似性。辽宁省内包括沈

---

① 徐政、郑霖豪、程梦瑶：《新质生产力赋能高质量发展的内在逻辑与实践构想》，《当代经济研究》2023年第11期。

阳、大连、抚顺、锦州、阜新在内的一半以上城市都布局了相同的主导产业，涉及石油化工和装备制造业，冶金、钢铁、港口物流业在省内也具有较强的竞争性。山东将机械制造业和食品加工业纳入主导产业的城市高达10 个以上，石化工业在烟台、东营、日照等市均有布局，临沂、泰安、聊城、菏泽等市则将纺织业作为其主导产业的一部分。冀鲁辽三省不仅省内产业相似度较高，省间也存在产业同质问题。由此看来，环渤海区域产业布局拥有较大的优化调整空间，多数沿海城市产业因依托港口布局，还存在产能过剩问题，区域内各地产业间关系也因此偏向同质化竞争，致使产业间的互补性与关联度较弱，制约了环渤海区域经济的可持续发展。

在产业分工协作方面，环渤海区域各省市一些主导产业已基本形成较为完整的产业链，如天津深耕信创、集成电路、车联网、生物医药等 12 条重点产业链，河北经开区不断提升装备制造、新材料、生物医药等产业链韧性，山东着力打造高端化工、先进材料、船舶和海工装备等 11 条标志性产业链。然而，目前区域内部分产业链尚不完善，产业技术含量不高，一些关键核心技术还受制于人，产业链专业化分工水平和附加值偏低。此外，区域内城市间的产业链衔接也不够紧密，上下游产业链协作稳定性不足，以产业集群或产业链为基础的城市间产业分工制度尚未建立。尽管疏解北京非首都功能客观上增强了与承接城市产业间分工协作的能力与水平，但在疏解过程中因承接地之间协调不力产生的无序竞争会影响区域产业竞争力的提升。部分城市因与产业转移相配套的政策和设施不健全，也会阻碍产业间的分工合作。

四、协同创新机制不健全弱化城市间互动关系

2012 年以来，环渤海创新环境综合发展水平呈逐年上升趋势，尤其自2017 年之后，创新环境综合发展水平提升速度明显加快[①]。由于环渤海区域跨板块城市间尚未形成相对健全的协同创新机制，各地创新要素的流动和创新主体间的合作也因此受到很大局限，不利于区域整体创新绩效的提升。

协同创新机制的建立需要以协同创新资源为载体，然而环渤海区域创新资源协同共享程度不高。尽管环渤海区域现已形成"一体两翼"的基本

---

① 陈红梅、蔡松林：《区域数字创新生态系统韧性评价与时空演变分析》，《统计与决策》2023 年第20 期。

架构，但属地行政管理体制与区域协同创新发展之间的张力会影响区域城市间的深层次合作，各城市政府也就难以在属地和区域间合理分配利益和共享创新资源。而且区域内各城市还面临不同程度的创新资源分布不均的困境，如北京、天津等中心城市较之非中心城市拥有更为丰富的创新资源，且中心城市之间以及非中心城市之间的创新资源占有的数量与质量也存在一定差距，在缺乏协同激励、利益协调与风险管控政策体系以及创新资源协同共享网络平台尚未建立的情形下，城市间创新资源分布失衡问题会更加严峻，协同创新资源共享之门也会随之关闭。

协同创新机制的运转离不开源源不断的动力供应，区域协同创新动力来自内外两方面。外部动力包括国家政策支持、区域间竞争压力、科技发展与应用以及国际组织推动。环渤海区域协同创新的外部动力不足，主要表现为建设环渤海大湾区尚未纳入国家发展战略，与粤港澳大湾区相比，该区域还不具备中央赋予的丰富的政策资源；环渤海区域因与粤港澳大湾区相隔较远，后者对前者施加的竞争压力并不显著；科技发展释放的能量不足以推动环渤海区域一体化进程；鉴于国际政治环境复杂多变，环渤海区域协同创新外力更不可能源自国际组织及其领导人。从内在动力分析，环渤海区域跨板块城市治理主体未能形成共同体意识，整体认同感不强，开拓创新意识相对落后。尽管区域内部分城市间多有产业承接、技术转移与人员流动，但因缺乏中央强有力的统筹协调与政策指导，三大板块间还未建立起协同创新联盟，技术和商业模式的协同创新驱动不足。除思想和组织障碍以外，制约环渤海区域协同创新内在动力集聚和作用发挥的要素还包括城市间的功能定位存在交叉重叠、城市间缺少共同利益和价值偏好、城市间的虹吸效应大于溢出效应等。总之，内外动力短板叠加最终导致环渤海区域协同创新机制无法正常运转，跨板块城市创新主体间的互动合作关系也被大幅削弱。

第二节　加快建设环渤海大湾区的路径探索

加快建设环渤海大湾区对于推进京津冀、山东半岛和辽中南三大城市群的高质量一体化步伐，拓展环渤海区域腹地进而带动东北地区、中原城市群与呼包鄂榆城市群的发展具有重要的现实意义。随着北极航线的深入开发，环渤海区域在我国对外贸易中的地位也将得到显著提升。由于环渤海区域跨板块联系存在不同程度的碎片化与拼贴性，区域内各省级政府要在不断强化整体意识与一体化观念的基础上，可由北京牵头向中央提议争取尽快将建设环渤海大湾区纳入国家发展战略。为加速中央政策议程设置，环渤海区域应围绕所面临的现实困境，同时借鉴国内外知名湾区建设与发展的成功经验，从以下几方面进行路径探索。

一、增强区域经济辐射效能

经济一体化是区域一体化的最终标志[①]。为加快环渤海区域一体化建设进程，可通过推进经济一体化增强区域经济辐射效能。

一是增强环渤海区域中高级辐射源的辐射带动能力。由于世界知名湾区均将核心城市作为重要增长极引领一体化发展[②]，因此需要不断推动和加强环渤海区域中高级辐射源的能量输出和培育升级。对于已成为中高级辐射源的核心城市，要激发其持续高质量释放经济辐射效能。例如，北京应进一步完善非首都功能疏解政策，可对疏解目标、时间进度、责任分工、承接城市等进行统筹考量与合理部署，适时调整与优化疏解项目实施方案，通过向承接地转移与其发展相匹配的产业、人员、技术等资源，促使作为高级辐射源的北京的经济辐射作用得到充分发挥。与此同时，区域内中高级辐射源可通过加大基建投入、优化营商环境、促进科技创新与扩展合作空间，持续提升其辐射带动能力。中高级辐射源之间也可以通过签订协议、建立联盟等方式不断改善互动关系，像京津雄、沈鞍大、济青烟就以辐射源共同体形式对外输出强大动能。为培育壮大中高级辐射源的规模，应从中级辐射源中遴选和培育高级辐射源，从普通辐射源中培育中级辐射源。再根据待培育为更高级别辐射源的发展状况，相应城市政府通过出台一系列有利于增强自身经济辐射效能的政策，加快形成多中心网络式辐射格局，助力环渤海区域经济一体化发展。

二是强化环渤海区域辐射接纳体的吸收条件与能力。从外因上看，由于无法通过变更行政区划消弭相隔较远的中高级辐射源与辐射接纳体之间的距离，故可将同样是辐射接纳体且接近中高级辐射源的城市作为中介，借助中央推力，促使其将所吸纳的能量再分时段、分步骤地传递给目标边

① 汪小龙：《区域一体化、经济韧性与科技创新》，《科学学与科学技术管理》2023 年第 12 期。
② 林细细、张海峰、张铭洪：《城市经济圈对区域经济增长的影响——基于中心——外围理论的研究》，《世界经济文汇》2018 年第 4 期。

缘城市。为减少辐射能量在传输过程中的损耗，辐射源还可直接向边缘接纳体输出经济能量，比如尝试共同打造新型飞地经济模式、建立对口帮扶机制。间接和直接的能量传递组合起来共同为三大板块中的薄弱环节提供良好的获取发展动力的外界条件。在内因方面，无论是边缘城市还是中间城市，这些辐射接纳体都应注重强化与提升自身吸收基础与能力。具体则要根据接纳体的经济和技术水平、公共服务设施状况，支持它们承接适宜的产业、技术、人员和资本，同时还要稳步增强其吸收基础与拓展其吸收空间，使之能够可持续且最大限度地吸收利用与转化辐射能量。

三是丰富与提升环渤海区域经济辐射的方式与级别。要不断扩大环渤海区域中高级辐射源的点辐射范域，可通过近源转移示范与远程接续扩散的方式实现核心城市向中间城市及边缘城市的经济辐射。其中，近源辐射是指核心城市既可直接向距离相近的城市转移资源，也可通过发挥示范带头作用间接促动周围城市的学习借鉴；远程辐射则凭借核心城市强大的辐射带动能量和经济引领作用，以由近及远的接续传导或大面积扩散的形式带动远距离边缘城市的经济发展。区域内的中高级辐射源还应在中央的统领下，共同发布旨在提升经济辐射级别的政策文本，促使个体辐射源之间强强联合，以更高级别的线辐射和面辐射将释放的强大经济动能作用于辐射接纳体，由辐射源共同体带动辐射接纳体协同发展，加快推动环渤海区域经济一体化进程。

二、健全交通运输网络体系

建设便捷高效的综合交通运输网络体系是塑造区域一体化格局的基础与前提。加快环渤海区域交通网络一体化建设，对于促进城市间要素资源自由流动，密切城市间互动关系，推动环渤海区域经济社会全面、协调、可持续发展至关重要。

一是健全环渤海三大板块内部城市间交通运输网络体系。要进一步优化京津冀路网结构，打造北京"环线+放射"道路网布局 2.0 版，并大力推进通州城市副中心、河北雄安新区与天津滨海新区路网联通建设；京津冀应合理规划与增布城际间交通线路和站点，不断优化三地间长途客运联网票务系统和电子支付系统，通过联合开发区域性智能交通调度和管理平台，提高公交运营的畅通性和安全性；京津冀还应合理调整航空线路，建立健全联合航班机制，津冀两地要加强航空基础设施建设，还要通过出台税收优惠、航权激励等政策措施吸引航空公司增加在当地的航班运力；津冀港航部门应加强合作，不断健全天津港、黄骅港、唐山港等港口间的互联互通机制，加强港口信息化与智能化建设，提升港口间协同运作效率和服务质量；在逐步构建起陆、海、空一体化联通机制后，京津冀可进一步尝试共建自由贸易港。辽宁应优化铁路运输组织与调度，拓展高铁覆盖，加快形成"沈阳放射式+沿海轴线式"高铁网，同时加强铁路与其他运输方式的无缝衔接，提升多式联运水平；还要加密沈大高速公路联网建设，打造沈大现代化综合交通走廊；要合理调配航空运输资源，加大鞍山、营口等运力不足城市的资源投入力度；对于辽宁省内重点港口城市，要加强基础设施建设，加快推进港口资源整合，逐步完善以大连港为中心，营口港为骨干，丹东港、锦州港、葫芦岛港多层级协同发展的沿海港口群格局。山东应进一步提升济南、青岛至周边城市铁路运输的通达性，拓宽省域经济圈陆路交通建设范围；要加强非中心城市的机场设施建设，合理布局航空运力与航线资源；还要提升威海、东营等港口城市的集群效应，强化港口与内陆间的运输衔接，加快构建海陆一体化运输格局。

二是密切环渤海三大板块之间交通运输网络关系。在陆运方面，以京津冀为轴心，在织牢织密南北向公路网与铁路网的同时，加强东西向陆路交通基础设施建设，改善地处三大板块边缘且陆路可达性较差的城市与近邻城市的陆运线路对接状况。在海运方面，打破三大板块港口间"各自为政"的僵局，对标世界级海港群，不断加强天津港、大连港、青岛港和烟台港等核心港口之间及其与非核心港口之间运输资源的统筹协调与深度融合发展，提升环渤海港口群智慧管理水平和绿色发展程度。为大幅降低辽东半岛和山东半岛之间的交通成本，增进环渤海、长三角和粤港澳大湾区三方的交流合作，环渤海区域三省二市可联合沿海其他省份积极争取中央支持，共同推动环渤海跨海通道建设项目进入政府决策议程。在空运方面，健全天津、大连等核心城市的机场设施，并进一步拓展其建设空间，优化三大板块核心城市之间及其与非核心城市之间的航线布局，为"环渤海空中快线"的规划与开发提供基本保障。

三、优化产业布局与分工协作

产业是经济之本、发展之基，建设现代化产业体系是推进中国式现代化与支撑经济社会高质量发展的重要任务与内在要求①。加快推进环渤海区域一体化建设需要以现代化产业体系为支撑。针对环渤海区域产业发展中存在的问题，需从合理优化产业布局与加强产业分工协作两方面着力应对。

一是优化环渤海区域产业结构布局。科学合理的产业结构布局是环渤海区域确立比较优势和增强对外竞争力的关键。一方面，要提升区域第三产业增加值比重。要继续巩固北京第三产业发展势头，稳步提升天津第三产业发展步伐，有序加快冀鲁辽三省第三产业增长速度。另一方面，要优化区域整体产业布局。环渤海区域各省份首先要做好自身产业布局的优化调整。北京要高质量发展金融、旅游、信息传输等现代服务业，以电子信息、生物医药和新能源、新材料为代表的战略性新兴产业，以及包括未来健康、未来制造、未来空间在内的未来产业。天津要在"一基地三区"的城市定位指引下，大力发展先进制造业、金融业和航运业，并积极承接与之互补的非首都功能产业，促进产业智能化、绿色化与融合化发展。河北要大力推进食品加工业和生物医药业的优化升级，通过培育和引进核心企业、健全配套产业链，形成优势产业集群效应。辽宁要加强石化工业和装备制造业的改造升级，做强冶金、钢铁和港口物流等支柱产业。山东要重塑机械制造、食品加工、纺织等传统主导产业高质量发展内核，以科技创新加快提升主导产业发展的内驱动力。为有效应对环渤海区域产业同质化困境，各省市政府要在明确本地主导产业与特色产业发展方向以及其他省份产业发展现状的基础上，为推动产业错位发展与转型升级提供必要的政策和资金支持。地方政府还要加大市场监管和规制力度，为市场主体营造公平公正、开放包容的营商环境。各地企业要积极执行政策、主动接受监管，推动技术升级和产品差异化，共建产业转型升级先导区，不断增强产业互补性与竞争力。

二是增强环渤海区域产业分工协作。环渤海区域各省市应进一步明确其产业分工定位，围绕本地重点建设的标志性产业链，加大研发投入力度，努力突破产业关键技术瓶颈，提升产业技术含量和产业链专业化分工水平，推动产业链与创新链的深度融合，不断扩大各省市在利益共享产业链中的价值获取，以产业链辐射带动沿链地区经济协同发展。区域内各省市还要协商制定产业分工协作政策，建立健全产业分工协作机制，打造特色鲜明

---

① 李晓华：《面向制造强国的现代化产业体系：特征与构成》，《经济纵横》2023 年第 11 期。

的产业集群。在加强供应链管理和跨行政区合作的基础上，逐步探索现代化的项目管理、远程虚拟等产业分工协作模式。环渤海区域内各地方政府要根据"产业协同发展示范区"的战略部署，明确各自在区域产业链中的角色扮演与职责分工，依托京津冀协同发展政策红利，加强府际联动与政策协同，积极开展多层次、多形式的产业分工协作，共同构建分工明确、协作紧密的区域产业生态体系。

四、建立健全协同创新机制

创新是高质量发展的动力源泉，为深入贯彻落实创新驱动发展战略，需要建立健全环渤海区域协同创新机制。

一是提升环渤海跨板块城市间创新资源协同共享程度。环渤海区域各城市要以实现共赢为目的，积极探索并尽快建立城市间利益分配与协同创新制度。具体而言，各城市政府要根据自身创新资源的占有情况、获取能力和输出力度，并考虑与其他城市资源的匹配与互补程度，进一步健全联席会议制度，探索联合发文制度，在跨城市创新政策制定中注重提升政策目标之间以及政策工具之间的协同度。为保障创新资源协同共享政策能够落地实施，环渤海区域相应城市政府之间还要联合制定颁布诸如利益分配与补偿、激励强化等配套性政策。区域内中心城市之间、非中心城市之间以及中心城市和非中心城市之间还可共同建立协同创新合作组织，打造创新资源协同共享平台，优化创新资源协同共享模式，以便统筹规划与协调各类创新资源在行政属地与跨行政区之间的高效流动与利用，尽力缩小各城市在创新资源占有与获得上的差距。

二是激发与壮大环渤海区域协同创新内外部动力。一方面，需要多方发力不断壮大环渤海区域协同创新外部动力。区域内各地政府应统一思想、强化共识，共同为争取国家政策支持加强与中央及其相关部委之间的联系互动，同时密切与其他重点区域的联络关系。比如，可与粤港澳大湾区和长三角区域建立定期会晤与考察制度，通过主动引入外部推力在环渤海区域内营造良好的协同创新环境，进而构建区域协同发展新格局。环渤海区域各省市治理与创新主体还要以第四次世界科技革命为契机，深入贯彻落实创新驱动发展战略，实现从跟踪模仿到跨越引领的角色转换，以协同创新突破"卡脖子"技术瓶颈，在全域范围内形成浓厚的协同创新氛围。另一方面，要有效疏解环渤海区域协同创新内生动力不足的困境。环渤海区域跨板块各城市政府要从思想认知和情感认同上不断强化区域共同体意识和整体主义观念，以筑牢凝聚协同创新内生动力的思想根基。环渤海区域要以京津冀协同发展为核心，辽宁、山东两省要主动融入京津冀一体化发展进程，可成立环渤海省域协同创新综合体和环渤海区域城市协同创新发展联盟，持续增进省域和市域间的协同合作关系，从组织层面建立稳固可靠的联盟体系。此外，环渤海区域由省及市还应明确各自在区域整体发展中的功能定位，并据此探寻彼此间的利益和价值共同点，为构建立体式、深层次跨板块省际和市际协同创新机制创造弹性空间。

第四章 环渤海大湾区城市群协同发展概述

第一节 京津冀城市群协同发展概述

一、京津冀城市群协同发展现状

京津冀城市群指在特定地域范围内，以北京超大城市为核心，由天津、石家庄、廊坊、保定等城市为基本构成单元，依托京津冀发达的交通通信等基础设施网络，所形成的空间组织紧凑、经济联系密切，并最终实现高度一体化的城市群体[①]。作为我国未来经济发展格局中最具活力和潜力的地区之一，京津冀城市群的建设与发展深刻影响着国家经济发展的趋势与格局。京津冀协同发展是习近平总书记亲自谋划、亲自部署、亲自推动的重大国家战略，是顺应我国区域经济社会发展趋向的重大政治决策，也是引领我国区域经济社会发展的重要理论创新。深刻领会总书记关于京津冀协同发展重要讲话的思想内涵是一项兼具战略意义与实践意义的工作。在战略层面，京津冀协同发展是实现区域经济结构优化调整、内涵式和集约式共同发展、推进京津冀三地协调发展与高质量发展的战略重点，也是"四个全面"战略布局中的关键一环。在现实层面，京津冀协同发展是缓解北京"大城市病"的一条重要途径，通过疏解北京非首都功能和转移一般性制造产业，带动北京周边地区发展，强化京津冀之间的区域合作，在产业、交通、生态、公共服务等方面先行一步，加快形成一体化发展格局，进而

---

① 方创琳：《京津冀城市群一体化发展的战略选择》，《改革》2017 年第 5 期。

逐步推动协同发展向全领域、全方位上迈进。

区域经济的协同发展强调"发展"和"协同"，即在部分区域快速发展的情况下，利用不同地区的优势，通过相互配合、相互协作以及资源共享，实现区域经济整体上的共同发展。国内生产总值（GDP）总量、人均 GDP、GDP 增长率都是衡量区域整体经济实力和区域内经济发展差距的重要指标[①]。自 2014 年京津冀协同发展上升为重大国家战略以来，京津冀三地相继出台了一系列政策文件，京津冀携手推动区域整体协同发展，实现京津冀区域经济一体化，京津冀协同发展不断取得新成效，区域协同发展效率持续提升，三地主体间的互动交流频次大幅增加，产业合作日益密切，统筹协调机制也逐渐得到优化。从经济发展规模来看，2011—2022 年间，京津冀三地经济发展水平呈逐渐上升趋势。京津冀区域生产总值由 2011 年的 4.6 万亿元增长至 2022 年的 10 万亿元，年均增长率达到 9.57%，且 2022 年全年三地的生产总值总和占全国 GDP 的 8.29%，其中北京、河北跨越 4 万亿元量级，均达到 4.2 万亿元。由此可见，京津冀三地的经济增长趋势具有一定的持续性和稳定性，区域整体的经济总量也是以较为稳定的速度持续增长。具体见图 4-1。

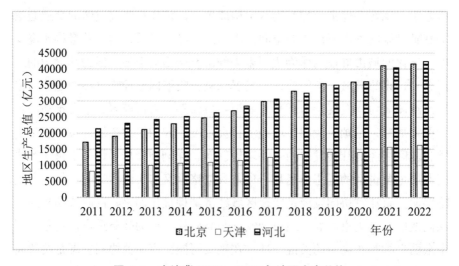

图 4-1　京津冀 2011—2022 年地区生产总值

资料来源：国家统计局。

---

① 冒小飞：《京津冀地区协同发展：结构评估与演进》，《经济与管理》2023 年第 4 期。

（一）产业协同发展现状

区域产业协同是指区域内各产业协调发展和整体结构不断优化，以及区域间产业的合理布局和分工。区域协同发展的关键在于产业协同，产业协同的强度、深度和广度在很大程度上影响着区域协同发展的进程[1]。

1. 产业转移取得进展

为全面推进京津冀产业协同发展，充分发挥三地比较优势，引导三地产业有序转移和承接，形成空间布局合理、产业链有机衔接、各类生产要素优化配置的发展格局，2016 年 6 月，工业和信息化部会同京津冀三地政府共同制定并发布了《京津冀产业转移指南》（以下简称《指南》）。该《指南》主要围绕京津冀规划纲要的空间布局，从产业角度将传统产业、高新技术产业、生态产业等进行细化，构建"一个中心、五区五带五链、若干特色基地"（简称"1555N"）的产业发展格局，也即依托北京的科技和人才资源优势，打造具有全球影响力的科技创新中心和战略性新兴产业策源地，以"五区"（北京中关村、天津滨海新区、唐山曹妃甸区、沧州沿海地区、张家口和承德地区）为突破建设重要引擎，以"五带"（京津走廊高新技术及生产性服务业产业带、沿海临港产业带、沿京广线先进制造业产业带、沿京九线特色轻纺产业带、沿张承线绿色生态产业带）为支撑优化区域布局，以"五链"（汽车、新能源装备、智能终端、大数据和现代农业五大产业链）为特色形成区域优势，围绕节能环保、医药、家具、食品、皮革等行业，推动若干（N 个）特色产业基地发展，形成区域品牌，建设具有全国影响力的行业技术创新中心、产品展示中心、信息集散中心[2]。在《指南》的指导下，京津冀地区的产业结构和产业分布不断得到调整和优化。京津冀三地通过合作共建科技园区共同促进产业协同发展，比如，中关村国家自主创新示范区先后与雄安新区、滨海新区、曹妃甸、承德、保定、石家庄等地创建合作园区，以共建共管推动省市间产业链协同创新，提升中关村对其他地区的创新溢出水平[3]。与此同时，津冀两地在有序承接产业转移方面显示出强大活力。2022 年，天津吸引京、冀投资 1989.4 亿元，占全部

---

① 张智鹏、宁春姿、徐生霞：《产业协同发展：机制与测度》，《统计学报》2023 年第 2 期。

② 工业和信息化部、北京市人民政府、天津市人民政府、河北省人民政府联合发布〈京津冀产业转移指南〉，https://www.miit.gov.cn/zwgk/zcwj/wjfb/zh/art/2020/art_4887131b3b984844a74f228790a47080.html。

③ 李国平、朱婷：《京津冀协同发展的成效、问题与路径选择》，《天津社会科学》2022 年第 5 期。

引进内资的 53.8%，河北承接京、津转入基本单位 4395 个，自 2014 年至今已累计转入 4.39 万个，其中近八成为北京转入，廊坊、石家庄和保定承接北京转入基本单位最多[①]。作为疏解非首都功能的这些城市，通过承接产业转移获得资金、人才、技术等方面的支持，为京津冀地区协同发展积累了良好的资源基础[②]。然而，北京为集中发展第三产业和未来产业，在向周边地区进行产业转移过程中，受本地居住成本、管理成本上涨等因素影响，对其产业发展水平年均增长率起到一定的限制作用。

2. 产业结构不断优化

为深入推进供给侧结构性改革，优化产业结构与提升产业质量，围绕"去产能"，京津冀三地相继关停一批高污染、高耗能企业，推动传统工业企业转型升级，促使其向绿色化、智能化、高端化方向转变。随着京津冀协同发展国家战略的逐步实施，天津与河北的第三产业占比实现大幅提升。从产业结构看，北京的产业结构类型一直保持"三二一"的发展态势，且第三产业占比远高于第一和第二产业；天津与河北的产业发展较之北京更加依靠工业制造业，因此两地在 2015 年之前的产业结构类型均属于相对典型的"二三一"结构，在区域产业结构转型升级的驱动下，津冀两地于 2015 年开始转向为"三二一"模式。由此看来，京津冀三地的产业结构在不同程度上均表现出向"三二一"结构态势靠拢的趋势。表 4-1 为京津冀三地 2011—2022 年第三产业贡献率。

表 4-1　京津冀 2011—2022 年第三产业贡献率（%）

年份	北京	天津	河北
2011	82.3	46.6	39.8
2012	81.0	50.8	38.6
2013	78.7	57.6	41.5
2014	80.6	56.4	55.7
2015	92.6	49.4	61.7
2016	86.9	72.2	65.2
2017	89.5	87.5	75.0
2018	90.2	97.5	73.8

① 刘乐艺：《协同发展，京津冀书写精彩答卷》，《人民日报》（海外版）2023 年 4 月 5 日。
② 周京奎、王文波、张彦彦：《"产业—交通—环境"耦合协调发展的时空演变——以京津冀城市群为例》，《华东师范大学学报》（哲学社会科学版）2019 年第 5 期。

年份	北京	天津	河北
2019	89.6	74.3	73.8
2020	64.6	58.7	47.7
2021	58.0	73.6	60.6
2022	398.4	114.3	43.0

资料来源：国家统计局。

3. 产业分工逐渐明晰

京津冀协同发展十年来，该区域已初步形成良好的产业分工协作格局。北京作为全国科技创新中心，拥有丰富的科技创新资源和雄厚的科技创新实力，当地产业正加速向高端化方向发展，高技术服务业和文化产业集聚度不断提升。截至 2021 年末，科学研究和技术服务业、信息传输软件和信息技术服务业、文化体育和娱乐业占北京第三产业法人单位比例分别为 9.69%、10.46% 和 4.93%。天津服务业发展趋势良好，特别是金融业和交通运输业得益于优越的地理区位，推动天津成为金融创新运营示范区和北方国际航运核心区的核心功能日益显著。一些知识密集型产业也在津沽大地上崛起，像战略性新兴产业和高技术产业 2021 年的营业收入较上一年度分别增长了 11% 和 12.7%。河北的先进制造业较为发达，因其在高新技术制造方面持续发力，2021 年河北全省制造业增加值占生产总值的比重为 29.0%，对经济增长的贡献率达到 23.7%。在京津冀城市群中，京津两地主要发挥生产性服务功能，河北则重点承担生产制造功能。

（二）科技创新协同发展现状

1. 政策体系逐步构建

建立健全京津冀区域科技创新政策体系、提升京津冀区域科技创新政策协同水平，对于促进该区域科技创新高质量发展和增强区域科技创新协同发展水平具有重要的理论与现实意义。《京津冀协同发展报告（2022）》明确提出，要加强顶层设计，构建科技创新资源集聚平台，推动京津冀整体创新效能的提高。经过十年来的建设与发展，京津冀区域科技创新政策体系不断健全，科技创新协同发展水平也逐步提升。2016 年 6 月 24 日，中共中央、国务院批复同意《京津冀系统推进全面创新改革试验方案》，要求围绕促进京津冀协同发展，以促进创新资源合理配置、开放共享、高效利用为主线，以深化科技体制改革为动力，依托三地创新发展基础和政策先行先试经验，推动形成京津冀协同创新共同体，打造中国经济发展新的支撑带[①]。2018 年 7 月，京津冀三地科技和财政部门共同签署《京津冀科技创新券合作协议》，正式启动科技创新券互认互通，以"汇集千家开放实验室、服务三地万家小微企业"为目标，打造"京津冀创新券科技服务工程"。为深入贯彻《京津冀协同发展规划纲要》，打造京津冀协同创新共同体，全面落实科技协同创新工作新部署、新要求，2018 年 11 月，京津冀三地科技部门正式签署《关于共同推进京津冀协同创新共同体建设合作协议（2018—2020 年）》。此外，随着《关于建设京津冀协同创新共同体的工作方案》《发挥中关村节能环保技术优势推进京津冀传统产业转型升级工作方案》《石保廊全面创新改革试验重点改革试点方案》《河北·京南国家科技成果转移转化示范区建设实施方案》等一系列具体方案的颁布实施，京津冀科技创新政策体系逐步构建起来[②]。

2. 研发投入持续上升

京津冀区域始终坚持创新驱动发展，以更高标准提升科技发展质量。通过持续加大科技研发投入与培育创新主体发展壮大，加快高科技产业引领创新发展步伐，激发新业态、新模式，迸发创新活力。由图 4-2 可知，2011—2022 年，京津冀三地的研究与试验发展经费内部支出基本处于持续上升态势。以 2022 年为例，京津冀三地共投入研究与试验发展经费 4260.9 亿元，其中，北京为三地最高，投入高达 2843.3 亿元，是 2011 年的约 3 倍；天津投入 568.7 亿元，是 2011 年的约 1.9 倍；河北投入 848.9 亿元，是 2011 年的约 4.2 倍。

（三）教育协同发展现状

1. 教育协同合作日益深化

教育属于社会基本公共服务范畴，是京津冀区域一体化的重要组成部分。京津两地拥有优质的教育资源和优越的教育条件，而河北的教育资源则相对匮乏，为推动京津冀教育协同发展，2019 年 1 月，三地教育部门联合发布了《京津冀教育协同发展行动计划（2018—2020 年）》，其中涵盖了优化提升教育功能布局、推动基础教育优质发展、加快职业教育融合发展、

---

① 安蓓：《国务院批复京津冀等地系统推进全面创新改革试验方案》，http://www.xinhuanet.com/politics/2016-07/04/c_1119162500.htm。

② 柳天恩、田学斌：《京津冀协同发展：进展、成效与展望》，《中国流通经济》2019 年第 11 期。

推动高等教育创新发展、创新教育协同发展体制机制五方面内容，包括优化提升首都教育功能、高水平配置北京城市副中心教育资源、全力支持雄安新区建设、完善津冀教育承接平台、促进区域基础教育深度融合、加强协作提升教师能力素质、加快优质基础教育资源共建共享、依托职业教育集团促进院校服务能力升级、推动技术技能人才联合培养、推进三省市职业教育协同发展、优化高等教育协同育人体系、构建高等学校协同创新体系、提升高等教育资源共享水平、搭建协同管理机制、健全组织实施机制、完善配套政策保障等 16 条措施。在该政策的指引下，京津冀三地教育协同合作日益增强，教育公共服务共建共享程度逐渐加深。在第十三个五年规划期间，首都教育功能疏解任务基本达到预期，首都教育空间布局和社会服务功能局部得到优化；首都两翼联动格局初步形成，推动北京教育资源与北三县开展合作，同时推进京雄两地教育全方位协同合作；基础教育、职业教育与高等教育等各类教育事业的协同发展工作机制也在逐步完善之中[①]。

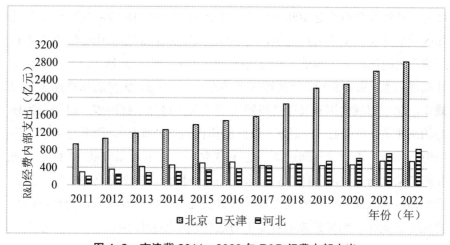

图 4-2　京津冀 2011—2022 年 R&D 经费内部支出

资料来源：国家统计局。

2. 协同发展机制初步建立

京津冀协同发展上升为国家战略后，党中央、国务院出台了一系列政策文件，为三地教育协同发展指明了方向。比如，京津冀三地教育主管部

① 孙司宇、张晓京、陈玮琦：《区域教育协同发展的现状及展望高端论坛会议综述》，《中国人民大学教育学刊》2023 年第 3 期。

门在高等教育方面签署了一系列推动合作的政策文件，并建立起京津冀区域高等教育规划衔接机制、会商交流机制、协同工作机制和对口帮扶机制，为全国其他地区构建高等教育合作机制提供了经验借鉴和启示。与此同时，京津冀三地在高等教育合作领域还初步构建了目标一致、功能互补的"一张图"规划、"一盘棋"构建、"一体化"发展的协同发展规划体系，以期打破要素自由流动的重重障碍，将京津冀区域打造成为教育领域协同创新高地[①]。

（四）交通协同发展现状

1. 综合交通网络持续优化

2014 年习近平总书记在考察北京市时明确提出，要把交通一体化作为推进京津冀协同发展的先行领域，加快构建三地快速、便捷、高效、安全、大容量、低成本的互联互通综合交通网络。十年来，京津冀交通运输产业贯彻区域一体化发展战略，推动京津冀地区交通一体化发展由"蓝图"向"现实"转变，"轨道上的京津冀"已初具规模。截至 2022 年末，京津冀区域营运性铁路总里程达 10933 公里，较 2014 年增长 38.6%；北京至 6 个毗邻区域全部实现 1 小时内通达，与 300 公里范围内的主要中心城市"津石保唐"之间均已实现高铁 1—1.5 小时快速联系；京台高速、京礼高速、京开高速拓宽、京秦高速、首都地区环线通州-大兴段、大兴机场高速等建成通车，北京市域内国家高速公路网实现"断头路"全部清零；以北京为核心的京津冀"单中心、放射状"路网结构得到有效优化[②]。河北作为全国沿海港口大省，港口设计通过能力达 11.3 亿吨，年吞吐量突破 12 亿吨。河北港口集团与天津港集团共同签署战略合作协议，将秦皇岛港、唐山港、曹妃甸港、天津港、黄骅港等吞吐量过亿吨的大港串联起来，合理设计与优化海运航线，加快建成富有竞争力的现代化港群体系。

2. 运输服务水平全面提升

随着京津冀综合交通运输网络格局的基本形成，区域交通运输服务一体化水平也得到进一步提升。在交通信息化和智能化建设方面，京津冀交通网络硬件设施初具规模，中央及京津冀三地政府对交通信息化、智能化

---

① 柳天恩、董葆茗：《京津冀高等教育协同发展的进展成效与路径优化》，《河北师范大学学报》（教育科学版）2023 年第 2 期。

② 裴剑飞：《京津冀综合立体交通网基本形成，首都通勤圈未来将以轨道交通为主》，《新京报》2023 年 5 月 30 日。

建设给予高度重视和支持，并取得巨大成效，如建成智能交通信号灯系统，提高道路通行能力；建设交通运输大数据平台，提供全方位的交通信息服务；实现高速公路不停车收费（ETC）系统区域互联，高速公路路况、气象、施工信息通过电话方式共享。在跨区域交通服务方面，京津冀地方政府努力推动实现一卡通在三地范围内跨区域使用，方便居民在不同城市之间的出行。在共享交通服务方面，京津冀三地加强智能出行平台建设，整合多种共享交通服务，方便用户规划出行线路；为提高共享交通服务的效能，三地政府还致力于推动建立数据共享机制，促使各个共享服务提供商更好地协同运作，提升运营服务质量。

（五）生态协同发展现状

1. 生态环境治理成效明显

2015 年，京津冀三地原环保局（厅）共同签署《京津冀区域环境保护率先突破合作框架协议》，以大气、水、土壤污染防治为重点，以统一立法、统一规划、统一标准、统一监测、协同治污等为突破口，联防联控，共同改善区域生态环境质量，共享区域生态环境质量改善成果。由此正式开启了京津冀三地协同治理生态环境的新篇章。2022 年初，三地生态环境部门联合发布《关于加强京津冀生态环境联建联防联治工作的通知》，成立京津冀生态环境联建联防联治工作协调小组，推动区域层面生态环境保护的重要目标、重大任务落地，协商解决跨省（直辖市）重大生态环境问题[①]。同年 6 月，京津冀三地生态环境部门共同签订《"十四五"时期京津冀生态环境联建联防联治合作框架协议》（以下简称《框架协议》），主要从大气污染联防联控、水环境联保联治、危险废物处置区域合作、绿色低碳协同发展、生态环境执法和应急联动、完善组织协调机制六个方面进一步深化三地协同治理内容。《框架协议》针对"十四五"生态环境保护的新形势和新要求，增加了绿色低碳协同发展等有关内容，京津冀三地将围绕减污降碳的协同作用，聚焦重点领域、重点区域，深入打好污染防治攻坚战，推动绿色低碳创新，积极推进气候变化金融与金融试点，促进生物多样性保护。在三地政府的共同努力下，京津冀区域生态环境质量持续改善。空气质量方面，2021 年三地细颗粒物（PM2.5）年均浓度首次全部步入"30+"阶段，2022年以来，三地 PM2.5 平均浓度继续同比下降，与 2013 年相比降幅均达到

---

① 邓佳、张雪晴：《京津冀三地生态环境部门联合签署"十四五"合作框架协议》，《中国环境报》2022 年 6 月 22 日。

60%以上，重污染天数均大幅消减、优良天数大幅增加；水环境质量方面，三地国家地表水考核断面水质优良（Ⅰ-Ⅲ类）比例均动态达到"十四五"国家目标要求，且全面消除劣Ⅴ类断面；生态质量方面，生态系统质量和稳定性持续提高，北京密云水库入选全国首批美丽河湖优秀案例、天津海河河北区段入选全国首批美丽河湖提名案例、河北秦皇岛湾北戴河段入选全国首批美丽海湾优秀案例[①]。

2. 水资源、能源利用效率提高

在水资源利用方面，京津冀区域水资源正逐年得到集约和高效利用。以2022年为例，京津冀三地人均综合用水量分别为183m³/人、245m³/人、245m³/人，远低于全国人均综合用水量425m³/人，耕地实际灌溉亩均用水量分别为124m³、247m³和153m³，同样低于全国平均水平（见表4-2）。2011—2022年，京津冀三地单位地区生产总值能耗呈逐年下降趋势（见图4-3），总体上看，能源综合利用取得积极成效。其中，北京持续推动能源清洁转型和促进能源消费结构优化，燃煤量大幅下降，能源利用效率处于全国领先地位；天津持续优化能源结构，加快工业绿色低碳发展，不断完善节能管理制度，建立高耗能、高排放项目管理台账，落实可再生能源和原料用能不纳入能耗双控政策，能源利用取得显著效果；河北通过采取工程减煤、提效节煤、清洁代煤等一系列措施，大幅提高了能源供应的能力与品质。

表4-2 2022年京津冀主要用水指标

范域	人均综合用水量/m³	万元国内生产总值用水量/m³	耕地实际灌溉亩均用水量/m³	人均生活用水量/L/d
全国	425	49.6	364	176
北京	183	9.6	124	233
天津	245	20.6	247	145
河北	245	43.1	153	103

资料来源：2022年中国水资源公报。

---

① 董立景：《凝聚1+1+1＞3协同合力 京津冀区域生态环境质量持续改善》，https://www.app2020.tjyun.com/cms_sys/cms_template/000/000/093/index.shtml?appId=1b8b3255-58d4-4ba7-b0f7-9d136547eb38&jsonUrl=https://static20.app2020.tjyun.com/jyapp/cms_mob/v200/cms_news/000/000/053/444/000000053444822_af282d05.json&resourcesUrl=https://static20.app2020.tjyun.com/jyappv300/cms_mob/v200/cms_oth/chan.json&jy_uid=308802582&newsId=053444822。

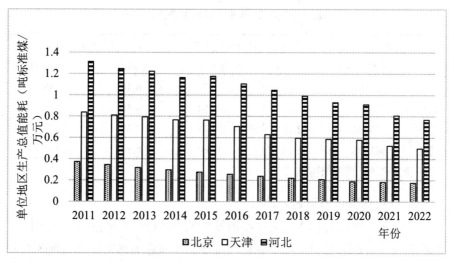

图 4-3　京津冀 2011—2022 年单位地区生产总值能耗

资料来源：北京、天津、河北统计年鉴。

（六）公共服务协同发展现状

1. 居民生活水平不断提高

经过十年的合作共建与协同发展，京津冀三地共享发展成果，持续保障和改善民生，共同促进优质公共服务资源均衡配置，基本公共服务均等化水平得到持续提升。三省市共建京津冀医院管理中心，在转诊绿色通道、提升医疗服务水平、培养高素质医疗人才等方面加深协同合作，共同提升三地居民看病就医便利度和满意度；三地共建京津冀图书馆联盟、舞美艺术中心等多个协同发展平台，逐步健全城乡基层公共文化设施，不断推进文化服务资源的数字化和智慧化转型，在公共文化服务、群众文娱活动、演出艺术发展等领域加强资源互通共享力度。2022 年，京津冀三地城镇人均居民可支配收入同比增长 3.1%、2.9%、3.7%；农村居民人均可支配收入同比增长 4.4%、3.8%、6.5%；三地城乡居民人均可支配收入差距均低于全国平均水平，如表 4-3 所示。在京津冀协同发展过程中，三地居民生活水平和质量得到了稳步提升。

表 4-3　2022 年京津冀城乡收入水平

范域	城镇人均居民可支配收入/万元	同比增长幅度/%	农村居民人均可支配收入/万元	同比增长幅度/%	城镇居民与农村居民收入比
全国	49283	3.90	20133	6.30	2.448
北京	84023	3.10	34754	4.40	2.418
天津	53003	2.90	29018	3.80	1.827
河北	41278	3.70	19364	6.50	2.132

资料来源：国家统计局。

2. 社会保障体系日趋完善

京津冀三地坚持以人民为中心的发展理念，深入贯彻落实《关于推进京津冀人力资源和社会保障事业协同发展的实施意见》《支持雄安新区人力资源和社会保障改革创新实施方案》等一系列政策文件，社会保障领域协同发展的广度和深度不断提升。三地人社部门主动作为、密切合作，在服务国家战略大局、支持雄安新区建设等方面发挥了重要作用，并取得显著成效：劳务协作的规模效应和支持作用进一步凸显，人力资源服务地区协同程度进一步提升，社会保险关系转移接续更加顺畅，技能培训的区域合作与技能人才的联合培养机制不断深化，劳动关系协同发展的顶层设计更加完善[1]。2023 年 12 月，京津冀三地共同签署《京津冀社会保障卡居民服务"一卡通"合作框架协议》，旨在推进京津冀"一卡通"建设，加快实现三地社保卡跨省通用、一卡多用以及线上线下场景融合发展。根据该文件，三地建立起共商共建机制、联席会议机制、信息共享机制，还将共同编制京津冀社保卡居民服务"一卡通"的整体规划、数据标准、接口规范、场景任务等标准规范[2]。截至 2023 年底，京津冀区域社保卡持卡人数已达 1.15 亿人，基本实现"人手一卡"，领用电子社保卡人数达 8501 万人，覆盖 74% 的常住人口，社保卡已成为民生服务的基础性载体。

二、京津冀城市群协同发展问题

（一）经济发展存在较大差距

京津冀在资源禀赋与经济发展方式上差异明显，导致三地在经济总量

---

① 《人力资源社会保障部召开京津冀人社事业协同发展第三次部省（市）联席会》，http://www.mohrss.gov.cn/SYrlzyhshbzb/dongtaixinwen/buneiyaowen/201910/t20191018_337234.html。

② 张悦：《京津冀三地共推社保卡"一卡通"建设》，《北京日报》2023 年 12 月 27 日。

上也呈现出较大差别，整体上看，天津经济发展水平落后于北京，河北落后于天津。据统计，北京市地区生产总值占京津冀 GDP 的比重由 2011 年的 36.82%上升到 2022 年的 41.49%，天津占比从 17.38%降到 16.26%，河北占比则从 45.81%降至 42.25%；从人均 GDP 上看，2011 年北京人均 GDP 分别是天津与河北的 1.4 倍和 2.9 倍，2022 年这一数字进一步扩大到 1.6 倍和 3.3 倍。京津冀三地经济发展存在较大差距，不利于构建京津冀区域一体化格局。图 4-4 为京津冀三地 2011—2022 年人均 GDP 发展趋势。

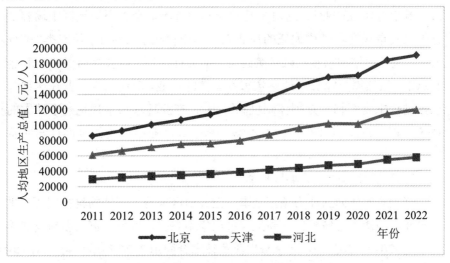

图 4-4　京津冀 2011—2022 年人均 GDP

资料来源：国家统计局。

（二）产业链内适性与完整度不足

京津冀三地产业发展所处阶段各不相同，北京已跨过后工业化发展阶段，天津正处在后工业化阶段，河北还停留在工业化时期[①]。根据国家统计局发布的数据，北京和天津的第三产业贡献率相对较高，河北第三产业占比较低，且产业结构单一，经济发展过于依赖资源型产业，省内经济循环动力不足。京津冀三地尚未完全确立产业协作治理模式，在协商讨论产业链布局及跨区域产业活动方面也缺乏高效沟通[②]。正是三省市的产业发展阶段与产业发展梯度层级存在较大差异，且彼此间合作沟通机制不健全，导致京津冀在合作共建产业链方面存在内部上下游不适配的问题。北京一

---

① 孙久文、王邹：《新时期京津冀协同发展的现状、难点与路径》，《河北学刊》2022 年第 3 期。
② 张贵、孙晨晨、刘秉镰：《京津冀协同发展的历程、成效与推进策略》，《改革》2023 年第 5 期。

些产业的创新成果较难在津冀两地转化应用并与当地产业有机融合，致使三地产业链发生断链或缺链。产业链内适性欠缺在一定程度上弱化了京津冀各自的分工优势，同时制约了区域内产业链上下游之间的联动发展。

《京津冀协同发展规划纲要》明确列出北京需要重点疏解的四类产业。其中，第一类是北京急需向外疏解的"高耗能产业"，但这与天津"全国先进制造研发基地"、河北"全国产业转型升级试验区"的功能定位相冲突，导致津冀两地很难承接；第二类是"区域性物流基地、区域性专业市场等部分第三产业"，这对于基础配套设施不健全、周边地区市场容量有限以及市场交易规模偏低的河北来说同样存在承接困难；第三类"部分教育、医疗、培训机构"以及第四类"部分行政性、事业性服务机构和企业总部"虽然属于津冀两地愿意重点承接的产业，但这两类产业在转移与承接过程中还面临一系列体制机制障碍[①]。产业转移与承接是一个庞大的系统工程，京津冀产业转接不顺畅影响区域产业链构建的全面性与完整度。

（三）科技创新布局单核集中

京津冀整体创新能力领跑全国，但分地区来看，三地的科技创新水平发展并不均衡，区域整体布局呈现单核集中态势，区域化链式创新发展显著不足。2013—2022年，北京输出津冀技术合同由3176项增长至5881项，成交额由71.2亿元增长至356.9亿元。从创新投入上看，2022年京津两市的研发经费投入强度分别为6.83%和3.49%，而河北的研发经费投入强度仅为2%；北京的研发人员全时当量为373235人年，而津冀两地分别只有103499人年和158712.8人年。在创新产出方面，2022年北京的发明专利申请数量高达189198件，而津冀两地的发明专利申请数量仅为北京的11.35%和12.78%（见表4-4）。

表4-4 2022年京津冀三地科技创新重点指标

地区	R&D经费投入强度（%）	研发人员全时当量（人年）	发明专利申请数（件）
北京	6.83	373235	189198
天津	3.49	103499	21466
河北	2.00	158712.8	24182

资料来源：《中国科技统计年鉴》。

---

① 柳天恩、王利动：《京津冀产业转移的重要进展与困境摆脱》，《区域经济评论》2022年第1期。

（四）创新要素流动不够充分

京津冀区域尚未形成统一开放的要素市场体系，在三地协同创新进程中，知识、技术、资本、信息等创新要素在地区间的流动不够充分，创新主体之间的互动不够紧密，北京创新资源闲置低效与津冀创新需求得不到满足并存。创新滞后是京津冀城市群城镇化与创新耦合协调水平提升的阻力。具体分析可知，北京以"三城一区"为代表的科技创新主平台对津冀两地的技术溢出效应不明显，这是因为北京在疏解非首都功能时，一般会主动疏解不符合其战略定位的功能，加之北京本身对于高精尖技术资源具有较强的"虹吸效应"，津冀两地在承接和获取创新资源要素方面也就处于劣势地位。此外，尽管京津冀科技管理部门通过联合设立基础研究合作专项，打破了省市间基础研究的分割局面，但因经费支持力度过小，对解决制约区域协同创新发展的共性关键技术难题作用不明显[①]。

（五）生态环保建设机制不健全

京津冀区域在生态环境保护方面还存在市场机制不健全、协调机制不完善等问题。前者主要表现为在气候变化与碳减排背景下，京津冀区域尚未建立起便捷高效的碳交易体系与科学合理的环境税费体系，这不仅容易削弱企业采取绿色低碳技术和管理实践的积极性，还会降低企业进行环保投资与治理环境的主动性；京津冀区域还缺乏明确可行的生态补偿机制，在共同营造与维护良好的生态环境过程中，各地在分利与问责上未能达成共识，导致生态环保建设的稳定性与可持续性会遭到破坏；绿色金融体系的不健全会导致区域内企业在投融资决策时容易忽视环保因素，不利于生态环保产业的发展。后者则体现在生态环境治理资源在京津冀三地间分配不均衡，导致地区间生态环境质量存在不同程度上的差距；京津冀跨省市生态环保应急响应机制还不健全，在遭遇区域突发性环境事件时，会因缺乏组织协调与协同应对能力，影响应急处理效率；诸如水源地保护、植被恢复等跨省市生态修复协调不力，也是京津冀区域在健全生态环保建设机制中需要重点解决的问题。

---

① 田学斌、柳天恩：《京津冀协同创新的重要进展、现实困境与突破路径》，《区域经济评论》2020年第 4 期。

三、推动京津冀城市群协同发展的思路建议

（一）完善区域发展顶层设计，健全协同发展体制机制

从京津冀实际状况出发，进一步完善区域协调发展顶层设计。面对行政区划壁垒与市场流通障碍，三地政府应以一体化为目标，尽快形成统一的市场规则与服务标准。在新形势下，应以政府主导为基调，建立健全京津冀区域协同发展体制机制。要建立区域一体化发展协调机制和联动机制，京津冀三地要明确共同发展目标和责任使命，在组织领导上，要尽力争取中央支持，促使中央和地方共同构建的区域协调机制作用得到充分发挥，同时强化地方主体责任，在此基础上建立起一个利益协调与多方互动的合作框架，对跨边界治理及其利益协调进行改进与创新，以此推动京津冀三地在科技、教育、医疗、文化、生态等方面实现资源共享。在资源利用上，要提高优惠政策、财政资金等资源的利用效率，将稀缺资源集中用于那些市场机制难以触及或者没有得到有效分配、当前协同矛盾比较突出的领域，或者是那些仅仅依靠当地政府不能得到很好处理的问题，如跨行政区划公共服务资源的投入、生态补偿机制的设计等。

（二）缩小城市间发展差距，培育京津冀世界级城市群

《京津冀协同发展规划纲要》为京津冀城市群发展指明了方向：北京作为全国政治中心、文化中心、国际交往中心、科技创新中心；天津作为先进制造研发基地、北方国际航运核心区、金融创新运营示范区、改革开放先行区；河北作为现代商贸物流重要基地、产业转型升级试验区、新型城镇化与城乡统筹示范区、京津冀生态环境支撑区。为此，需要扎实推进京津冀区域高质量发展，建设以北京为中心的世界级城市群，促使北京的辐射带动能力进一步增强，提升北京对周边城市的溢出效应。通过北京的辐射带动能力，提高天津与河北的经济发展水平，并根据各地发展实际，不断调整城市发展战略，推进产业转型与升级，缩小城市间的经济发展差距。针对北京长期以来的"大城市病"问题，要扎实推进疏解北京非首都功能的各项任务落实，以天津滨海新区与河北雄安新区为集中承接地，合理有序疏解北京非首都功能。为加快解决京津冀城市群内经济发展不平衡、城市规模断层问题，进而推动形成分工合理、功能互补、相互促进、协调发展的城市群发展格局，需要持续发力，重点解决北京原始创新、天津研发成果转化、河北推广应用的衔接问题。雄安新区的设立为破解京津冀城市

群一体化发展困局提供助力，作为京津冀协同发展战略向纵深推进的关键性布局，雄安新区现已进入大规模建设与承接北京非首都功能疏解的并行阶段，工作重心应向高质量建设、高水平管理和高质量疏解三方面并举转变，以便更好实现拓展城市群发展新空间和促进区域经济协调发展。

（三）明确各自功能和作用，构建合理的产业分工体系

区域产业分工是以区域经济合作为基础，在区域内根据地方发展基础和比较优势选择相应产业，并合理布局和调整产业结构，最终形成优势互补与分工合理的产业体系。京津冀三地如何充分发挥各自比较优势、增强彼此发展动力、提升整体竞争力，形成合理的产业分工与区域产业协作，对于进一步推动京津冀协同发展具有重要的现实意义。围绕京津两大中心城市，增强城市群之间的联系紧密度，加快石家庄、唐山、保定等城市发展步伐，进一步健全京津冀城市群整体结构框架，优化京津冀城市群各类功能的分工布局。北京要在京津冀协同发展国家战略中扮演核心角色，要继续把疏解非首都功能放在首位，加强与其周边城市的联系与合作，促进区域内资源要素的有序流动，构建合理的产业分工体系，加快形成良好的产业分工格局。天津要以京津冀协同发展国家战略为引领，重点建设特色鲜明、优势突出的"1+3+4"现代化产业体系，通过实施京津冀产业协同发展、产业强基、优质企业锻造、重大项目牵引等"八大工程"，全面提升先进制造业的"硬核实力"，切实带动京津冀区域一体化发展。河北要紧紧围绕京津冀协同发展战略，在积极承接京津两地转移产业的基础上，以新材料、新能源、电子信息、生物制药等新兴产业带动传统产业的改造升级，不断提升"河北智造"的延展性与融合性，壮大产业发展新动能，还可利用沿海地区优势布局现代化工、大型装备制造、现代商贸物流等临港产业，以及利用多样化的地形地貌与近临首都的区位，积极发展绿色食品、特色食品、旅游会展、养老康复等产业[①]。

（四）打造京津冀协同创新共同体，促进产业链与创新链深度融合

要充分利用北京知识创新优势、天津技术创新优势与河北成果转化优势，促进北京科技创新成果在津冀地区转化，实现"研发在北京、转化应用在津冀"的模式，打造京津冀区域协同创新共同体。要加快推动北京高端产业发展，以雄安新区为突破点，借助京津科技创新资源优势，构建"京

---

① 颜廷标：《区域角色定位方向、维度与实现机理——以京津冀协同发展背景下的河北省为例》，《河北学刊》2021年第3期。

津雄创新三角"。要充分发挥北京"全国科技创新中心"、京津"国家自主创新示范区"的区位优势，持续推进京津两地科技创新政策红利向雄安新区延伸，高效带动雄安新区创新能力的进一步提升。通过合理规划京津冀区域产业链布局，科学划分三地关键产业链，切实解决京津冀协同创新发展过程中出现的创新成果与市场产业需求脱节问题，促进京津冀政策链、产业链与创新链的无缝对接与深度融合，实现区域内产业的合理布局与上下游联动，为建设更多高质量的国家级和省级战略性新兴产业集群打下坚实基础。具体而言，要发挥好北京在首都科技资源和高端创新要素方面的集聚优势，为推动构建高精尖经济结构贡献力量；天津要基于全国先进制造研发基地的功能定位，强化先进制造业的核心技术引领，巩固先进制造业的核心地位，联合京冀两地共同建设协同创新平台，积极引导不同层级产业在河北集聚与发展；河北要加快科技成果转化与产业化，与京津两市共同实现资源共享和优势互补。

（五）全面贯彻党中央指示精神，完善区域生态环保建设机制

京津冀区域要坚定不移地贯彻"绿水青山就是金山银山"的思想，持续打好"蓝天、碧水、净土"保卫战，紧紧围绕污染防治攻坚战阶段性目标任务，强化责任落实，推进攻坚行动，确保完成污染防治攻坚战阶段性目标。一方面，要健全生态环保市场机制。京津冀区域要在统筹好经济发展与碳达峰、碳中和目标的基础上，加快建立起碳交易市场体系与环境税费制度；共建清洁低碳、安全高效的现代能源体系，协同推进城市绿色低碳转型；探索构建生态补偿机制，开展区域内跨省市、跨城市的生态补偿试点工作；通过加强绿色金融政策引导力度，畅通地方环保部门、金融监管部门以及商业性金融机构之间的信息交流与共享，进一步优化京津冀区域绿色金融体系。另一方面，要完善生态环保协调机制。京津冀三地要大力推动环境治理与生态建设协同立法，加快京津冀区域生态环境协同治理规划的编制工作，探索多元主体协同治理模式，确保生态环境治理资源在三省市之间的合理分配；要继续加强京津冀生态环境联防联治，提升区域生态系统的稳定性与可持续性；可通过加大政策支持力度、建立跨省市生态环保协调机构、提升包括环境监测技术和灾害预警系统在内的技术支持与装备配备的先进性，建立健全京津冀跨地区生态环保应急响应机制。

第二节　辽中南城市群协同发展概述

一、辽中南城市群协同发展现状

辽中南城市群位于我国东北地区南部、辽宁省中南部，濒临渤海和黄海，以沈阳、大连两个副省级城市为中心，还包括鞍山、抚顺、本溪、营口、辽阳、盘锦、铁岭 7 个联系紧密的地级市，既是环渤海区域的重要组成部分，也是东北地区对外开放的重要门户，在实施"一带一路"建设、推进新型城镇化和带动东北地区全面振兴中占有举足轻重的地位。

辽中南城市群矿产资源地域组合条件具有明显的比较优势，铁矿、菱镁矿、滑石矿、煤矿、石油等资源在全国占重要地位。西部辽河流域以平原为主，土地开发难度较低，可利用水资源丰沛，产业发展和城镇建设受自然条件限制和约束较小。东部以丘陵为主，是辽宁省内的重要生态屏障。辽河流域、大伙房水源保护区、大连市、本溪县被确定为国家生态文明先行示范区。

（一）产业协同发展现状

辽中南城市群是全国最大的重工业基地，也是我国重要的商品粮食生产基地和能源原材料基地，已形成以装备制造、汽车、能源、医药、电子信息等为主体的现代化产业体系。

1. 第三产业发展迅猛

2011 年以来，辽中南城市群第一产业产值变化不大，占比在 6% 上下浮动，对 GDP 的拉动作用有限，第二产业产值变化呈先升后降趋势，第三产业产值总体呈上升趋势。2015 年及以前，第二产业作为主导产业，产值占比均在 45% 以上，第三产业产值占比一直处于上升态势，此后开始超越第二产业，产值占比基本保持在 50% 左右。可见，辽中南城市群在对传统重工业进行升级改造的基础上，大力发展第三产业，从而实现产业结构的多元化。此外，2016 年辽宁省政府实行"挤水"政策，导致该城市群产业总产值出现明显下降，其余年份变化幅度相对平稳。

2. 城市产业特色鲜明

沈阳是东北地区最具实力的国际化大都市之一，《2023 年沈阳市重点产业链关键核心技术攻关重大科技专项实施方案》明确提出，沈阳市组织实施汽车及零部件、航空、新一代信息技术、集成电路装备、高端装备（机器人）、生物医药及医疗装备、食品、新能源及节能环保 8 条重点产业链关键核心技术攻关重大科技专项，以实现将沈阳重点产业集群纳入战略性新兴产业集群发展中。大连拥有优越的地理位置和海洋资源，作为东北地区最大的港口城市，大连加快推动产业链的延伸与深化，在积极构建具有大连特色的通用航空、造船等产业的同时，培育壮大战略性新兴产业规模，助力城市高质量发展。抚顺作为全国十大工业城市之一，有"煤都"之称，同时也是工业领域高端制造和新型原材料产业基地。鞍山作为我国第一钢铁工业城市，有"共和国钢都"的美誉，正以全力推动钢铁、新材料及高端装备等主导产业的发展。本溪矿藏资源丰富，为能充分发挥自身资源优势，不断深挖文旅、生物医药等产业的发展潜力。营口的特色产业之一是汽保产业，至今已有 60 余年的发展历史，现已成为中国汽保设备的最大生产基地，产品在国内市场覆盖率超过 85%，出口总额占全国汽保产品出口总额的 43%①。作为现代石化轻纺工业基地的辽阳锚定建设"宜居宜业新辽阳"的发展目标，承接全省万亿级产业基地和重点产业集群，拉长、拉宽、拉粗重点产业链，加快构建具有辽阳特色的现代化产业体系。受历史因素和资源禀赋的影响，辽中南城市群内各城市的重点发展细分产业有所差别，但基本可归于第二产业（如表 4-5 所示）。

表 4-5　辽中南城市群重点城市重点发展产业要目

城市	重点发展产业	产业归属
沈阳	机械工业；汽车及零部件、航空、新一代信息技术、集成电路装备、高端装备（机器人）、生物医药及医疗装备、食品、新能源及节能环保等战略性新兴产业	第二产业/第三产业
抚顺	高端制造和新型原材料产业	工业（第二产业）
鞍山	钢铁、新材料及高端装备等产业	工业（第二产业）
本溪	钢铁、文旅、生物医药等产业	旅游业（第三产业）生物医药（第二产业）
营口	汽保等产业	工业（第二产业）
辽阳	现代石化轻纺工业	工业（第二产业）
大连	通用航空产业；造船工业	工业（第二产业）

① 许潇兮：《我市 21 家汽保企业亮相第 18 届上海国际汽车展览会》，《营口日报》2023 年 12 月 4 日。

（二）科技创新协同发展现状

2023 年 2 月审议通过的《辽宁全面振兴新突破三年行动方案（2023—2025）》明确提出，要"深入实施科教兴省、人才强省、创新驱动发展战略，坚持教育发展、科技创新、人才培养一体推进，坚持原始创新、集成创新、开放创新一体设计，坚持创新链、产业链、人才链一体部署，着力将科教人才资源优势转化为创新发展优势"，并将"创建具有全国影响力的区域科技创新中心""打赢关键核心技术攻坚战""实施科技型企业培育计划"等作为需要开展的重点任务[①]。2023 年 9 月 7 日，习近平总书记在新时代推动东北全面振兴座谈会上提出，推动东北全面振兴，根基在实体经济，关键在科技创新，方向是产业升级。要主动对接国家战略需求，整合和优化科教创新资源，加大研发投入，掌握更多关键核心技术。

辽中南地区科技创新资源丰富，创新载体优势突出：沈阳材料科学国家研究中心等平台代表了国际相关领域的最高科研水平，沈大两市获批东北首个国家自主创新示范区，沈阳、大连、营口 3 市先后获批国家创新型试点城市，全省国家级高新区达到 8 个，数量居全国第 6 位，初步形成沈大高新技术产业带[②]。通过深入科研一线调研发现，从供给侧看，科技成果产出有待优化；从需求侧看，企业承接科技成果能力有待强化；从中间服务看，科技成果转化服务体系有待完善；从政策支撑看，科技成果转化政策突破有待加强；从人才看，科技成果转化人才队伍有待壮大；从统筹看，科技成果转化工作合力有待提升[③]。

（三）交通协同发展现状

辽中南城市群经过长期的建设与发展，交通网络体系初具规模，交通一体化水平显著提升。一方面，辽中南地区的公路、铁路、港口、运输场站等对外运输硬件基础设施比较健全，综合交通运输体系较为发达，哈大线贯通南北，沈丹线联系东西，依托高铁形成了以沈阳为中心的辽中南交通运输网络体系；另一方面，该地区的交通运输市场管理政策等软环境建设不断增强。此外，地区内跨城市公共交通网络也进一步发展，为居民在不同城市之间出行提供便利。

① 《以中国式现代化辽宁实践推动全面振兴取得新突破》，《辽宁日报》2023 年 2 月 23 日。
② 包建：《关于辽宁构建科技创新联合体的思考》，《辽宁经济》2023 年第 10 期。
③ 冯文胜：《辽宁：打通科技成果本地转化链条》，《科技日报》2023 年 12 月 15 日。

（四）生态协同发展现状

辽中南城市群在大力发展经济的同时，也注重生态环境保护。沈阳、大连协同城市群内其他城市，通过采取一系列联防联控和绿色生态治理措施，不断取得生态环境治理战役的胜利，一个个"两山"生态文明实践基地相继建成，老工业基地的生态环境质量逐渐得到改善。比如，近年来沈阳为治理空气污染，拆除燃煤小锅炉4000多台，"智慧+铁腕"治理模式使得城市主要大气污染物浓度实现快速下降，重污染天数大幅减少，与2015年相比，2022年沈阳市核心污染物PM2.5累计降幅55.5%，优良天数达到320天，占比87.7%。研究发现沈阳、大连两市处于生态环境质量评价的高水平；本溪、抚顺虽然为老工业城市，但在城市生态环境治理和保护方面投入较高，所以城市生态环境相对较好，处于生态环境质量评价中等水平；鞍山、辽阳、盘锦、丹东、营口、铁岭处于低水平[①]。2023年4月，沈阳、鞍山、抚顺、沈抚示范区等"七市一区"共同签署《沈阳现代化都市圈大气环境联防联控合作框架协议》，旨在推进相关城市的大气环境治理政策以及工作进展信息互通，专家、培训、科技等资源实现共享，通过加强应急联动，实现低矮面源、臭氧、秸秆焚烧、机动车等重点源的协同治理。

（五）社保协同发展现状

如表4-6所示，辽中南城市群养老保险参保人数呈迅猛增长之势，2020年该城市群养老保险参保人数较上一年增长1.89%，2021年较2020年的增长率高达16.96%。以2021年为例，沈阳以绝对优势超越其他城市，约是辽中南城市群参保平均人数的2倍，紧随其后的是大连，鞍山和铁岭分列第三、四位，本溪以568000人次居于末位，仅为辽中南参保平均人数的1/3。可见，辽中南城市群各城市区之间养老保险参保人数差距较大，其协同程度有待进一步加强。

表4-6　2019—2021年辽中南城市群各城市养老保险参保人数（人）

年份	鞍山	抚顺	本溪	营口	辽阳	盘锦	铁岭	沈阳	大连	辽中南
2019	1219654	946400	808700	853075	564806	687280	659559	4347389	2169785	12256648
2020	1239711	948860	805952	872700	776374	598573	629949	4417422	2198977	12488518
2021	1981000	894000	568000	1029000	926000	661000	1876000	3976000	2696000	14607000

① 徐霜、何艳芬：《基于熵权TOPSIS的辽中南城市群人居环境质量评价》，《建筑与文化》2023年第10期。

二、辽中南城市群协同发展问题

（一）经济实力整体上升，内部发展差距拉大

以 2021 年为例，辽中南城市群创造了辽宁省 83.71% 的国内生产总值，整体经济实力较强。如表 4-7 所示，辽中南城市群内部各城市间经济发展差距较大，已呈现出较为严重的两极分化趋势。从各地生产总值来看，大连、沈阳两市的 GDP 以超 7000 亿元位居前列，占城市群 65.29% 的 GDP；鞍山、营口、盘锦三地的 GDP 介于 1000 亿元—2000 亿元之间；抚顺、本溪、辽阳和铁岭的 GDP 不足 1000 亿元。从各市人均 GDP 来看，大连以104751 元位居首位，铁岭人均 GDP 仅有 30389 元，排名最末，仅为大连的 29%。从各市 GDP 增速来看，大连 GDP 基数高，但仍表现出较高增速，与上年相比增长率高达 8.2%；紧随其后的是沈阳，GDP 增速为 7%；而辽阳 GDP 增速为负值。

表 4-7　2021 年辽中南各城市 GDP 数据

城市	GDP（亿元）	人均 GDP（元）	GDP 增速（%）
沈阳	7249.7	79706	7.0
大连	7825.9	104751	8.2
鞍山	1888.1	57188	4.5
抚顺	870.1	47338	1.0
本溪	894.2	68340	5.8
营口	1403.2	60648	2.0
辽阳	859.7	54105	-1.0
盘锦	1383.2	99443	0.5
铁岭	716.0	30389	6.1

由表 4-8 可知 2023 年前三季度辽中南各城市 GDP 数据，大连、沈阳依然排在城市群前两位，两市 GDP 总量占整个城市群 GDP 总量的 66.98%；排在第三、四位的城市分别是鞍山和营口，GDP 总量均在 1000 亿元以上；抚顺、本溪的 GDP 总量在 650 亿元以上，但不足 700 亿元；辽阳和铁岭排在城市群的最末两位，GDP 总量分别为 611.3 亿元和 534.9 亿元。可见，辽中南城市群已经形成以大连、沈阳为核心，辽阳、抚顺、铁岭为边缘化城市的经济发展格局。

表 4-8　2023 年辽中南各城市前三季度 GDP 数据

城市	GDP（亿元）	GDP 实际增长率（%）	GDP 名义增长率（%）
沈阳	5821.6	6.0	5.33
大连	6482.9	5.9	4.71
鞍山	1488.2	5.3	3.73
抚顺	673.8	4.4	2.34
本溪	690.1	6.3	4.12
营口	1094.4	5.0	4.74
辽阳	611.3	0.3	−1.18
盘锦	974.2	1.2	−0.07
铁岭	534.9	5.4	3.56

由表 4-9 可知，2019—2021 年辽中南城市群城镇居民人均可支配收入总体呈上升趋势。作为城市群中心城市的大连、沈阳，其人均可支配收入高于其他城市；其他城市除铁岭人均可支配收入不足 30000 元之外，基本都在 35000 元左右浮动，呈协同发展态势。如表 4-10 所示，在城镇居民人均消费支出方面，2020 年辽中南城市群大部分城市较上一年均有下降，但 2021 年所有城市与 2020 年相比都有不同程度的提升。其中，沈阳、大连 2021 年的居民人均可支配收入均超过 50000 元，铁岭最低，不到 30000 元，辽阳、抚顺、本溪三地也不足 40000 元。由此看出，辽中南城市群各市居民人均可支配收入差异较为明显，还存在一定的两极分化现象，大连、沈阳发挥其双核带动引领作用，城镇化经济发展协同水平较高，但非中心城市需进一步缩小与中心城市的差距，努力实现各城市资源优势互补，互利协同发展。

表 4-9　2019—2021 年辽中南城镇居民人均可支配收入（元）

年份	鞍山	抚顺	本溪	营口	辽阳	盘锦	铁岭	沈阳	大连
2019	37756	34581	35310	39405	34574	41575	26743	46786	46468
2020	37980	35058	36048	39793	30438	42788	27634	47413	47380
2021	41018	37512	39004	42300	36868	45398	29955	50566	50531

表 4-10 2019—2021 年辽中南城镇居民人均消费支出（元）

年份	鞍山	抚顺	本溪	营口	辽阳	盘锦	铁岭	沈阳	大连
2019	23363	24799	25858	21862	20598	23598	26872	34137	31485
2020	21160	22929	23841	21488	20967	24534	17122	31562	30158
2021	24750	25583	27541	23802	24526	28204	19770	36834	34678

（二）工业结构同质化明显，产业比较优势不足

在辽中南城市群重点产业布局中，工业是其经济发展的基础，且以发展重工业为主。沈阳、大连两个核心城市的重工业占绝对优势；鞍山、本溪、辽阳也以重工业为主；营口工业中的钢铁与深加工产业占比相对较高；抚顺将重工业中的原油、煤炭、钢铁作为其主要产业；盘锦则以石油加工业为主；采矿业为铁岭的主要产业[1]。重工业为主的城市群产业布局特点与该城市群传统的重工业基础以及区位资源特点高度相关，这也反映出辽中南城市群产业结构同质化问题较为突出。产业重复建设严重不仅浪费大量资源，还会削弱产业的比较优势，因产能过剩容易引发恶性竞争，投资分散则难以实现优势产业链融合式发展。产业同构还会在一定程度上削弱城市产业之间的横向联系，制约城市产业经济协作体系的建立。与此同时，城市群高新技术产业发展明显滞后，第三产业对城市群经济水平的协调作用有限。

（三）中心城市辐射力不强，非中心城市发展滞后

城市群的地位高低集中反映在其内部核心城市的吸引力大小与辐射功能的发挥程度上，城市群中心城市的经济实力和竞争力对城市群整体发展起着至关重要的作用。辽中南城市群以沈阳和大连两市为核心，它们在全省经济社会发展中扮演重要角色，但两市的核心竞争力总体来看并不十分突出。根据中国社会科学院财经战略研究院与中国社会科学出版社共同发布的《中国城市竞争力报告 No.19》，2021 年沈阳、大连的综合竞争力排名均在 50 名之外，在全国（含港、澳、台地区）291 个城市中两市分列第86 位和第 61 位。2021 年沈阳和大连的 GDP 总量仅为同年上海、北京、广州的 17.92%、19.06% 和 27.72%。与全国中心城市相比，沈阳、大连无论在城市综合竞争力上，还是在经济实力上都存在较大差距，加之这两个作

---

[1] 项英辉、吴俊逸、董玉宽：《基于比较优势的辽中南城市群产业体系优化研究》，《沈阳建筑大学学报》（社会科学版）2021 年第 5 期。

为辽中南城市群的中心城市的人口规模相对较小，导致其经济辐射带动力不强，带动周边城市发展的效果不明显，但两市的城市发展资源更加集中，表现出"双极化"的虹吸趋势。辽中南城市群除沈阳、大连两个双核城市外，其他城市的经济状况均处于相对较低水平，非中心城市的建设水平普遍不强。

（四）科技创新投入偏低，创新能力整体较弱

在面临产业结构转型升级与国家大力提倡自主创新的背景下，辽中南城市群通过科技创新辐射带动地区内工业企业提质增效乃至全省经济发展的作用尚未得到充分发挥。一方面是因为科技创新投入偏低。辽中南城市群科技创新投入虽然高于全省平均水平，但与其他发展相对成熟的城市群相比还存在较大差距，用于科学技术、高技术产业和新产品研发等的财政支出虽呈逐年增长态势，但投入比重偏低[1]。另一方面，辽中南城市群创新能力较弱。城市群内各城市间尚未形成创新协同合力，科技创新资源整合能力不足，企业、高校和科研机构等创新主体的活跃度有待加强。根据中国科学技术信息研究所发布的"城市创新能力指数排行榜"，2022 年大连和沈阳两市的排名分别在第 21 名和 22 名，较 2021 年和 2020 年均有所下降，城市群内其他城市的创新能力指数排名更加靠后。

（五）资源集聚能力落后，城镇化发展动力不足

资源集聚是指某一种类型的资源在一定区域或范围内相对集中的现象[2]，在市场需求和非市场因素的共同作用下，大城市或高等级城市在资源集聚方面更具优势[3]。因此，作为副省级城市的沈阳和大连在人口、土地、经济、文化等方面的资源集聚能力相对要高。但放眼全国，辽中南城市群整体资源集聚能力还相对落后。

辽中南城市群的空间结构不利于城市群的协调发展。如表 4-11 所示，2019—2021 年，辽中南城市群各城市人口总数在 300 万以上的城市只有沈阳、辽宁和鞍山，而且除沈阳、大连外，其他城市的人口总数在三年间都出现了不同程度的减少。从城市规模等级看，辽中南城市群的城市等级结构呈现"伞形"，小城市发展滞后，中等城市规模有待提升，难以承接中心

---

① 张悦：《辽中南城市群发展存在的问题及推进路径》，《党政干部学刊》2023 年第 9 期。

② 林伯强、谭睿鹏：《中国经济集聚与绿色经济效率》，《经济研究》2019 年第 2 期。

③ 郭庆宾、骆康：《中国城市群资源集聚能力的协调发展及其驱动机制——以长江中游城市群为例》，《中国软科学》2020 年第 5 期。

城市的功能疏解。而且受经济发展水平放缓、核心城市辐射带动能力偏弱的影响，从 2014 年开始，辽中南城市群开始出现人口净流出，人口外流与老龄化更进一步降低了城市群城镇化发展的动力。

表 4-11　2019—2021 年辽中南城市群各城市人口数量（万人）

年份	沈阳	大连	鞍山	抚顺	本溪	营口	辽阳	盘锦	铁岭
2019 年	755.4	598.7	339.8	206.7	144.5	230.8	174.4	130.0	289.2
2020 年	761.7	601.6	336.4	202.4	142.4	229.2	172.5	129.3	285.3
2021 年	765.3	603.6	333.4	200.8	141.2	228.1	171.3	129.3	282.7

（六）对外开放领域有待拓宽，对外开放层次有待加深

辽中南处于东北亚地区中心地位，海陆兼备，腹地广阔，是联系东北经济区和环渤海经济区的中心，同时又是日本、朝鲜半岛与俄罗斯的接合部，具备贯通南北、承接东西的区位优势。沈阳、大连两市的进出口总额和实际外资利用投资额近年来在城市群中占比均相对较高，这不仅得益于其作为城市群核心城市具有较高的经济发展水平，还与其展现出的沿海开放城市的龙头优势密切相关。但从城市群角度看，与长三角、珠三角、京津冀等国内其他城市群相比，辽中南城市群的经济外向度和外贸依存度相对较低。城市群对外开放领域大多限于制造业和农业，涉及海陆通道、平台载体等对外开放基础设施建设还需加快升级与完善，城市间协同联动对外开放格局尚未形成。

三、推动辽中南城市群协同发展的思路建议

（一）加强中等及边缘城市发展，缩小城市间经济发展差距

在进一步巩固与提升沈阳、大连双核心城市经济发展水平的同时，还要尽力推动两城市实现错位发展。沈阳要不断强化其作为辽中南城市群国内物流集散中心、现代化制造业基地和科技成果转化中心的功能定位，大连则应强化其辽中南城市群科技创新中心、国际贸易中心和国际航运物流中心的城市功能，通过整合两大核心城市经济板块，激发城市群经济增长动力[1]。再以沈阳、大连为城市群主引擎，以实现城市群一体化发展为目标，

---

[1]　张瑜、孙嘉璐：《新时期东北振兴背景下辽中南城市群高质量发展研究》，《商展经济》2023 年第 10 期。

转变单个城市"单兵作战"的发展模式，建立健全辽中南城市群一体化合作机制，打通城市间联系隔阂，加强各城市之间特别是核心城市与其他城市之间的合作互动。在此基础上，城市群内中等发展水平城市鞍山、营口、盘锦、本溪以及边缘城市辽阳、抚顺、铁岭，应根据各自城市特色和功能优势，提升经济发展实力和城市竞争力。

（二）优化城市群产业结构，加强城市间产业分工协作

《中国制造 2025》提出国家将推动信息技术产业、数控机床和机器人、航空航天装备、海洋工程装备及高技术船舶、节能与新能源汽车等十大重点领域的发展。以发展重工业为主的辽中南城市群产业结构亟须进行优化调整，以适应新时代背景下国家高质量发展的需要。由于辽中南城市群拥有深厚的工业化基础，为应对工业结构同质化问题，各城市在发展过程中既不能过分依赖第二产业，也不能放弃原有基础转而将发展中心完全调整到第三产业，而应采取平稳过渡的方式，通过深入推进工业供给侧结构性改革，推动同构产业异质化发展。具体可通过市场经济手段、产业重组和延长产业链等方式解决产业同构问题，从而形成不同的产业结构，进一步助力城市群产业整体水平的提高。此外，还可抓住产业转型升级机遇，将同质化产业与新兴产业、第三产业深度结合，比如可将制造业与人工智能结合起来，促进传统同质产业实现跨越式发展，进而推动城市群产业结构多元化发展。为加强辽中南城市群产业分工协作，各城市要在明确自身功能定位和主导产业的基础上，因地制宜协调好各自产业联系，要重视与其他城市产业间的趋异与互补，在城市间合理有序地进行产业转移，加强城市间产业链上下游协作，建立跨城市产业技术创新联盟，促进生产要素在各城市间自由流动和优化配置。可尝试共同规划、建设与管理产业园区，推动产业集群式发展。

（三）增强核心城市辐射带动能力，促进非核心城市协同发展

一方面，要不断强化辽中南城市群沈阳、大连双核城市的经济辐射带动能力。一是增强沈阳对周围城市乃至整个城市群的辐射带动能力。应以同城化、一体化为抓手，加快建设沈阳现代化都市圈。要以沈阳为中心，以鞍山、抚顺、本溪、铁岭、沈抚改革创新示范区等六市一区为支撑，加快形成先进完善的轨道交通圈、产业协作圈、就业通勤圈、统一市场圈和品质生活圈，将沈阳都市圈打造成为东北振兴发展增长极。具体来说，要以沈抚新区建设为重点，加快沈抚两市与新区之间的规划对接，积极推进

沈抚改革创新示范区建设；利用沈阳和本溪的生态优势及旅游资源优势，共同建设沈本绿色休闲度假带，推进旅游产业合作；针对各城市发展定位，进一步推动沈辽鞍一体化发展。二是要加强大连对周边地区的辐射带动作用。作为产业结构优化先导区和经济社会发展先行区的大连可通过加强与营口、鞍山、盘锦等非核心城市的互动合作，可学习借鉴长三角"三级运作、统分结合"的区域合作机制，通过对城市合作模式进行合理规划引导，为大连辐射带动周围城市提供实践启迪[①]。还要加快推进大连东北亚海洋强市建设，加快建设智慧、绿色、高效的国际性枢纽港，实现更高层次对外开放，进而辐射鞍山、营口、丹东、烟台、威海等城市，以渤海海峡跨海通道为环渤海交通新枢纽，通过便捷的交通网络，打破大连的区位劣势，以大连为桥梁，加强东北、辽东半岛、山东半岛的深度对接，推动辽中南城市群发展。另一方面，还要促进辽中南城市群非核心城市之间的协同发展。要在加强城市群内非核心城市间交通通达性与便捷性的基础上，鼓励非核心城市之间加强产业合作与科技创新合作，推动非核心城市之间在教育、医疗、文化、体育等公共服务资源上的共建共享，进而产生"1+1>2"的协同合力。

（四）增加科技创新投入，加强创新驱动发展能力

提高辽中南城市群的科技创新投入需要政府、企业、金融机构等的共同努力。在政府层面，应提高科技创新在政府财政预算中的比例，特别是对于当地关键领域和重大项目的投入；还要通过制定出台减免企业所得税、研发费用加计扣除等税收优惠政策，鼓励企业增加科技创新投入。在企业层面，应加大研发经费的投入力度，提高研发经费占销售收入的比重，还要与当地或跨市高校、科研院所建立密切的产学研合作关系，比如与大连理工大学、沈阳药科大学、东北财经大学、中国医科大学等在人工智能、生物医药、精细化工等领域共同开展技术研发和创新活动。在金融机构层面，作为金融业发展势头相对迅猛的沈阳、大连两市，要为其他城市做好示范表率，两市金融机构应针对科技创新企业的特点，创新金融产品和服务，提供灵活多样的融资支持，同时还可通过降低贷款利率、提高贷款额度等方式，降低科技创新企业的融资成本。

为加快提升辽中南城市群整体创新驱动发展能力，一是要充分发挥沈

[①] 苗丽静、吴锦舟：《大连"两先区"辐射力研判及政策思路》，《大连干部学刊》2021年第6期。

阳、大连两个核心城市的创新引领作用。可大力支持两市重点建设一批高水平创新应用平台，并将这些平台用于为其他城市提供技术支持和服务；推动两市的创新资源如科技基础设施、仪器设备、科研成果等，向其他城市开放共享；鼓励两市与周围城市开展深层次创新合作，比如共建科技创新中心、联合申报和承担国内外重大科技创新项目等，以此形成良好的协同创新机制。二是要优化创新人才发展机制，建设高素质创新人才梯队。通过深入实施高层次人才创新、科技人才创业、重点领域创新团队支持计划以及紧缺人才、海外优秀专家引进计划，大力吸引国内外优秀人才，不断壮大创新人才队伍；实施重大人才工程，遴选人才，弘扬工匠精神，塑造"辽宁工匠"品牌。三是要加强国际合作交流，努力打造创新高地。通过积极参与国际科技合作与交流，引进国际先进技术和汲取创新成功经验，不断提升辽中南城市群的国际竞争力；城市间可通过共建高科技园区、创新谷等创新集聚区，吸引和集聚国内外优质创新资源，将辽中南城市群打造成为开放创新高地。

（五）提升资源集聚能力，加快城镇化发展步伐

人才是创新的第一资源，在加强人才资源集聚方面，辽中南城市群可进一步优化人才政策体系，包括为人才提供优惠的住房政策、生活配套服务与子女教育保障等，吸引各类高素质人才前来工作和生活；还要支持各城市协同打造人才发展平台，为人才提供良好的职业发展机会和创新创业环境；还要加强人才培养力度，通过不断健全辽中南城市群高校和科研机构建设，为创新人才培养奠定坚实的组织基础和营造良好的外部环境。在为城市群发展提供强有力的人才保障的同时，还要进一步加强交通、通信、能源等基础设施建设，提高城市群各城市间的互联互通水平，为创新资源集聚提供基础保障。

为辽中南城市群城镇化发展提供强劲且持续的动力，需要打破城乡二元结构，创新辽中南城市群城镇发展体制机制。可通过健全居住证制度、推进公共服务均等化、建立多元化的投资主体模式、促进地方产业园区与城市融合发展等举措，创新辽中南城市群城镇化发展体制机制。要充分根据辽中南地区的自然地理条件、经济基础和人口分布特点，合理规划辽中南城市群城镇体系和空间布局，在加快推进沈阳、大连"双核"城市高质量发展的同时，积极培育本溪、抚顺、辽阳等中小城市，加强城市间的分工协作，形成优势互补的现代化城镇体系。

（六）拓宽对外开放领域，深化对外开放层次

辽中南城市群各城市要增强对外开放意识，抓住共建"一带一路"和国家向东向北开放的战略机遇，充分依托沈阳作为城市群交通枢纽和贸易物流中心的地位，发挥沈阳自贸试验区的对外开放优势，以此带动沈阳都市圈参与东北亚资源共建共享。与此同时，推动大连建设成为东北亚地区航运中心、物流中心、金融中心，并将其打造成为我国面向东北亚的开放门户，充分发挥大连自贸区和营口自贸区的区位优势和政策优势，通过与周边国家政策对接，推动商贸、科技、人员交流等方面的合作，形成更加紧密的经济联系和互利共赢格局[①]。积极探索并推动建设大连自由贸易港，通过实施对接国家通行标准的贸易自由化、投资自由化、金融国际化、管理现代化体制机制，形成港内高度自由、改革系统集成、政策资源汇聚、引领效应显著、风险有效防控的综合改革平台。城市群内其他城市要根据各自区位条件和资源优势，加强陆、海、空交通基础设施建设。辽中南城市群需进一步深化国际合作，不断拓展对外开放领域与创新对外开放模式，在保持传统制造业、农业等领域对外开放优势的同时，积极在新兴领域寻求对外合作机遇。各城市间应积极融入全球经济体系，加强与东北亚国家的联系，吸引高素质外资人才，努力构建全方位、宽领域、高层次的对外开放新格局。

第三节　山东半岛城市群协同发展概述

一、山东半岛城市群协同发展现状

山东省位于黄河下游，濒临渤海和黄海，北联京津冀，南接长三角，西靠中原城市群，是我国黄河流域的经济中心和龙头带动区域，也是我国经济带重要的海陆衔接点。山东省地处东北亚区域合作的前沿阵地和"一带一路"交会地区，经济水平较高，三大经济圈（省会经济圈、胶东经济圈、鲁南经济圈）发展活力强劲，产业基础雄厚，产业体系完备，城镇体系较为完善，拥有相对发达的综合交通网络。山东半岛城市群覆盖山东全省所有下辖市，是环渤海区域的重要组成部分，在推进黄河流域高质量发

---

① 赵球、陈心悦：《关于辽宁高水平对外开放的思考与建议》，《辽宁经济》2023 年第 9 期。

展中具有重要的战略地位。2022年8月，国务院印发《关于支持山东深化新旧动能转换推动绿色低碳高质量发展的意见》，为山东半岛在深化新旧动能转换基础上着力探索转型发展之路，进一步为增强区域发展活力指明了前进方向。

（一）经济协同发展现状

1. 经济运行稳中有进

根据《2022年山东省国民经济和社会发展统计公报》和国家统计局数据，2022年山东全省实现地区生产总值87435.1亿元，按不变价格计算，比上年增长5.5%，2018—2022年间生产总值呈稳步上升趋势（如图4-5所示）。分产业看，2022年山东半岛第一产业、第二产业和第三产业的增加值依次为6298.6亿元、35014.2亿元、46122.3亿元，分别比上年增长4.3%、4.2%和3.6%（如图4-6所示），三次产业结构比为7.2∶40.0∶52.8。三次产业增加值也呈现稳定上升趋势。

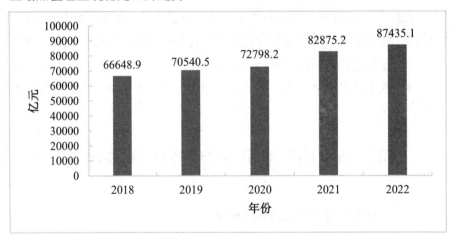

图4-5 2018—2022年山东半岛生产总值

数据来源：国家统计局。

2. 省会、胶东、鲁南三大经济圈协同发展步伐加快

省会、胶东、鲁南三大经济圈实现地区生产总值分别为32637.0亿元、37458.0亿元和17339.8亿元，按不变价格计算，比上年分别增长3.8%、3.9%和4.3%，对全省经济增长的贡献率分别为36.6%、42.0%和21.4%[1]。

---

① 《2022年山东省国民经济和社会发展统计公报》，http://tjj.shandong.gov.cn/art/2023/3/2/art_6196_10303466.html。

省会经济圈以济南为核心，包括淄博、泰安、聊城、德州、滨州、东营六市，近年来以《关于加快省会经济圈一体化发展的指导意见》为纲领，省会经济圈协同发展呈现出良好态势。比如，作为省会城市的济南拥有较为完善的产业体系、科技创新资源和交通枢纽地位，而淄博、泰安等城市则在特色产业方面具有比较优势，这些城市通过加强合作，可以实现优势互补；而且随着交通基础设施的不断完善，特别是高速铁路、高速公路等交通干线的日益完善，省会经济圈内的城市间联系更加紧密，为协同发展提供了便利条件。胶东经济圈包括青岛、烟台、威海、潍坊、日照五市，是山东半岛蓝色经济区的重要组成部分，这些城市地理位置优越，拥有优良的港口资源和海洋产业基础。在协同发展方面，胶东经济圈注重海洋经济的开发与合作，致力于推动港口资源整合、临港产业发展和海洋科技创新。同时，胶东经济圈不断加强与日韩等国家的经贸合作，拓展了对外开放新空间。鲁南经济圈包括临沂、枣庄、济宁、菏泽四市，是山东省内经济相对欠发达地区。为推动鲁南经济圈的协同发展，山东省政府加大了对该地区的政策扶持和资金投入，支持其加强基础设施建设、发展特色产业和壮大县域经济。同时，鲁南经济圈还积极与省会经济圈、胶东经济圈开展广泛合作。

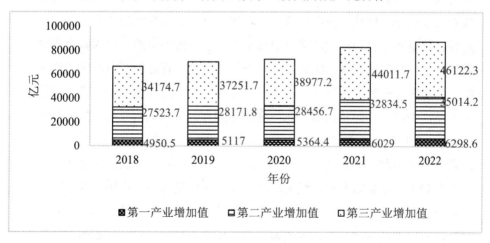

图 4-6　2018—2022 年山东半岛三次产业增加值

数据来源：国家统计局。

（二）产业协同发展现状

山东半岛城市群产业门类齐全，现代农业领跑全国，农业总产值率先突破万亿；拥有全部 41 个工业大类、197 个行业中类，工业增加值稳居全国前列；现代服务业发展态势强劲，初步形成了先进制造业和现代服务业融合发展的产业体系；新老行业相得益彰，实体经济发达，传统制造业优势突出，机械、化工、冶金、轻工、装备等行业主营业务收入过万亿；"四新"经济蓬勃发展，工业互联网、人工智能与实体经济加速融合，海尔卡奥斯、浪潮云洲入选国家十大工业互联网双跨平台，"上云用云"企业超过31 万家[①]。在产业协同方面，山东半岛城市群内各城市开始加强合作，尤其是三大经济圈之间在推动产业链上下游协同发展方面取得了一些成效。例如，经济圈内外一些城市之间通过加强产业链上下游的合作，在制造业、农业、服务业等领域形成了优势互补的产业格局，实现了资源的优化配置和共享。一些核心城市之间也在为积极探索新能源、新材料、信息技术等新兴产业的发展加大合作力度。

（三）科技创新协同发展现状

山东半岛城市群各城市政府通过签订科技合作协议、成立科技创新联盟等方式，积极推动科技创新合作机制的建立。各地政府还鼓励和支持城市间共同承担重大科技项目，开展联合攻关，以集中优势力量，突破关键核心技术瓶颈，推动科技创新成果的转化和应用。山东半岛各城市还注重共建科技创新平台和推动产学研用深度合作，为跨城市的科技创新合作提供基础条件与联动载体。比如，在海洋科技领域，青岛的海洋科研机构与潍坊的相关企业紧密合作，共同研发海洋新材料、海洋生物医药等高新技术产品，推动了海洋科技的产业化进程；烟台的学研机构与威海的企业开展合作，共同研发新型环保材料，为两市的环保产业发展提供了有力支撑。山东半岛城市群中的青岛、烟台、潍坊、威海、日照五市通过成立"科创中国"胶东五市城市联盟，努力实现共享科技创新服务、推进工业互联网产业合作、共建国际科技交流合作平台、共创"会展赛"精品活动、开展科技创新高端智库服务等，促进城市间的信息与技术交流，从而形成功能互补、赋能互动的协同创新新格局[②]。

---

① 《"十四五"期间，九大优势推动山东半岛城市群高质量发展》，http://www.chinadevelopment. com.cn/news/zj/2022/01/1760566.shtml。

② 《山东"科创中国"胶东五市城市联盟在山东青岛成立》，《科技传播》2021 年第 22 期。

（四）交通运输协同发展现状

山东半岛围绕高铁、城际、市域、城市轨道交通"四网融合"，构建起多层次轨道交通运输体系。截至 2022 年底，全省铁路运营里程达 7464 公里，其中高速（城际）铁路里程达 2446 公里，稳居全国前列，全省城市轨道交通运营线路 11 条，运营里程达 408 公里，多层次轨道交通网络进一步完善。为促进铁路和城市轨道交通互联互通，省内济南西站、济南东站、青岛站、青岛北站、红岛站、胶州北站、胶东机场站已与地铁站联通。港口建设方面，近五年来山东半岛城市群着力推进港口一体化改革，加速打造世界级港口群。2018 年 3 月，滨州港、东营港、潍坊港整合组建山东渤海湾港口集团；2019 年 7 月，威海港股权全部划转青岛港；同年 8 月，由青岛港、日照港、烟台港和渤海湾港四大港口组建的山东省港口集团正式挂牌成立，旨在建设山东半岛世界级港口群，支持青岛港打造成为国际枢纽海港。图 4-7 展示了 2017—2021 年青岛港、烟台港和日照港的货物吞吐量，其中，青岛港和日照港的货物吞吐量呈逐年稳步上升趋势，烟台港则呈小幅波动走势。

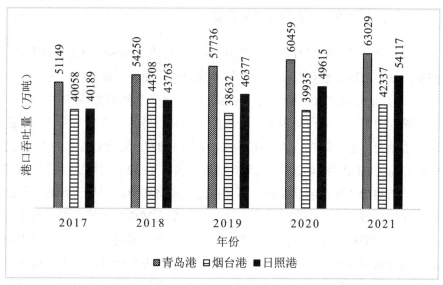

图 4-7　2017—2021 年山东半岛三大主要港口货物吞吐量

数据来源：国家统计局。

（五）生态环保协同发展现状

山东半岛城市群坚定不移走生态优先、绿色发展的现代化道路，牢固树立"绿水青山就是金山银山"的理念，坚决贯彻"重在保护、要在治理"的要求，全面落实"四水四定"原则，统筹山水林田湖草沙一体化治理，全面实施黄河重大国家战略的浓厚氛围已经形成。一方面，山东半岛把大保护作为关键任务，编制生态保护红线、环境质量底线、资源利用上线和生态环境准入清单，划定沿黄 9 市陆域生态红线。2019 年以来，黄河干流水质稳定在二类，沿黄河 9 市环境空气质量综合指数、优良天数比例同比分别改善 8.3 个百分点和 5.3 个百分点[①]。另一方面，山东半岛大力实施现代水网工程，抢抓国家省级水网先导区建设机遇，2021 年以来累计完成水利投资 1561 亿元，基本完成流域面积 3000 平方公里以上骨干河道重点河段防洪治理；同时强化水资源刚性约束和高效利用，实行"分水到市""分水到县"，全面推进农业节水增效，累计创建节水型社会建设达标县（区）132 个，数量居全国首位[②]。山东还在全国率先实现了县际流域横向生态补偿全覆盖，创新生态产品价值实现机制、碳汇补偿和交易机制，与河南共同建立黄河流域首个横向生态补偿机制，探索绿水青山转化为金山银山新路径[③]。

二、山东半岛城市群协同发展问题

山东半岛城市群拥有富集的资源、强大的国内市场和优良的市场环境，但是山东半岛城市群仍面临一些发展不充分不平衡的问题。

（一）核心城市辐射带动能力不强，城市间联系紧密度不够

作为山东半岛城市群内核心城市的济南和青岛两市尚缺乏强劲的经济辐射带动力，省会城市济南 2022 年 GDP 为 12027.5 亿元，全国排名第 20 位，青岛的 GDP 为 14920.75 亿元，全国排名第 13 位，与北上广深等国内一线城市相比还存在明显差距，具体在综合经济实力、科技创新能力和高端人才聚集等方面还需要进一步加强。由于半岛城市群的核心城市整体实力还有较大的提升空间，因此会在一定程度上削弱其对外辐射以及吸引带动周边城市发展的力度，核心城市高质量发展的龙头带动作用无法得到充分发挥。城市群内的非核心城市因与核心城市之间的空间距离相差甚远，

① 《区域优势互补高质量发展 山东区域协调发展迈上新台阶》，https://baijiahao.baidu.com/s?id=1742034041086055886&wfr=spider&for=pc。
② 王建：《山东推动黄河重大国家战略取得重要阶段性成效》，《大众日报》2023 年 11 月 17 日。
③ 王然、高杨：《山东推动黄河重大国家战略取得五大成效》，《中国经济导报》2023 年 11 月 25 日。

加之自身经济发展水平与核心城市相比相对较弱，各城市之间的互动合作机制还没有全面建立起来，导致半岛城市群内核心城市与非核心城市之间以及非核心城市之间缺乏密切联系。

（二）第三产业发展相对不足，城市间产业协作水平有待加强

山东半岛三次产业发展齐头并进，现代农业领跑全国，作为城市群优势产业之一的制造业拥有多个知名企业和品牌。从产业结构布局上看，山东第一产业和第二产业拥有较好的发展基础，是其结构布局中的重要产业，第三产业发展则略显不足，主要表现为服务业内部结构不够合理，如交通运输、文化旅游、批发零售等传统服务业所占比重较高，而现代服务业如信息传输、计算机服务和软件业、金融业、科学研究和技术服务业等发展相对滞后，导致服务业内部结构不够优化；服务业创新能力还需加强，服务业在科技创新、模式创新等方面相对较弱，具有自主知识产权的高端服务品牌相对较少，难以满足日益增长的高端服务需求。

受行政区划、财税体制和政府绩效考核机制的影响，半岛城市群内各城市在一定程度上仍然存在相对保守的思想，经济开放共享程度不足，造成城市间产业结构雷同，不合理的低水平重复建设现象依然存在，尚未形成资源共享、优势互补、良性互动的一体化发展格局。在需要统筹配合的重大项目推进上，缺乏城市之间的协调合作机制。"两区一圈一带"的部分城市和地区都布局了化工、建材、电力、重型机械等传统产业，同时又竞相发展电子信息、生物制造、新材料等高新技术产业，欠缺对本地区区位优势和功能定位的科学把握，导致一些城市的产业功能存在重复与交叠，难以形成彼此紧密互联互补的产业链条。

（三）科技创新资源配置不均，创新主体协同动力不足

在学研机构分布上，山东半岛城市群内各城市间的高校和科研机构分布不均。一些核心城市拥有数量众多的高校和科研机构，且聚集了大量优质科研人才和创新资源，比如济南拥有山东大学、山东师范大学、山东财经大学、济南中科核技术研究院等丰富的科教资源，这些学研机构在人才培养、科学研究和技术创新等方面发挥着重要作用。相比之下，处于城市群边缘的一些中小城市则缺乏高水平的大学与科研机构，这些城市在吸引和留住科技创新人才、获取科研经费以及创新资源等方面面临较大困难，从而制约了其科技创新能力的提升。在科技创新投入上，城市群内不同城市在科技创新投入上存在明显差异，核心城市在人才引进、科研经费、创

新平台建设上的投入力度较之经济发展相对滞后的城市要更大，这种资金投入不均很容易拉大核心城市与非核心城市在科技创新能力方面的差距。

由于半岛城市群内各城市往往存在不同的利益诉求和发展目标，激励各城市创新主体协同合作的动力机制尚不健全，城市群内还未形成鼓励创新、包容失败的浓厚的创新文化氛围，致使各城市创新主体之间的协同动力不足，主要表现为城市群内的企业、高校、科研机构等创新主体之间缺乏深入持久的合作。

（四）交通基础设施供给不足，交通网络布局不够紧密

尽管山东半岛城市群的交通建设起步较早，但交通基础设施供给仍有很大提升空间。某些市域方向的公路网络体系以及疏港公路还需进一步完善，环胶州湾道路通达能力需要进一步增强，尤其是高级别公路网的建设；半岛城市群内铁路路网结构也不尽完善，城际铁路网络密度有待进一步提高，以保障城市群内部各城市之间交通联系的高效性与便利性。此外，山东半岛城市群内机场、高铁、高速公路、省国道、港口、内河运输以及管道运输之间需要加强科学合理布局，城市群内不同交通运输方式之间的衔接还不够紧密，协调有序运转能力仍需增强。比如，一些城市的主干道与干线公路的衔接、铁路与公路之间的衔接、港口与公路及铁路等交通方式的衔接紧密度仍需不断优化。半岛城市群的交通基础设施供给不足以及交通网络布局不够紧密的问题并存，导致城市群整体尚未建立起相对健全的综合交通运输体系，最终影响城市群交通运输网整体效能的充分发挥。

（五）水污染治理效能不佳，黄河滩区治理任务艰巨

山东半岛水污染治理依然存在短板，黄河下游山东段滩区面积1670平方千米，耕地面积1206平方千米，内有745个自然村，人口约60万，防洪、生态保护与居民生产生活用水之间的矛盾突出，农村改厕、村镇生活污水处理和农业面源污染治理等工作仍需改进与加强；部分引黄渠道隔离防护措施不到位，在暴雨时汇水范围内的生活污水、畜禽养殖废水等随地表径流汇入水体，影响黄河干流水质[1]。作为黄河下游河道重要组成部分的滩区，肩负着有效排洪、维持河道稳定以及改善河道水质的重任，但因缺乏顶层设计以及统一规划、指导和约束，导致该区域过度开发砂石资源与河道淤积等问题较为突出，增加了黄河滩区生态治理任务的复杂性

---

[1] 李丹、徐慧韬、唐军：《黄河下游山东段生态环境的治理对策》，《环境保护》2023年第22期。

与困难程度[①]。

三、推动山东半岛城市群协同发展的思路建议

（一）提高中心城市的辐射带动力，增强城市间联系紧密度

2022 年国务院印发《关于支持山东深化新旧动能转换推动绿色低碳高质量发展的意见》明确提出，"推动山东半岛城市群集约发展，打造黄河流域增长极。培育发展济南、青岛现代化都市圈，高质量建设济南新旧动能转换起步区和青岛西海岸新区"。要提高济青双核城市对于半岛城市群的辐射带动力，就需要出台并实施一系列支持济南、青岛两个中心城市资源共享、优势互补、深化合作以及促进双城一体化协同发展，加快建设具有全国影响力和竞争力的核心城市都市经济圈的政策措施，以巩固与强化中心城市地位，使其辐射带动周围城市联动发展，增强半岛城市群的经济韧性与创新活力。在此基础上，还要统筹发挥政府、市场、社会等多方作用，推动半岛城市群内不同城市间改革创新、环境治理、基础设施建设、对外开放合作、公共服务供给等方面的协调联动，加强各城市间的紧密合作，推进省会、胶东、鲁南三大经济圈一体化发展，构建特色鲜明、优势互补、高效协同的半岛城市群发展新格局。

（二）推进第三产业发展步伐，增强城市间产业合作联系

山东半岛城市群在保持传统服务业如交通、文旅、商贸等稳步有序发展的基础上，重点发展现代服务业，可通过政策引导和市场机制，推动资源向现代服务业集聚，以提升现代服务业的整体水平和竞争力；还要支持现代服务业与农业、制造业之间的深度融合，形成三次产业之间的良性互动，比如可推动农业与服务业的有机结合，或是在制造业中嵌入服务环节，提升产品附加值和产业链水平；要鼓励现代服务业企业加大研发投入，推动技术创新、模式创新和管理创新，同时加强现代服务业的人才培养和引进力度，建立健全现代服务业人才培养和引进机制，为第三产业发展提供源源不断的智力支持。

为进一步增强半岛城市群各城市间的产业分工协作，要抓住产业转型升级的关键时期，按照"两区一圈一带"规划赋予的功能定位，优化布局产业和项目，加快构建现代产业体系，形成分工明确、配套联动、一体化

---

① 曹丽伟：《关于黄河流域生态环境保护的几点思考》，《2023（第二届）城市水利与洪涝防治学术研讨会论文集》2023 年。

发展的半岛城市群产业新格局。具体可通过着重延长上下游产业链，形成城市间产业协同分工趋势，通过产业链强化城市间产业分工协作联系[①]；城市群三大经济圈要充分发挥城市间联系紧密、龙头城市地位突出等优势，不断探索"共建产业园区""飞地经济"等跨区域产业合作新模式，按照有效对接、协同发展、利益共享、责任共担的原则推动半岛城市群产业合作，促使产业规模效益和范围经济最大化[②]。

（三）优化科技创新资源配置，激发创新主体协同动力

城市群内科技创新资源相对匮乏的城市，需要加大科技创新基础设施建设力度，要基于这些城市的功能定位以及经济、科技发展状况，建设与打造一批科技创新基地和平台；还要从政策制定上为这些资源短缺城市培养与引进人才提供优惠和便利，并建立跨城市人才、技术等资源的交流机制，加大资源丰富城市向资源稀缺城市输出人才、技术等科创资源力度，以此推动后者科技创新步伐的持续跟进；要构建半岛城市群科技创新协同发展机制，打破行政区划壁垒，加强城市间科技创新资源的共享和优化配置，推动城市群内资源配置存在差异的城市之间在科技创新领域的协同合作。

激发山东半岛城市群创新主体之间的协同动力是推动城市群创新体系建设和提升整体竞争力的关键。需要在明确各类创新主体在科技创新体系中角色定位的基础上，构建半岛城市群创新主体之间的沟通与合作机制，促进信息共享、资源互补和优势叠加，比如可通过定期举办创新论坛、科技交流会等活动，为各类创新主体提供交流合作的平台，也可鼓励城市间各类创新主体开展产学研合作，共同承担科技创新类项目，推动协同创新；要制定和完善创新激励政策，激发各类创新主体的积极性和创造性，包括加大财政投入力度，支持创新项目研发，落实税收优惠、金融扶持等政策，建立创新成果评价机制，对创新成果给予一定的奖励；要在半岛城市群内培育创新文化环境，鼓励敢于创新、勇于实践的精神，同时，营造宽容失败、鼓励尝试的氛围，为创新主体提供宽松自如的创新环境。

（四）完善交通运输网络布局，打造现代化综合立体交通网

要加快完善滨临纵向通道，强化与京津冀、长三角区域的连接，并积

---

① 孙宁：《山东半岛城市群协同发展研究》，《合作经济与科技》2023 年第 4 期。

② 赵丽娜、钱进：《发挥山东半岛城市群黄河流域龙头作用的路径选择——基于城市群效应视角》，《东岳论丛》2023 年第 9 期。

极融入黄河流域"一字型"大通道，加快构建沿黄达海国际陆海联运大通道，发挥半岛城市群沿黄流域陆海联动和东部沿海对外开放区域优势。半岛城市群应按照内联外通、适度超前的原则，加快形成干线铁路、城际铁路、市域铁路、城市轨道交通"四网融合"的客运轨道交通网络，完善干支相连、专线延伸的货运铁路网络。通过进一步完善"八纵六横"高铁网，高质量建成京沪高铁二线，加快推进雄商、津潍、潍烟、济滨、济枣、潍宿及青岛联络线等多条高铁建设，着力打造"轨道上的半岛城市群"。作为首个交通强国"智慧港口建设试点"省份，山东要全面落实《山东省世界级港口群建设三年行动方案（2023—2025）》，保质保量完成世界级港口区建设涵盖的续建项目与新开工项目，为世界级港口群建设提供有力支撑。与此同时，山东还要全力建设"通江达海"高质量内河水运网，积极推进机场快速通达运输体系建设，开展济青航空枢纽集疏运交通规划研究，大力推动济南、青岛机场协同发展。另外，城市群还需加强铁路、公路、港口、机场等各类交通方式之间的衔接和转运效率，科学打造山东半岛城市群现代化综合立体交通网。

（五）提升水污染治理效能，加大黄河滩区治理力度

山东半岛城市群要根据城市排水"两个清零、一个提标"工作方案，加快城市建成区雨污合流管网清零、城市建成区黑臭水体清零，以水环境质量改善需求倒逼部分污水处理厂实施提标改造。要严格限制高污染、高耗水产业发展，支持与鼓励发展节水型、环保型产业，还要加强水污染治理科技研发投入，推广先进适用的清洁生产装备、技术和工艺，降低单位产品水耗和污染物排放，也可尝试研发推广再生水利用技术，将处理后的污水用于工业冷却、城市绿化、道路清洗等领域，实现高效节约水资源的目标，或者创新推广工业园区循环经济模式，鼓励城市内企业间进行废水、废气、废渣的循环利用。应充分利用物联网、大数据、人工智能等前沿技术手段，建立健全智慧水务管理平台，通过大数据分析，及时准确发现水污染风险点，并采取相应措施进行处置。

山东半岛沿黄河区域各地情况差异明显，故需要实行地区差异化方式，抓好主要环节，执行分类分级的保护治理策略。一是加快实施生态补水与湿地恢复工程，利用黄河水资源，合理安排生态补水，打开生态水量保障和生态补水通道，确保黄河滩区湿地生态系统的需水量；还要恢复和重建湿地植被，提高湿地的自我修复、自净能力和生物多样性。二是充分利用

山东半岛黄河流域得天独厚的自然条件和资源优势，进一步推动半岛城市群有条件的城市大力发展生态旅游、绿色农业等产业，比如在滩区开展标准农田建设、高效特色农业、粮食高产创建等项目，着力培育建立精品农产品种植基地，推广绿色农户农产品，促进滩区经济的可持续发展。三是半岛城市群沿黄城市相关政府部门应加紧建立一套完善的监督管理体系，该体系要能对黄河水质、水量、水生态等全面实时监测、调度与管理，及时掌握黄河生态环境状况，同时，还需定期开展黄河生态环境评估，分析存在的问题和原因，提出针对性的改进措施，以确保黄河的生态环境得到有效保护。

第五章　世界知名湾区发展经验对建设环渤海大湾区的启示

第一节　旧金山湾区发展经验对建设环渤海大湾区的启示

旧金山湾区（San Francisco Bay Area）简称湾区（The Bay Area），位于美国西海岸加利福尼亚州北部萨克拉门托河（Sacramento River）下游出海口的旧金山湾四周，陆地面积为 18040 平方公里，是加州第二大都会区、仅次于洛杉矶地区。二战时期，作为面向太平洋的重要军事基地，面对大量的制造需求、劳动力需求和研究需求，联邦政府在湾区内签订了各式战争合同，总计投入 60 亿美元，全面激发了湾区造船业和军事高科技研发产业的发展。两次世界大战促使大量移民涌入湾区，城镇人口开始稳步增长，1940—1950 年间，旧金山市的居住人口从 634000 人增长至 774821 人，加之斯坦福大学和斯坦福工业园区对于优质资源的强大吸引力，越来越多的优秀科研院所、教育机构、高素质人才和风投资金纷纷进驻湾区[①]。可见，享有"科研湾区"名号的旧金山湾区得益于人才、科技和创业资本三要素的良性循环。

创新是旧金山湾区发展的主要驱动力，经过半个多世纪的建设与发展，旧金山湾区已形成包括旧金山市、半岛、南湾、东湾、北湾五大区域的格局，其中硅谷所在的南湾、西部金融中心旧金山市以及坐拥奥克兰港的东湾是人口产业的聚集区，发展更为亮眼。在漫长的发展进程中，旧金

---

① 陶希东：《美国旧金山湾区跨界规划治理的经验与启示》，《行政管理改革》2020 年第 10 期。

山湾区抓住了三次科技革命的历史机遇，引导各种要素资源加快向湾区集聚，实现了产业的创新升级和跨海交通的通达便利，不断构建起以城市为核心、以周边腹地为支撑的开放型经济体系。

一、旧金山湾区发展历程

旧金山湾区的历史可以追溯到 18 世纪，当时这里属于西班牙的上加利福尼亚省。1769 年，西班牙探险家加斯帕·德·波托拉（Don Gaspar de Portolá）率领的探险队在旧金山湾区探索地形。随后，西班牙人在这里建立了传教站和军事要塞，开始对这个地区进行殖民统治。然而，西班牙殖民统治下的旧金山湾区在经济和文化上并没有获得明显发展。这一时期，湾区的主要居民是原住民和少数西班牙士兵及传教士，经济活动以农业和渔业为主，文化上则保留了原住民的传统。

19 世纪中叶，美墨战争使美国获得了加利福尼亚地区，旧金山湾区也成为美国领土的一部分。1848 年，"淘金热"的爆发吸引了世界各地的冒险家涌向加州，旧金山迅速成为一个繁荣的港口城市和商业中心。"淘金热"不仅给湾区带来了大量的人口和财富，也促进了湾区基础设施建设和交通运输的发展，这使得旧金山与周边地区的联系更加紧密，也为后来的经济发展奠定了良好的基础。

进入 20 世纪，旧金山湾区在工业化浪潮和城市快速发展进程中，制造业和重工业得到了显著发展，造船业、钢铁制造、石油化工等产业也开始迅速崛起，大量工人和技术人才前来定居。湾区的城市规模也在不断扩大，人口数量激增。旧金山、奥克兰、伯克利等城市逐渐形成和建立起独特的文化和社区。斯坦福大学、加州大学伯克利分校等世界一流大学相继成立，为湾区的科技创新和人才培养提供了强有力的智力支持。

20 世纪中叶以后，旧金山湾区逐渐成为全球科技创新中心。这里集聚了包括苹果、惠普、谷歌、脸书众多全球知名高科技公司的总部或重要研发中心，这些科技巨头不仅引领全球科技发展潮流，还通过持续不断的技术创新，推动着世界科技的进步。湾区还拥有斯坦福大学、加州大学伯克利分校、加州大学戴维斯分校、劳伦斯伯克利国家实验室、斯坦福直线加速器中心等世界一流的高教资源和科研机构，这些学研机构在基础研究和应用研究方面都具有雄厚实力，为湾区的科技创新提供了源源不断的人才和技术支撑。湾区还形成了从创意产生、技术研发、产品孵化到市场推广的完整创新创业生态链，区内一大批优质孵化器和加速器以及众多天使投资人和风险投资机构，为创业者提供了全方位的支持与服务。

二、旧金山湾区发展经验

（一）政策环境与政府支持

旧金山湾区的成功得益于优良的政策环境和强大的政府支持。政府部门在制定政策时，充分考虑到湾区创新发展的需要，为湾区内各类创新主体的创新活动营造了宽松自如的政策环境，并提供了强有力的保障措施。政府通过出台一系列税收优惠、科研奖励、知识产权保护等措施，吸引大量创新企业和人才聚集于此；政府推行开放包容的移民政策，欢迎来自世界各地的高科技人才前来工作和生活；政府通过制定严格的环保政策、推广清洁能源、鼓励绿色建筑等方式，不断推动湾区的绿色发展。与此同时，政府大力支持创新活动，通过提供研发资金、推动产学研合作等方式，为创新企业提供全方位的支持。比如，斯坦福大学的科技研发支出中有相当一部分来自美国国防部和卫生部的资助，加州大学伯克利分校的科技研发支出中也有近一半的资金来自美国联邦政府。这些积极的政策导向和政府支持，为湾区的创新发展提供了制度和政策上的保障。

（二）学研资源与科研投入

旧金山湾区拥有世界一流的大学和科研院所，这些学研机构不仅为湾区发展培养和输送了大批优秀人才，还吸引了全球各地的杰出专家、学者、科研团队、高校师生前来学习和访问。这些学研机构与当地知名企业紧密合作，通过产学研强强联合与深度合作的模式推进新技术和新产品迅速从实验室走向市场，加速科研成果的市场化和商业化，进而转化为现实生产力。此外，湾区内的科研机构和企业研发部门也非常注重研发投入，大量资金被用于基础研究、应用开发和技术创新，以确保湾区在全球科技竞争中的领先地位。这种对科研的重视和投入，为湾区的长期发展提供源源不断的动力。旧金山湾区在学研资源与科研投入方面的卓越表现，为其科技创新提供了人才保障和资金支持，也进一步巩固了其作为全球科技创新中心的地位。

（三）创业生态与风险投资

旧金山湾区以独特的创业生态和活跃的风险投资环境而著称，这两者相互促进，共同推动湾区成为全球科技创新的中心。在创业生态方面，旧金山湾区建立了完善的创业生态系统。湾区内拥有众多知名的孵化器和加速器，如创业投资加速器（Y Combinator）、集风险投资与创业孵化于一体的机构（500 Startups）等，这些机构为初创企业提供了必要的资金支持、创业导师指导和业务网络资源等，帮助企业渡过初创期的种种困难，使其在激烈的市场竞争中快速成长。湾区还定期举办各种创业大会、技术研讨会和投资者见面会，为创业者提供展示和交流的平台，在此过程中新的创意和商机被激发出来。在风险投资方面，湾区吸引和聚集了大量的天使投资人和风险投资机构，他们不仅为初创公司和有潜力的创业项目提供资金支持，还致力于投资成长期和成熟期的企业，通过多样化的投资策略，湾区逐渐形成了覆盖企业全生命周期的投资体系。这种创业生态与风险投资的有机结合，形成了旧金山湾区独特的创新链条：创业者可以在此找到志同道合的合作伙伴和投资人，投资人也能在这里发现具有市场潜力的创新项目。这种良性互动为湾区的创新创业活动增添了新的动力。

（四）产业集群与协同效应

旧金山湾区形成了多个具有全球竞争力的产业集群，尤其是在计算机硬件与软件、互联网、生物技术、新能源等领域。除技术密集型产业之外，湾区还拥有多元化的产业结构，如金融、旅游、教育、医疗等服务型产业。这些产业集群内的企业相互依存、相互促进，彼此间共享技术、人才和市场等资源，以实现降低成本、提高效率的目的。集群企业之间的竞争与合作既可以激发创新活力，还能推动新技术、新产品的研发与应用。湾区内的产业集群所产生的强大品牌效应，吸引了越来越多的人才和企业来此投资和发展，进一步增强了湾区的全球影响力和竞争力。旧金山湾区以其紧密多元的产业集群及发挥的协同效应，在全球经济中占据了重要地位，并持续引领科技创新和产业发展的潮流。

（五）多元文化与开放思维

旧金山湾区历史上就是多元文化的交汇点，受早期移民潮的影响，旧金山湾区汲取了多元的文化和思想，成为一个文化大熔炉，各种外来文化在这里对话、交融、碰撞，形成了丰富别样的文化景观。硅谷的崛起与这种多元文化密不可分。许多来自不同国家、拥有不同文化背景的工程师、科学家和企业家聚集此地，共同书写互联网科技领域的神话。他们之间的合作与交流，催生了一大批科技创新企业，这些企业不仅改变了世界，也塑造了湾区的经济面貌。旧金山湾区的开放思维体现在其创新精神上，这里鼓励尝试、宽容失败，为创新提供了广阔空间。推崇创新与包容失败的开放氛围使旧金山湾区成为全球人才向往之地。

三、对建设环渤海大湾区的启示

（一）增强产学研协同创新

高质量建设环渤海大湾区应注重增强产学研协同创新。为此，要加大对区域内高校和科研院所的政策支持力度，提升学研机构的科研水平和创新能力。同时准确把握企业需求，充分发挥企业主体作用，找准产学研合作方向，建立产学研合作联盟。通过聚集高校、科研院所、企业等多方创新主体的创新资源，打造产学研融合创新体系，提升环渤海区域创新能力与科技成果转化能力。此外，环渤海区域内各城市群还应加快建立紧密的产学研合作机制。要加强区域内各省市高校、研究机构与企业的深度合作，通过共同开展研发项目、共享资源和技术成果，形成紧密的产学研创新链条，推动产学研协同创新；要不断健全产学研协同创新平台，通过提供技术支持、项目对接、人才培养等一站式服务，降低合作门槛，提高合作效率。

（二）推动产业集群式发展

环渤海区域各省市应基于各自功能定位，充分发挥其资源优势，实现产业集群式发展。对于京津冀城市群，北京应进一步强化其政治中心和文化中心的功能，打造战略性新兴产业和未来产业基地；天津在持续发挥先进制造业优势的基础上，同北京共建国际化现代服务中心和高新技术产业基地；河北则可依托其地理优势，主动对接京津产业，建设钢铁化工制造基地。辽中南城市群作为东北重工业基地的重要组成部分，应发挥好沈阳、大连两城市的"双核"作用。沈阳要抓住产业结构转型升级的有利时机，大力发展现代装备制造业，形成紧密的产业集群；大连应借助其发达的外向型和服务型经济优势，积极实施外向牵引战略，发展具有一定规模和市场竞争力的现代服务业，成为东北亚地区的物流、贸易和金融中心。山东半岛城市群应突出济南、青岛的龙头带动作用，青岛需加强与沿海城市的合作，以青岛—烟台—威海的滨海产业带为核心，共同打造以现代制造业、电子信息业、海洋生物工程为重点的制造业基地和物流中心；济南应凭借其省会身份及交通便利优势，成为带动半岛地区的经济核心，以生产性服务业为工业化地区提供高效服务。

（三）丰富拓展风险投资模式

环渤海区域应坚持系统观念，各省市应强化政府引导与政策支持，以监管与司法有效衔接、维护金融系统稳定、金融纠纷诉源治理、金融纠纷多元化解、重大风险防范化解、敏感案件问题会商、协力打击"逃废债"、司法建议规范办理、人才双向学习交流、政策法规宣传巡讲等十项机制为抓手，加大对金融创新的规范力度，为环渤海区域内各类创新主体提供稳定可靠的金融支持，减少初创企业在发展中遭遇的阻碍。同时还可建立风险投资引导基金，吸引更多的社会资本参与风险投资，也可将养老基金、保险公司等长期资金引入，增加风险投资的资金来源，或者尝试通过金融创新和科技创新相互促进的模式，为风险投资提供更多优质项目和投资机会。

（四）营造良好的创新创业氛围

环渤海区域应积极倡导开放、包容的文化氛围，鼓励创新思维和冒险精神，包括鼓励企业和个人勇于尝试运用新的商业模式、采用新的技术以及生产新型产品，容忍失败，并从失败中汲取经验教训；通过举办形式多样、内容丰富的创新大赛、论坛等活动，提高企业、高校以及科研机构等创新主体的创新能力。环渤海区域各省市政府还应加大对创新创业教育的投入力度，比如在高校和职业培训机构中开设创新创业课程，培养学生的创新思维和创业技能；为在职人员提供创新创业培训，帮助他们提升创新能力和适应市场变化的能力；还可在创新主体内建立创新创业导师制度，为有意愿的创业者提供指导和支持。优化创新创业生态环境也是营造良好创新创业氛围的重要途径之一。环渤海区域各城市政府应为企业提供便捷的注册流程、优惠的税收政策、灵活的用地政策等，降低创新创业的门槛和成本；要建立健全创新孵化体系，为初创企业提供场地、资金、人才等全方位的支持；要持续加强知识产权保护力度，保障创新创业者的合法权益。

（五）推动开放合作与交流

一方面，环渤海区域应进一步加强区域内各省市之间、各城市群之间的合作交流。京津冀三地之间、辽宁省各城市之间、山东省各城市之间以及京津冀、辽宁、山东三者相互之间，可通过建立一系列城市间、省市间的合作机制，促进相应地区政府、企业、高校和研究机构之间的合作与交流；还要加强交通基础设施建设，提升环渤海区域内各城市之间的交通便捷性，通过优化交通网络布局，加强港口、机场、高速公路等交通基础设施建设，促进区域内人员和物资的流动。另一方面，环渤海区域要扩大国际开放合作空间。区域内各省市要积极参与全球经济合作，加强与主要经济体的经贸往来，通过推动环渤海区域与共建"一带一路"国家和地区的合作，拓展国际市场，促进贸易和投资自由化、便利化；区域内各省市政府还要通过优化外商投资环境，提供便捷高效的服务，吸引更多外资企业和国际优质资源落户环渤海区域；要鼓励企业"走出去"，参与国际竞争，提升环渤海区域的国际影响力。

第二节　纽约湾区发展经验对建设环渤海大湾区的启示

纽约湾区（New York Bay Area）又被称为纽约大都市区，位于美国东海岸哈德逊河河口，濒临大西洋。湾区水域面积宽阔，航运便利，河口地区港口优良，沿岸地区地形平坦，海岸线长达 1600 千米，平均水深 30 米，拥有世界级深水港的天然条件，并形成了纽约港、新泽西港等美国重要大港，这些港口不仅连接着美国内陆与世界各地，也是国际贸易和金融交易的重要节点。凭借优越的地理位置和丰富的自然资源，纽约湾区成为公认的全球发展水平最高、最具影响力的湾区之一，因拥有全球金融枢纽华尔街被誉为"金融湾区"，它还是美国制造业、国际商业和教育科研中心。全美三分之一的 500 强企业总部设立于此，美国 7 大银行中有 6 家位于华尔街，纽约大学、哥伦比亚大学等知名学府也坐落于此，发达的金融业、便利的交通和先进的教育研究水平，让纽约湾区成为美国乃至全球最具投资和人才吸引力的地区之一。

一、纽约湾区发展历程

纽约湾区的历史可以追溯到 17 世纪，当时欧洲殖民者在这一地区定居和开发。荷兰人是最早到达纽约湾区的欧洲殖民者之一，他们在该地区建立了新阿姆斯特丹（今纽约市的前身）等定居点，并进行初步贸易和农业开发。随后，英国人接管了这片土地，并将其命名为纽约，作为英属北美十三州之一。17 世纪后期，随着资本和殖民者大量涌入，纽约人口越来越多，农产品出口及工业制品的进口使它迅速发展成为具有一定规模的港口城市，并带动了当地经济的发展。早期开发与殖民时期的建设主要集中在港口和贸易设施方面，这为纽约湾区未来的繁荣奠定了基础。

19世纪初，随着工业革命的兴起，纽约湾区开始进入快速城市化阶段。大量的工厂和企业在这里涌现，吸引了大量人口涌入城市。第二次英美战争后，英美之间跨国贸易日渐兴盛，推动了保险和金融等行业的出现与蓬勃发展，纽约作为全球金融中心的地位初步确立。1851年，伊利铁路（Erie Railroad）全线通车，纽约中央哈德逊铁路向西延伸到奥尔巴尼，使纽约同时拥有两条通向西部的铁路。交通运输网的逐步完善极大地便利了城市间与城乡间的经济往来，使纽约与广大中西部地区紧密联系起来，成为中西部进出口的门户和全国交通枢纽。这一时期，纽约港的作用逐渐凸显出来，成为美国乃至全球最重要的贸易港口之一。进入19世纪70年代，以纽约为中心的美国东北部城市的规模与布局逐渐趋于合理，纽约湾区拓宽并确立了它在国际联系、金融业、进出口贸易等方面的领军地位，也建立起了深入内陆的城市网，经济持续增长，后劲十足。

20世纪初，纽约湾区逐渐成为全球金融中心。华尔街作为纽约湾区的金融心脏，汇聚了众多保险公司和证券交易所等金融机构，构建起紧密的金融网络。从早期的投资银行创新到现代的资产证券化、金融衍生品等复杂金融产品的开发，纽约湾区在金融创新方面表现出极强的实践能力与市场适应性。金融业的空前发展使纽约湾区成为全球资本流动的重要节点。在金融业繁荣发展的带动下，纽约湾区包括法律、会计、咨询服务等在内的高端服务业也迅速兴起。值得一提的是，美国政府在金融领域的政策支持和监管措施为纽约湾区建立、巩固与强化全球金融中心地位提供了有力保障。

进入21世纪后，科技创新成为纽约湾区发展的新动力。随着信息技术的迅猛发展和互联网的普及，纽约湾区在人工智能、生物技术、新材料等多个领域取得了显著成就，为全球科技创新发展做出了重要贡献。这里不仅拥有世界一流的科研机构和高校，还吸引了大量的科技创新企业和人才聚集。随着全球化趋势的日益加深，纽约湾区还积极参与全球金融网络的构建和拓展，通过与伦敦、东京等其他国际金融中心的良性互动，纽约湾区在全球金融体系中的核心地位得到世界的广泛认可。

二、纽约湾区发展经验

（一）高效的区域规划治理能力

纽约湾区能够成为世界级湾区离不开高效的区域发展规划，负责湾区规划制定和实施的是被称为纽约区域规划委员会的一个非营利组织。该委员会自 1921 年成立以来，已先后制定了四次区域发展规划，如表 5-1 所示。

表 5-1　纽约湾区四次区域发展规划概况

历次	第一次	第二次	第三次	第四次
时间	1929 年	1968 年	1996 年	2017 年
背景	第一次世界大战后城市爆炸式增长	第二次世界大战后城市再度繁荣	面临经济、公平和环境方面的挑战	区域抵抗自然灾害的可恢复能力差
主要目的	应对城市爆炸式增长、物质空间建设落后于经济增速等挑战，重构区域秩序。	解决纽约郊区蔓延和城区衰落等问题，加快以纽约为核心城市的都市圈发展。	提高纽约湾区的宜居性，实现城市与区域的可持续发展。	以人为本和区域转型发展的需要。
核心内容	采取跨越行政边界建设城市社区的做法，在交通网络建设、公共空间、居住、商业和工业中心建设、基础设施人文发展等方面提出建议，旨在通过缓解中心城区交通压力，使纽约在 20 世纪中期成为全球领先城市。	提出"建立新的城市中心、塑造多样化住宅、改善老城区服务设施、保护城市未开发地区生态景观、实施公共交通运输规划"五项原则，将就业集中于卫星城，通过建设统一的公共交通体系来促进城市中心的再度繁荣。	从社区建设、环境保护和劳动力保护等方面来促进区域经济的可持续发展。规划重点包括城市环境保护、公共空间保留；重建公平环境、优化人文和自然生态环境，并强调形成高效交通网络的重要性。	从"经济机会、宜居性、可持续性、治理和财政"四个方面提出未来纽约湾区的发展目标。规划重点包括促进就业，改善商业环境，改善发展不平等问题，为居民提供更加便利的生活和工作服务设施。
影响	作为世界上第一个关于大都市区的全面规划，具有综合性和长期性特征，对各国区域规划具有重要的参考借鉴意义。	促进纽约区域再发展，促进区域内不同部门、机构之间的合作，以及拓宽公众参与的概念。	重视规划的可行性，重视政府、企业和地方之间的利益协调，促进纽约湾区城市群的发展。	强调以人为本的发展理念，为纽约湾区发展和管理提供切实可行的策略。

纽约区域规划委员会已形成一套较为成熟的规划范式，这种由"第三部门"主导的跨区域统筹协调规划模式突破了行政边界的限制，可以有效弥补市场机制和政府调控的不足。此外，湾区还非常重视运用政府与非政府、行政与市场相结合的方式进行地方治理，以便协商建立一种各方利益主体都认可的协调机制，比如规范化土地使用制度，该制度综合考虑公众、社区、规划委员会、地方政府、市议会等多元主体意见建议后，实施城市土地利用和审批，从而提升了土地利用效率[①]。

（二）发达的交通基础设施

纽约湾区现已形成现代化水陆空立体交通网络体系，发达的交通基础设施使湾区在国内外贸易中具有非常明显的运输成本优势。港口方面，湾区拥有北美最大的港口之一——纽约-新泽西港。作为美国东海岸最大的集装箱港口，它具有先进的装卸设备和高效的物流系统，能够处理大量的进出口货物。机场方面，湾区拥有多个国际机场，比如著名的约翰·F.肯尼迪国际机场、纽瓦克自由国际机场和拉瓜迪亚机场等，这些机场设施完善，航线网络遍布全球。铁路和公路方面，美国铁路公司的东北走廊线路贯穿整个湾区，将波士顿、纽约、费城和华盛顿等城市连接起来，为乘客提供便捷的铁路交通服务；湾区内还建有多条高速公路和州际公路，如I-95、I-78、I-80等，为过往车辆提供快速、安全的通行条件。桥梁和隧道方面，湾区内的乔治·华盛顿大桥、林肯隧道、荷兰隧道等多座重要桥梁和隧道为人员和车辆的流动提供了便利。公共交通方面，纽约湾区的公共交通系统非常发达，1904年通车的纽约市地铁系统是全球最繁忙的地铁之一，覆盖了整个城市及周边地区，为市民和游客提供便捷、经济的出行方式。

（三）多元开放的移民文化

纽约湾区是一个移民汇聚的地方，来自世界各地的移民有不同的国籍、文化背景、生活习俗和宗教信仰，移民为湾区带来了丰富的劳动力、资本和技术等资源，也加速推动了湾区的经济增长和商业繁荣，为湾区发展注入了创新活力。与湾区移民文化多元性相关的是移民文化的开放性和包容性，这里欢迎来自世界各地的人们，湾区为他们提供广阔的成长与发展空间，这种开放性和包容性促进了湾区与全球其他地区的交流与合作。多元开放的移民文化也为湾区的创新发展提供了源源不断的动力，不同的文化

---

① 蔡达：《纽约湾区开放发展对我国长三角一体化发展的启示与借鉴》，《中国经贸导刊》2023年第3期。

背景和传统的移民在湾区内相互交融、碰撞，产生许多新的创意和想法，能够直接推动湾区的科技进步和产业升级。

（四）持续推进科技创新发展

纽约湾区凭借其全球金融中心的优势，汇聚大量的金融资本、知名的天使投资人和风险投资机构，这为湾区初创企业和科技公司提供了充足的资金支持，促使创新者能够将新理念、新思想转化为产品和服务。因湾区拥有发达的金融市场和多元的融资渠道，科技创新企业在这里更容易获得融资，加快推动企业研发和市场推广。在金融创新方面，纽约湾区更是处于世界领先地位，创新不仅为湾区科技型企业提供更多的金融工具和服务，还降低了其科技创新的金融风险。湾区拥有诸如哥伦比亚大学、康奈尔大学、纽约大学等众多世界一流学府，为湾区的科技创新提供了强大的智力支持。浓厚的创新创业氛围和健全的创新创业生态系统，吸引了世界各地的人才和企业来此创业和发展。在这种集聚效应下，纽约湾区所有企业就像网络中的一个个节点，信息、资源、人才、资金在这个网络中通过相近的节点实现最低成本的高速自由流动，并且持续吸引众多科技巨头企业踊跃落户。纽约湾区科技创新能力的提升还离不开政府的支持和引导，政府在给予科技企业成长资金支持方面不遗余力。例如，纽约政府目前设有纽约种子期基金（NYC Seed Fund）和纽约合作基金（Partnership for NYC）两大基金，可投资于医疗健康、网络技术、生命科学等领域处于种子期或扩张期的科技型公司[①]。纽约湾区的成长路径和发展趋势充分表明，金融领域的优势发挥、丰富的人才资源、浓厚的创新创业氛围以及政府的支持与引导为湾区建设国际科技创新中心提供了动力保障。

（五）产业结构明晰且优势互补

纽约湾区拥有科学合理的产业体系，该体系可以凸显核心区与外围区的比较优势，具有雁阵分布的结构特征。雁阵布局的合理性在于核心区和外围区能够协同演进，产生强大的技术溢出效应，进而形成分工明确、协

---

① 滕丽、滕小硕：《纽约湾区科技创新发展经验对粤港澳大湾区的启示》，《时代金融》2020 年第 21 期。

同发展的产业布局体系①。例如曼哈顿华尔街一带，以雁阵产业结构布局最大程度地发挥产业链上下游环节之间的协同效应，这样有利于优化资源配置，提高产业效率，促进地区经济的协调发展。

作为美国乃至全球经济最为发达的地区，纽约湾区一直坚持挖掘区域个性，加速产业结构优化，不断增强区域的全球竞争力。从产业构成上看，纽约湾区经济以第三产业为主，现已形成以服务业为主导、先进制造业为支撑的产业格局。其中，高新科技和泛金融业是拉动纽约湾区第三产业的核心驱动力。金融业是纽约湾区产业结构金字塔的顶尖，湾区独享全球"金融湾区"的美誉，以优质的金融服务吸引世界各地的金融机构和企业，促进贸易全球化发展。湾区创新创业生态系统相对完善、风险投资氛围非常浓厚，名列前茅的科技创新人才密度和良好的生活环境哺育着"金融+科技"的生态圈，且金融和科技两大产业之间也形成了优势互补的良好格局，共同推动着纽约湾区的金融创新与科技创新始终走在世界同行的创新前沿。

三、对建设环渤海大湾区的启示

（一）建立健全区域规划治理机制

环渤海大湾区的建设涉及众多城市和港口，因此需要建立健全区域规划和协调治理机制。环渤海区域应建立一个由中央政府授权、具有权威性和非营利性的规划治理机构，该机构负责制定区域发展规划和相关配套政策，合理有效配置资源要素，通过凝聚政府间共识，协调解决区域发展中的重大问题，防止不同利益主体之间产生冲突。同时，还要加强对规划及其相应政策实施的监督和评估，确保规划得到全面有效落实。环渤海区域不同城市政府间还应努力破除行政区划壁垒，推动跨城市合作和联动发展，可以通过共建产业园区、科技创新平台、联合建设交通基础设施、协同治理环境污染等方式，实现资源共享、优势互补，提升区域整体竞争力。环渤海区域应充分利用政策优势，在服务贸易、投资、人才交流、资质互认、创新创业、社会保障等领域实现更大程度的开放与创新，保证区域各城市发展规划与产业发展顺利对接。同时，借鉴纽约-新泽西港的建设和发展经

---

① 周连义、邓崇防、裴兆斌：《国内外典型湾区发展经验对辽宁沿海经济带建设的启示》，《海洋经济》2021年第2期。

验，明确环渤海区域各大港口的功能定位，构建规模合理、功能互补、空间布局科学的港口群，提升港口群的整体经济效益。

（二）完善交通运输网络建设

纽约湾区发达的水陆空立体交通网络体系使其在国内和国际贸易中具备明显的运输成本优势，建设环渤海大湾区也应着力构建完善的交通运输网络，以便在经济贸易中降低运输成本，提高运输效能。环渤海区域交通运输网络建设思路包括：一是环渤海区域全域环线高铁贯通，将区域内各城市全部联通起来，形成互动化、差异化、错位经营的发展格局；二是环渤海区域全域沿海城市港口贯通，由物流、仓储、加工、保税区与产业融合对接，形成连锁经营模式的新型港口城市群；三是环渤海区域全域水上飞机和通用航空小镇开放，形成快速交通网络体系。此外，为实现环渤海区域全域内海陆空无缝对接换乘，可进一步加强立体交通枢纽建设，串起东北、京津冀区域、山东半岛等地区和城市，为加快建设环渤海大湾区打造现代化立体综合交通运输网络体系。

（三）营造开放包容的文化氛围

借鉴纽约湾区的发展经验，环渤海区域各省市可结合自身地域和文化特征，共同营造更加开放包容的文化氛围。可通过实施推广更加多元化的文化政策，鼓励不同文化背景的人们在环渤海区域生活和工作，增加文化的差异性和多样性。区域内各省市可采取多种形式举办国际文化节、艺术展演等文艺活动，促进世界各地文化交流。环渤海区域还可利用自身丰富的历史文化资源，发展文化旅游和创业产业，各省市尽力打造具有国际影响力的文化品牌，提升区域特有文化的全球知名度。区域内各省市通过加强国际经济合作，建立起开放型经济体系，在经济开放与国际交流合作中逐渐形成独特的商业文化，以提高区域对外吸引力和竞争力，促进环渤海区域的全面发展和繁荣。

（四）提高科技创新协同合作

强大的科技创新能力是促进湾区发展的重要动力，加快建设环渤海大湾区更应注重提高科技创新能力。第一，以科技创新能力强的城市带动区域内其他城市科技创新发展。环渤海区域内的核心城市如北京、天津、济南、青岛、沈阳、大连等，因其科技创新能力较强，可在各自城市群内优先建设科技创新走廊，以带动城市群内其他科技创新能力薄弱城市的发展。第二，要大力发展创新型经济。随着移动互联网、人工智能与新能源技术的迅猛发展，建设环渤海大湾区需要整合创新主体和创新资源，发展面向全球的创意产业、引领性产业，提高本土创新能力，实现区域内城市的创新发展。区域内核心城市还应善于利用全球创新资源，加快推动下一代通信技术、移动互联网、云计算、大数据、生命信息、新能源等领域取得一批核心技术产权和国际技术标准，提高以技术、品牌、服务、标准为核心的出口优势，推动具有自主知识产权和高附加值的产品出口。第三，要充分发挥环渤海区域内学研机构和科技型企业的理论与实践创新优势，构建具有辐射功能的科技创新网络，加强产学研深度合作，加速科技成果转移转化。

（五）提升产业结构布局的合理性

环渤海区域需要整合海岸线资源，各省市要基于自身功能定位和实际发展状况合理进行产业布局，同时打造一批具有国际竞争力的产业集群。区域内的传统优势产业要重视研发和生产水平，同时注意新旧动能转换，提高产业附加值，实现向高端产业的转型升级。沿海各主要城市要着力发展高新技术产业和战略性新兴产业，加快建设智慧新城。与此同时，加快建设环渤海大湾区，将区域内的自贸试验区作为沟通国内外经济的桥梁与窗口，天津、大连、青岛等城市建设的自贸区已积累了较为丰富的建设与发展经验，且已形成诸多可复制、可推广的制度创新成果，这可为区域内其他城市自贸区建设提供参考借鉴。加强环渤海区域内自贸区与所在城市功能之间的互利互促关系，超前进行整体规划和布局，抓住"一带一路"的历史机遇，带动区域内三大城市群经济的协同发展和产业结构的优化调整，尤其是提高金融、商贸、物流、法务、咨询等服务业的发展步伐及在三次产业中的配比[①]。

第三节　东京湾区发展经验对建设环渤海大湾区的启示

东京湾古称江户湾，是日本本州岛中部太平洋沿岸的一个袋状优良深水湾。东京湾区以东京湾为核心，包括东京都、神奈川县、千叶县、埼玉

---

① 何诚颖、张立超：《国际湾区经济建设的主要经验借鉴及横向比较》，《特区经济》2017 年第 9 期。

县四个主要行政区，地理面积约 1.36 万平方公里，占日本国土总面积的 3.5%。虽然区域面积狭小，但人口高度密集，常住人口为 3800 万人，是全球最大的人口聚集区之一。其中，东京都的人口最为集中，是日本人口最多的城市。东京湾区的地区生产总值约占日本全国的 30% 以上，工业从业人数占全日本的四分之一，因此也被誉为"产业湾区"。作为世界上第一个主要依靠人工规划缔造的湾区，东京湾区与自然形成的旧金山湾区以及纽约湾区相比，有着更为明显的规划设计和精密实施的痕迹，它既是日本经济增长的重要引擎，也是日本的科技创新中心，更是引领全球科技创新发展的重要区域[①]。

一、东京湾区发展历程

东京湾区的发展历程可以追溯到数百年前。早期的东京湾区以渔业和农业为主，当地居民主要依靠海洋渔业和土地耕作谋生。在江户时代（1603—1868 年），东京（当时称为江户）逐渐成为日本的政治和经济中心。这一时期为了满足城市日益增长的粮食需求，开始开垦农田和兴修水利，农业生产力得到大幅提高。江户时代的城市规划也颇具远见。当时的城市规划者采用网格状的道路系统，增加了城市内交通的便捷性。规划者还建设了寺庙、桥梁等公共设施，为城市居民的日常生活提供了便利。

19 世纪中叶，正值明治维新时期，日本从封建社会开始向资本主义社会转变，资产阶级改革运动爆发。东京湾区作为日本的首都圈，成为这场变革的核心地区。明治政府积极推动工业化发展，通过引进西方的技术和资本，建立起现代化的工厂和企业。在工业化进程中，东京湾区的铁路、公路和港口等基础设施得到大规模扩建，湾区内的交通更加便捷，促进了内部各地区之间的经济联系和对外贸易往来。此外，明治政府还积极推动教育改革，建立的一大批现代大学和研究机构为东京湾区的科技创新奠定了良好的人才和技术基础。

二战时期，东京湾区遭受严重破坏。在战后重建过程中，东京湾区的产业结构发生了重大变化，传统的重工业逐渐让位于高科技产业和服务业，政府更是号召社会组织和公众积极推动城市更新和环境保护，东京湾区迅速恢复了往日的生机与活力，成为日本经济复苏的"领头雁"。战后的东京

---

① 《东京湾区》，《科技创新与品牌》2021 年第 1 期。

湾区还积极参与全球经济的合作与竞争,以期进一步扩大湾区自身的对外贸易和投资比重,加强与世界其他地区的经济联系。

随着全球化影响的逐渐加深,东京湾区再次站在了变革前沿。为了适应全球经济发展的新形势和新挑战,东京湾区积极推动科技创新,加快产业结构调整的步伐。通过加大对大学和研究机构的资金投入,东京湾区成功培育了一批具有全球竞争力的创新企业和研究机构,其丰富的研究成果不仅推动了湾区内的产业升级,也为全球经济的发展做出了重要贡献。

二、东京湾区发展经验

(一)科学严谨的政府城市规划

东京湾区的发展壮大很大程度上归功于政府科学严谨的城市规划。在东京湾区的发展过程中,政府始终高度关注城市规划的科学性、严谨性与前瞻性。比如,在交通规划中,政府不仅投资建设了密集的地铁网络,还预留了地铁线路的扩展空间,以适应未来人口增长和交通复杂需求的增加;在混合用地规划方面,政府通过制定详细的土地利用规划,将兼具办公、购物、餐饮、文化和娱乐等多种功能的商业综合体设施安置在同一个区域内,不仅可以提高土地利用效率,还能最大限度地方便居民的工作和生活;在降低灾害风险规划方面,东京湾区的政府通过制定严格的建筑抗震标准和周密的应急疏散计划,以及加强对地震、海啸等自然灾害的监测和预警系统建设,确保在灾害发生时能够第一时间响应和展开救援。更为重要的是,东京湾区的城市规划并非一成不变,政府会根据城市发展的实际情况和居民的迫切需求进行动态调整。比如,湾区政府会根据城市交通流量的变化和居民出行方式的变化,及时调整交通规划和道路布局,以提高城市交通的便捷性和舒适性。

(二)健全完善的基础设施建设

东京湾区跻身世界一流湾区之列离不开健全完善的基础设施建设。东京的地铁系统非常发达,拥有数十条线路和上千个车站,覆盖整个东京都及周边地区;湾区内还拥有多个国际机场和大型港口,为国际经贸和文化交流提供了便利条件。在能源供应方面,东京湾区也有非常出色的表现。湾区内的政府和企业共同投资建设了多个大型发电厂和输配电设施,确保湾区的电力供应稳定可靠;湾区还积极推广太阳能和风能等可再生能源,降低对传统能源的依赖并减少环境污染。为保障居民用水安全卫生,湾区政府投资建设了多个大型水库和净水厂，同时还建立了完善的雨水收集和排放系统，有效应对城市内涝问题。东京湾区拥有世界领先的通信网络和技术，这得益于当地政府和企业共同投资建设的高速互联网、移动通信和广播电视等基础设施，这些信息通信设施不仅促进了湾区信息化的高速发展，也为智能城市的建设打下了坚实基础。

（三）官产学研相结合的发展道路

自20世纪90年代以来，日本政府为加速推动科研成果产业化以及科学技术的发展革新与实际应用，制定了一系列相关政策，在政府的大力推动下，东京湾区逐渐形成了相对完善的"官产学研"体系[1][2]。政府在推动东京湾区"官产学研"紧密结合方面扮演了非常重要的角色。政府通过制定与实施相关政策、提供财政资金支持以及设立专门的协调与管理机构，为湾区产业界和学研机构营造了良好的创新环境，促使产业集群与知识集群的区域分布呈现出良性互补关系，多个集群网络形成覆盖整个湾区的区域创新网络。东京湾区的企业通过加强研发投入、健全研发平台与共享技术资源等方式，不断推动技术创新和产业升级；同时，湾区企业注重增进与学研机构的深度合作，将理论创新与市场需求有机结合，提升科技成果转化的质量和效能。东京湾区还拥有众多知名高校和科研院所，如东京大学、早稻田大学、科学技术振兴机构、理化学研究所等，这些研究机构在推动科技创新、促进科技成果转化与构建湾区"官产学研"创新生态体系中发挥了重要作用，为湾区科技事业发展输送了大量高素质创新人才。

（四）落实创新驱动发展战略

东京湾区发展的成功经验还包括湾区政府和各类创新主体全面落实创新驱动发展战略。在东京湾区的发展过程中，政府和企业始终以推动经济持续发展和社会不断进步为目标，注重创新能力的提升和创新环境的营造。在创新能力提升方面，东京湾区通过设立科技创新专项基金，专门支持湾区内的科技创新项目，降低企业研发创新风险；东京湾区还不断加大对教育、科研领域的投入力度，通过实施一系列人才计划，吸引国内外优秀人才聚集于此，同时也培养了大批具有创新精神和实践能力的高素质创新人才和创新型企业家；湾区致力于积极推动科技创新成果转化和应用，通过建立大学科技转让机构、创新孵化器等科技中介服务组织，为湾区企

---

① 沈润森、潘苏：《探析东京湾区建设经验对粤港澳大湾区发展的启示》，《特区经济》2021年第2期。
② 谢志海：《日本首都圈和东京湾的发展历程与动因及其启示》，《上海城市管理》2020年第4期。

业提供技术评估、市场调研等全方位服务，更有效地将科技成果转化为现实生产力。在创新环境营造方面，东京湾区善于吸收先进的技术和创新理念，大力发展先进科技生产力，通过鼓励企业间的合作与交流、推动产学研协同创新、优化创新资源配置等措施，成功构建起充满活力和创造力的创新生态系统，为湾区内的企业和学研机构营造出开放、包容与协作的创新氛围，为全球的创新发展提供强大动力。

（五）开放包容的国际化姿态

作为世界级湾区，东京湾区以其开放包容的国际化姿态，在亚太地区扮演着重要经济中心和国际航运枢纽的角色，同时还发挥着世界级制造业创新基地和国际金融中心的区域功能。在吸引国际人才方面，东京湾区深入实施优惠的移民政策，为来自世界各地的高素质人才提供具有国际竞争力的薪资待遇和福利，创造多元宽松的文化和生活环境；为深入推进国际交流与合作，湾区内的研究机构和企业经常与跨国伙伴联合研发项目，如理化学研究所与多个国家的科研机构在材料科学、生物技术等领域开展深入合作；在建立国际化教育体系方面，东京大学和早稻田大学等知名高校与海外一流大学建立双学位项目，湾区内的中小学也积极引入国际课程，为学生营造国际化的学习氛围。东京湾区在树立开放包容的国际化姿态过程中所做的不懈努力及取得的卓越成就，使其成功吸引和汇聚了全球优质的资源和人才。

三、对建设环渤海大湾区的启示

（一）加强顶层设计，优化区域治理

借鉴东京湾区发展经验，加快建设环渤海大湾区需要加强顶层设计，优化区域治理。一方面，应完善环渤海区域相关政策体系。要在充分考虑区域内的资源禀赋、产业基础、创新能力等多方要素的基础上，制定科学合理的专门针对环渤海大湾区建设与发展的规划与方案，明确环渤海大湾区的发展目标、功能定位和空间布局以及区域内各方主体的职责权益，规范区域发展秩序，注重发挥比较优势，避免同质化竞争；还要加强对各项政策的执行和监督，确保政策措施得到有效落实。另一方面，要建立跨区域协调机构。可成立环渤海大湾区跨区域协调发展委员会或类似机构，由中央政府牵头，区域内各地方政府、代表性企业和社会组织负责人共同参与，负责统筹协调区域内的重大问题和重大项目，推动环渤海区域

协同发展。

（二）推动产业升级，构建现代产业体系

以东京湾区建设成为世界级"产业湾区"为范例，加快建设环渤海大湾区还要致力于推动区域内产业升级，构建现代产业体系。一是培育主导产业集群。要基于环渤海区域的产业基础和比较优势，重点培育若干主导产业集群，如高端装备制造、新能源、新材料、生物医药等；通过政策扶持、技术创新和产业升级等手段，提高环渤海区域主导产业的竞争力和影响力。二是促进产业融合发展。要加强区域内各省市内部以及跨省市之间不同产业的融合发展，形成产业链上下游的紧密衔接与协同创新；鼓励区域内企业开展跨界合作，促使其不断开发新产品、研发新技术和推出新服务，进一步拓展市场空间。三是优化产业布局。要根据区域内各省市的资源环境承载能力和产业发展需求，做好各地间的产业转移和对接，提高土地利用效率和产业集聚度；还要加强对区域内传统产业的改造提升，推动其向高端化、智能化、绿色化方向发展。

（三）加强科技创新，打造全球创新高地

环渤海区域要学习东京湾区，深入贯彻落实创新驱动发展战略。一是加强"官产学研"协同合作。科技创新是一项系统性工程，需要政府发挥在区域技术创新活动中的引导作用[①]。因此，区域内各地政府可联合发布一系列政策，旨在鼓励高校、科研机构和企业之间开展深度合作，加强对科技成果的转化和推广应用，提高科技创新的经济效益和社会效益；区域内各类创新主体要在地方政府的总体规划和统领下，促进产学研紧密结合，加快形成区域创新生态体系。二是健全创新服务体系。区域内各省市政府要加快建立健全科技创新服务体系，促进各类创新服务组织为科技创新提供包括科技金融、技术转移、创业孵化、知识产权保护等方面的全方位支持和服务；创新中介服务组织应设立在创新人才集中、创新环境优越、科研与创新能力突出的地域，同时每个组织安排专门技术创新联络员，负责授权制度实现技术成果的产业化，以及协调各类学研机构独立性与企业逐利性之间的矛盾[②]；各地政府还要加强对创新型企业的培育和支持，推动其快速成长壮大。三是吸引全球创新资源。通过加强与国内外知名湾区的合

---

① 逯东、朱丽：《市场化程度、战略性新兴产业政策与企业创新》，《产业经济研究》2018 年第 2 期。
② 杨东亮、李春凤：《东京大湾区的创新格局与日本创新政策研究》，《现代日本经济》2019 年第 6 期。

作与交流，引进国际先进的研究成果和管理经验，加大对海外高层次人才的引进力度，为环渤海区域的科技创新提供强劲动力。

（四）加强区域合作，实现协同发展

加快建设环渤海大湾区要注重加强各省市、各城市间的互动合作，共同推动区域实现协同发展。一是促进环渤海区域三省二市协同发展。要在将京津冀协同发展向纵深推进的基础上，推动辽宁、山东与京津冀之间的合作交流，通过加强区域内三省二市的政策协同、优化产业布局、促进交通一体化、加强生态环境保护、深化科技创新合作、推动公共服务均等化以及区域治理体系建设，实现环渤海区域资源共享与优势互补。二是不断拓展环渤海区域合作空间。环渤海区域各省市可积极与周边省份开展广泛合作，在基础设施、产业、科技、生态、文旅等方面加强合作交流，进一步打造更大范围的区域经济合作圈，实现多地区、多领域、多渠道的互利共赢。三是参与全球竞争与合作。环渤海区域应主动学习借鉴世界其他著名湾区建设与发展的先进经验和丰富成果，深化与共建"一带一路"国家和地区的经贸合作，推动贸易和投资自由化、便利化，打造更高水平对外开放平台，提升环渤海区域在全球竞争的地位和影响力。

（五）加强人文交流，提升区域软实力

环渤海区域各省市还应在人文领域加强合作交流，不断提升整体软实力。一是促进文化交流与合作。可举办"环渤海文化艺术节"，建立"环渤海民间交流协会"，邀请各省市文艺团体共同参与、交流与互鉴，展示各具特色的传统文化和现代创意，或是合作开展非物质文化遗产的保护与传承工作，共同挖掘和弘扬区域内的优秀传统文化，推动区域文化的繁荣发展。二是深化旅游与社会事务合作。在旅游方面，环渤海各省市可联合打造"环渤海旅游文化 IP"，推出跨省市精品旅游线路，提升区域文旅品牌知名度，还可联合举办旅游节庆活动，如海滨音乐节、民俗文化节等，吸引更多游客前来体验。在社会事务方面，环渤海区域各省市可在公共安全、社会救助、医疗养老等领域加强互动合作。比如，针对突发公共卫生事件、自然灾害等，可联合建立应急管理指挥中心；建立环渤海医养联合体或医养协作网络，实现区域内大型医养设备、高级医护人才等资源的共建共享。

第四节　粤港澳大湾区发展经验对建设环渤海大湾区的启示

　　粤港澳大湾区是习近平总书记亲自谋划、亲自部署、亲自推动的重大国家战略，是继纽约、旧金山和东京湾区之后世界第四大湾区，是国家建设世界级城市群和参与全球竞争的重要空间载体。粤港澳大湾区由"9+2"城市组成，包括两个特别行政区（香港、澳门）、两个副省级城市（广州、深圳）以及7个地级城市（珠海、中山、东莞、江门、佛山、惠州、肇庆），总面积为5.6万平方公里，是我国开放程度最高、经济活力最强的区域之一。建设与发展粤港澳大湾区既是为了应对"逆全球化"思潮对珠江三角洲的影响，解决全球量化紧缩时代下区域资本与人力资源短缺危机、竞争压力加剧的问题，也是中央支持港澳融入国家发展大局、促进内地和港澳地区经济文化交流，实现共荣发展的深度回归途径[①]。

一、粤港澳大湾区发展历程

　　早在20世纪80年代中国改革开放初期，作为先行先试排头兵的广东就依托毗邻港澳的地理优势，开始与港澳地区进行紧密的经济合作。随着改革开放政策的深入实施，粤港澳之间逐渐形成了"前店后厂"式生产与服务的产业分工体系。其中，广东凭借地理位置临近港澳的区位优势和土地、自然资源、劳动力的低成本优势，对产品进行加工、制造和装配，扮演"厂"的角色；港澳地区利用海外贸易窗口优势，提供技术和平台，并进行市场推广和对外销售，扮演"店"的角色。

　　进入21世纪，全球化浪潮下的区域经济一体化趋势日益明显，粤港澳之间的经济合作进一步加强。2008年12月，国家发展和改革委员会印发的《珠江三角洲地区改革发展规划纲要（2008—2020年）》，明确提出要促进与港澳的紧密合作，共同打造亚太地区最具活力和国际竞争力的城市群。2009年10月，广东省住房和城乡建设厅、香港发展局和澳门运输工务司三方首次合作编制的《大珠江三角洲城镇群协调发展规划研究》由粤港澳

---

　　① 张胜磊：《粤港澳大湾区城市群建设的问题与对策研究》，《广西社会科学》2020年第8期。

三地政府在澳门联合对外发布,研究报告提出构建大珠江三角洲的多层次、多中心的空间发展模式,将其建设成为世界上最繁荣、最具活力的经济中心和世界级的城镇群。2010年4月粤港两地政府签署的《粤港合作框架协议》以及2011年3月粤澳两地政府签署的《粤澳合作框架协议》,进一步拓宽与加强了广东与香港、澳门之间合作的广度与深度。在这一系列政策的推动下,粤港澳三地合作日趋制度化,为粤港澳大湾区的形成奠定了坚实基础。

2014年深圳市政府工作报告首次提出"湾区经济",表示要以"湾区经济"新发展构建对外开放新格局,加快推进粤港澳大湾区合作。2015年12月,国家发展改革委、外交部和商务部联合发布《推动共建丝绸之路经济带和21世纪海上丝绸之路的愿景与行动》,特别强调要加强粤港澳合作,打造粤港澳大湾区,建设世界级城市群。这是"粤港澳大湾区"被首次写入国家重要文件中,标志着粤港澳大湾区建设正式上升为国家战略。2017年国务院工作报告明确提出要"推动内地与港澳深化合作,研究制定粤港澳大湾区城市群发展规划,发挥港澳独特优势,提升在国家经济发展和对外开放中的支撑引领作用"。随后,粤港澳大湾区建设被写入党的十九大报告,成为国家发展战略的重要组成部分。2019年2月18日,中共中央、国务院印发《粤港澳大湾区发展规划纲要》(以下简称《规划纲要》),这份纲领性文件明确了粤港澳大湾区的战略定位、发展目标、空间布局和重点任务。按照规划要求,粤港澳大湾区不仅要建成充满活力的世界级城市群、国际科技创新中心,还要成为"一带一路"建设的重要支撑、内地与港澳深度合作示范区以及宜居宜业宜游的优质生活圈。在《规划纲要》的指导下,粤港澳大湾区各地纷纷行动起来,加强基础设施互联互通、深化产业协同创新、扩大市场准入和对外开放、优化区域创新环境,特别是在科技创新领域,粤港澳大湾区依托广州、深圳等城市的创新资源与香港、澳门在国际金融、贸易、航运领域的领先地位,加快构建开放型融合发展的区域协同创新共同体。

二、粤港澳大湾区发展经验

(一)天然良港和立体交通网络

粤港澳大湾区滨江临海,经济发达,具备良好的港口发展条件,拥有香港、深圳、广州三大港口,是世界上通过能力最大、水深条件最好的区域性港口群之一，也是世界港口最密集、航运最繁忙的区域。不仅如此，粤港澳大湾区还构建起以高速公路和干线铁路为主导的客货运联系网络，以及依托港口和机场的国际客货运联系网络。大湾区高速铁路里程与密度均居全球首位，这里拥有由香港、广州、深圳、澳门、珠海五大机场组成的连通内地和世界各地的机场群，以及连通泛珠三角和东南亚的铁路枢纽。大湾区海陆空立体交通网的建立，为区域内的人流、物流、资金流和信息流的流动提供了有力支持，提升了区域内资源的配置能力与效率。随着港珠澳大桥、广深港高铁等标志性工程的建成通车，大湾区顺利建立起"一小时经济圈"，港澳与内地之间的往来联系得到了极大促进。

（二）坚持创新驱动高质量发展

粤港澳大湾区在发展过程中始终坚持创新驱动发展战略。一方面，大湾区的创新主体不断集聚发展。依托国家重点实验室、省重点实验室、粤港澳联合实验室、"一带一路"联合实验室逐渐构建起一个高水平、多层次的科研实验室体系，通过建设一批如深圳前海、广州南沙等一流创新平台，吸引和集聚了大量创新资源，推动大湾区原始创新能力的持续增强。为建立健全大湾区综合性国家科学中心，依托深圳光明科学城、东莞松山湖科学城、广州南沙科学城等重点区域，成体系布局建设了一批具有世界一流水平的重大科技基础设施。另一方面，粤港澳三地积极探索集群创新模式。通过不断改进和优化科技创新集群模式，集中力量破解合作创新中的各种阻碍，基本实现"钱过境、人往来、税平衡"的发展目标，粤港澳科研资金得到快速融通，科研人员之间的交流联络更加紧密。同时，大湾区还通过采取多项措施，比如实施港澳专业人士跨境执业资格认可、上线"湾区社保通"等，积极推进人才港的建设，促进了粤港澳三地人才要素的自由流动。

（三）区域规划与产业分工科学合理

在区域规划方面，粤港澳大湾区以香港、澳门、广州和深圳为核心，构建起高质量的空间治理体系，同时发挥对周边城市的辐射带动作用，通过以点带面的方式，不断推动大湾区一体化发展。在产业分工方面，粤港澳大湾区产业分工水平相对较好，具有较大的产业合作空间和发展潜力。例如，珠三角集中发展先进制造业，推动东西两翼及北部山区工业化、现代化进程，打造珠三角现代产业核心区；香港将产业发展重点集中在金融和现代服务业、航运和物流业、旅游业等，努力巩固和强化其世界级金融中心与现代服务业中心的地位；澳门则保持独具特色的发展方向，以旅游、休闲产业为主，打造具有国际先进水平的宜居、宜业、宜游、宜乐的世界级旅游休闲中心。粤港澳大湾区内不同城市科学化、合理化和高效化的产业空间布局和产业分工体系，使各城市之间能够实现协调发展，从而使湾区经济的集聚效应最大化。

（四）开放型经济体制特征显著

粤港澳大湾区作为改革开放的先行区，始终坚持以开放促改革、以开放促发展。香港和澳门两个特别行政区是典型的自由港，珠三角是全国对外开放程度最高的区域之一。粤港澳大湾区充分发挥衔接国内国际两个市场、整合两种资源的独特优势，加强联通国内国际两个大循环，提高全球资源配置能力，同时注重推动贸易自由化、投资便利化，积极促进金融产品和服务创新，扩大金融市场准入，为新时代我国推进高水平制度型开放提供经验借鉴。此外，大湾区更是以建设高层次开放型经济体系为导向，推动广东加快打造国际化、法治化、市场化的营商环境，以此带动珠三角地区制造业和进出口贸易的快速发展。《省级政府和重点城市一体化政务服务能力调查评估报告（2022）》显示，广东在连续三年获得省级政府一体化政务服务能力指数评估第一名的基础上，继续保持全国领先水平，开放型经济新体制已成为大湾区参与国际经济合作竞争新优势。

（五）注重区域合作与协调发展

作为一个由多个城市组成的城市群区域，粤港澳大湾区深知单打独斗难以在全球竞争中立足，因此，加强区域合作与协调成为大湾区发展的必然选择。针对东西两岸发展不均衡、城市间协调联动不足以及核心城市带动作用有待进一步增强等问题，粤港澳大湾区在促进广州、深圳、珠江口西岸等都市圈深度融合的同时，明晰其枢纽城市与节点城市的空间分工，大力提升广佛、深港、珠澳对湾区的辐射带动效应；推进广州、深圳"双城联动"和全面战略合作，支持深圳建设中国特色社会主义先行示范区，推动广州加速实现老城市新活力和"四个出新出彩"，进一步强化其核心引擎地位，使其在粤港澳大湾区和全省的建设与发展中发挥带动引领作用。

三、对建设环渤海大湾区的启示

（一）充分发挥港口优势，支撑区域经济发展

环渤海港口群由辽宁、津冀和山东沿海港口群组成，服务于我国北方

沿海和内陆地区的社会经济发展，沿海亿吨级大港有大连港、天津港、青岛港、秦皇岛港和日照港，占全国沿海亿吨大港的一半。环渤海港口群在区域经济发展中起到了一定的推动作用，促进了港口与港口、港口与城市间的合作。借鉴粤港澳大湾区的发展经验，环渤海区域要不断完善港口群布局，打造环渤海港口群协同平台，在港口间形成相互支撑、相互协作的新格局；还要依托港口的区位优势，通过港口交通运输、临港产业集聚、现代商贸物流和现代服务业等功能促进多种产业形态和生产要素的快速集散，推动区域城市经济形态的多样化和产业转型升级；要实现城市的全方位、多维化发展以及港产城深度融合，依托城市发展特点和港口定位，实现环渤海区域港口群协调发展，使其更好地发挥在城市经济发展中的支撑作用。

（二）深化创新协同发展，提升科技创新水平

加快建设环渤海大湾区要将创新作为驱动发展的关键环节。环渤海区域各城市要加强协同创新，提升整个区域的科技创新水平，让科技前沿城市带动科技力量较弱城市的发展。其中，北京、天津等城市科技创新实力较强，应鼓励其加快自主创新步伐，增强它们在环渤海区域协同发展中的引领作用，通过技术指导和技术转让等手段，加大这些核心城市对边缘城市的帮扶力度；其他科技创新能力相对薄弱的地区可采取优先引进先进技术进而消化吸收再发展的措施。此外，环渤海区域要推进人才合作示范区建设，通过加大人才培养力度，构建更积极、更开放、更高效、更灵活的人才管理服务体系；要不断降低创新人才在跨区域流动中的成本，吸引高科技人才投入技术创新中；还要积极与国内外科研院所共建科研机构、重大项目实验室等创新平台，优化科技创新环境，吸引高科技人才聚集。

（三）促进产业合理分工，优化资源要素配置

环渤海区域应明确各城市产业定位，合理进行产业规划，提高资源要素配置效率，加快形成区域分工明确、产业协同发展、资源优化配置的基本格局。环渤海区域应充分考虑区域内各城市的资源禀赋、产业基础、科技实力等因素，制定具有全局性和战略性的环渤海区域协同发展规划，比如可利用京津的创新优势，重点发展软件、信息、服务等产业。环渤海区域还应大力发展先进制造业和战略性新兴产业，提升产品质量和竞争力，同时加快发展现代服务业特别是生产性服务业，为制造业提供有力支撑；还要依托各城市的经济基础和产业优势，培育壮大主导产业和特色产业，形成一批具有影响力的产业链和产业集群。具体来说，可依托天津、青岛、

烟台的海洋科技创新优势大力发展海洋高科技产业，打造国家海洋高技术产业基地。河北省要重点推进雄安新区的建设与发展，并在承接京津地区产业转移上下功夫，逐步摆脱资源依赖。辽东半岛和山东半岛要进一步完善各自的产业链，重点促进制造业专业化升级，推动地区经济内生式发展。另外，建立统一的人才市场，促进人才自由流动与合理配置；建立健全金融服务体系，推动金融机构之间合作，实现资源共享和优势互补，为产业发展提供多元化、全方位的金融服务。

（四）强化开放型经济特征，实现高质量发展目标

基于粤港澳大湾区的发展经验，环渤海区域应增强其开放型经济特征，加快形成开放型经济体系，以实现区域高质量发展目标。为此，环渤海区域应坚持对外开放的发展理念，进一步推进市场化改革，降低市场准入门槛，激发各类市场主体的活力，为开放型经济体系的建设创造优良的制度环境；还应加强各城市间的合作与协调，打破行政壁垒，促进要素自由流动；通过引进外资、技术合作等方式，加强与国际市场的对接，推进重点产业领域加快开放发展，实施产业定制化的精准开放策略[①]，提升区域产业的国际竞争力；还要积极参与全球经济治理和贸易合作，加强与共建"一带一路"国家和地区的经贸往来，吸引更多国际资本和优质企业投资落户；要实施更加积极的人才培养与引进政策，加强与国内外高校和科研机构的合作与交流，培养具有国际视野和创新精神的高素质人才，同时吸引海内外优秀人才来环渤海地区工作和创业，为建设开放型经济体系提供智力支持。

（五）完善区域协调合作，推动一体化发展进程

为增进环渤海区域各地间的协调合作，可采取"先局部、后整体"的一体化发展策略。首先，要分别做好京津冀、辽宁和山东半岛的规划建设工作，明确各地区的功能定位，整合各方资源，构建一体化的共建共享平台。在此基础上，加强三大板块之间的联系和交流，为推进环渤海区域经济一体化创造有利条件。要通过环渤海区域全方位的改革，加速消除各地区间的隐形壁垒，抓紧建立统一的市场经济体系，实行统一的市场监管制度，形成统一的市场主体准入标准与税收优惠政策，加强区域社会信用体系和信用信息平台建设，为环渤海区域一体化发展打下良好的制度基础。

---

① 李晓莉、申明浩：《新一轮对外开放背景下粤港澳大湾区发展战略和建设路径探讨》，《国际经贸探索》2017 年第 9 期。

第六章 环渤海大湾区协同发展研究的理论基础

第一节 协同学理论

一、协同学理论要义

"协同学"（Synergetics）源于希腊文，意为"协调合作之学"，是由德国物理学家赫尔曼·哈肯于 20 世纪 70 年代首次提出并进行系统论述。作为系统论的分支学科，协同学特别关注一个系统的结构在性质上发生宏观变异的情况，有助于理解复杂系统与简化复杂问题。其基本内涵包括两部分内容：一是各子系统通过协作形成宏观的有序结构。二是在系统相变的临界点，可能会有多种序参量同时出现，每一种序参量都含有一组相应的微观形态与宏观结构相对应。每个序参量都试图独立控制系统，但由于彼此之间力量均衡，于是相互妥协并形成合作，协同一致支配系统相变。随着系统外部环境与内部条件的不断变化，当系统再次发展达到新的阈值，序参量的地位与作用将发生改变，其他参量或新产生的参量加入竞争，致使系统序参量重新分配，从而实现系统更高一级的协同，即更高层级的有序[1]。

协同学理论认为，一个复杂系统内部包括多个子系统及多种要素，最初这些子系统或要素之间都是分散的，甚至是相互排斥的，但是通过"协同"，它们可以实现从无序到有序的转变，形成具有一定功能的有机整体；

---

[1] ［德］赫尔曼·哈肯：《协同学：大自然构成的奥秘》，凌复华译，上海：上海译文出版社，2013 年。

反之，子系统或要素之间就不能实现向有序的转变，也无法形成有机整体。系统整体效果不是各个子系统效果的简单叠加，而是各方面相互作用的结果。具体而言，在复杂系统内有两种运动趋向：一种是子系统自发无序的运动，另一种是关联的子系统之间的运动。而导致系统走向无序甚至于瓦解的重要原因则是子系统自发无序的运动，而子系统之间正向的相互作用是系统自发走向有序的关键。在一定条件作用下，复杂系统的自组织过程是自发协同产生有序的过程，系统内部大量子系统之间的要素流通与相互合作产生了协同效应，协同效应产生序参量支配进而导致时空或功能上的有序结构形成。简言之，协同学是研究在一个开放系统内部子系统间通过非规律性相互作用形成的协同效应，由无序到有序、由低级有序到高级有序，以及由有序到无序的机理和规律的一门交叉学科。因其具有普适性，故逐渐应用到生物学、化学、社会学、经济学等自然科学与社会科学领域。

二、协同学基本原理

协同学的基本原理主要包括支配原理、自组织原理、涨落性原理、有序性原理等。推动系统"破旧立新"发生质变的关键要素是因为受到一类被称为"序参量"变量的"支配"，这种由无序向有序演变的方式称为"自组织"，状态表现为"涨落"。基本原理解释如下：

（一）支配原理

支配原理又称役使原理或伺服原理。子系统或复杂系统的稳定与否取决于两类变量的力量对比关系：一类是快弛豫参量，一般数量较多且衰减很快，当系统自身的稳定性受到干扰时，该变量总是能够阻止干扰因素破坏系统稳定性，使其重新回归原有的稳定状态；另一类是慢弛豫参量，与快弛豫参量正好相反，该变量总是设法促使系统脱离稳定状态，加速系统的不稳定性，使其表现出一种"破旧立新"的姿态，一般数量极少，但可以支配快弛豫参量，决定系统演变的进程与方向。在外界阈值符合一定条件的情况下，慢弛豫参量逐渐成为序参量，快弛豫参量则成为役使变量。

（二）自组织原理

系统由无序状态转向有序状态、从低级有序转向高级有序的过程中，需要外部环境提供物质与能量保证。为适应外界环境的变化，没有得到应该怎样组织以及形成怎样结构命令的子系统内部各要素或复杂系统内部各子系统需要自己组织起来，通过各种形式的信息传递与反馈来控制并强化子系统或复杂系统本身，这被称作"自组织"。在对原有组织结构施加影响的过程中，要素或子系统的自组织行为能够使得原有组织结构实现从旧结构向新结构的转变，以及从旧的平衡或不平衡状态向新的平衡状态的转变，从而揭示出系统本身从无序到有序演变的内在规律。自组织的形成需要满足开放性、环境性、非线性和涨落性四个条件。

（三）涨落性原理

在系统演化过程中，内部要素相互作用，即使系统处于有序状态，各要素、子系统的无规则独立运动也不会完全停止。纷繁多变的外界环境使得各子系统之间或者与外界环境之间产生局部耦合，系统宏观量的瞬时值偏离平均值而出现起伏，这个过程称为涨落。随着系统的发展达到一个临界点，子系统的自身运动与子系统间的关联作用所形成的协同运动进入均势阶段。在过渡阶段初期，系统内部的各个要素非常活跃，局部耦合形成的涨落在此时加剧，并且不断冲击系统整体。但较多涨落由于得不到其他子系统的响应，会迅速衰减下去，此类涨落的变量便是快弛豫参量；得到其他子系统响应的涨落程度大大增强，由局部延伸至整个系统，成为"巨涨落"，推动系统形成新的宏观结构，此类涨落的变量便是序参量。从随机论角度看，系统的有序结构是由涨落推动的；从动力学角度观之，系统演化的结果由临界条件决定。综合两种观点，涨落是具有偶然性的，只有满足临界条件的涨落才能得到响应并放大，成为支配系统演化的序参量。

（四）有序性原理

系统的有序性反映系统内各要素间及系统与环境间的有机联系与系统层级结构的关系。稳定有序的联系形成一定的层级结构，进而促使系统实现有序性。系统从无序变为有序，指的是随着信息量的增多、组织化程度的加强，系统经历从组织程度低到组织程度高、从低级结构到高级结构的过程。系统有序度随着系统的演化逐渐增大，这是系统内各要素综合作用的结果。有序性主要表现在三个方面：一是纵向有序，在同一系统中，层级分明、井然有序，进而形成稳定的联系；二是横向有序，系统内各要素间、系统和环境间以及系统与系统之间，一旦构成有序联系，便形成系统结构，系统与系统之间的有序便称作"协同"；三是动态有序，也称过程有序，系统的有序是在发展演化中逐渐构建并完善的，其有序度是不断更新的变量，而不是永久不变的恒量。

三、协同学的应用场景

协同学理论中关于系统内部由无序到有序的机制与研究区域间发展路径的思路相一致，消除区域自组织障碍是区域协同发展的重要目标。因此，众多学者将协同学理论运用到区域协同发展领域。通过梳理我国区域协同发展的相关文献可知，协同学理论主要聚焦并运用于京津冀区域、粤港澳大湾区和长三角区域协同发展方面的研究。

（一）京津冀区域协同发展

孙久文和程芸倩指出目前京津冀在功能协同、治理协作、利益协调等方面取得了明显的协同效果[1]；王韶华等运用耦合协调度模型和局部协同度模型进行研究，发现京津冀工业绿色发展及资源利用、环境质量的区域协同已分别跨入良好协同区、中级协同区和优质协同区[2]；李剑玲和樊响运用复合系统协同度模型研究得出，京津冀协同发展与长三角城市群、珠三角城市群有较大差距，其中生态子系统和科技子系统发展不协调是造成复合系统协同度低的主要原因[3]；刘立军和刘义臣运用耦合协调度模型和结构方程模型，发现京津冀科技金融与实体经济高质量发展的耦合协调度整体呈优化态势[4]；陈旭东等运用复合系统协同度模型分析得出，2014—2019 年京津冀三地国家科技园区的创新协同度与有序度总体呈现上升趋势，但协同创新关系仍不稳定[5]；马骁运用复合系统协同度模型研究，发现北京区域经济协同有序度较高，天津、河北区域经济协同有序度较低，京津冀区域经济协同度经历了先上升、后下降、再上升的变化走向[6]。

（二）粤港澳大湾区协同发展

刘云刚等将区域协同发展理论与尺度理论相结合，分析了粤港澳大湾

① 孙久文、程芸倩：《京津冀协同发展的内在逻辑、实践探索及展望——基于协同视角的分析》，《天津社会科学》2023 年第 1 期。

② 王韶华、杨志蔵、张伟 等：《京津冀工业绿色协同发展测度及障碍因子诊断》，《统计与信息论坛》2022 年第 1 期。

③ 李剑玲、樊响：《生态视角的京津冀协同发展实证研究——基于三大城市群比较》，《河北学刊》2023 年第 2 期。

④ 刘立军、刘义臣：《科技金融与实体经济高质量发展耦合协调研究——以京津冀为例》，《经济问题》2022 年第 8 期。

⑤ 陈旭东、王誉、李思梦：《京津冀科技园区科技创新与政府协同治理效应研究》，《科技进步与对策》2022 年第 14 期。

⑥ 马骁：《基于复合系统协同度模型的京津冀区域经济协同度评价》，《工业技术经济》2019 年第 5 期。

区协同发展中面临的三重尺度陷阱①；陈燕和林仲豪通过对粤港澳大湾区的分行业区位熵以及城市间和行业间的灰色关联度进行实证分析，指出各城市在不同产业上具有比较优势，且粤港澳大湾区各城市的产业关联度高，但产业结构趋同②；陈章喜和颛孙冠华认为粤港澳大湾区科技创新和经济高质量发展水平及耦合协调程度在稳步上升，空间差异明显且有进一步加大的趋势③；陈昭和梁淑贞通过建立复合系统协同度模型来测度科技创新协同度，指出粤港澳大湾区城市间、区域间、部门间的科技创新协同度较低，但呈上升态势，各子系统有序度的差异性是导致协同度较低的重要因素④；汤超颖和高晋宇构建政策目标、政策制定主体和政策执行主体的复合系统协同度模型，指出当前粤港澳大湾区科技人才政策复合系统的协调机制尚未形成⑤；李维航等运用固定效应模型检验耦合协调度与地方经济之间的因果关系，发现粤港澳大湾区旅游竞争力和城市化的耦合协调度在波动中上升，且地方经济增长和耦合协调度呈正相关关系⑥；冯锐等运用耦合协调度模型测度粤港澳大湾区科技金融耦合协调度，并对科技金融耦合协调发展的影响因素以及空间溢出效应进行了深入分析⑦；李琼等运用熵值法、耦合协调度模型与核密度估计方法，发现粤港澳大湾区基本公共服务与经济发展耦合作用强且耦合协调水平形成外围低、中心高的空间格局⑧。

（三）长三角区域协同发展

张立和唐洪雷运用复合系统模型、序参量耦合模型，构建城市生态经济协同发展模型和序参量综合协同发展水平模型，实证分析表明长三角城

---

① 刘云刚、张吉星、王丰龙：《粤港澳大湾区协同发展中的尺度陷阱》，《地理科学进展》2022 年第 9 期。

② 陈燕、林仲豪：《粤港澳大湾区城市间产业协同的灰色关联分析与协调机制创新》，《广东财经大学学报》2018 年第 4 期。

③ 陈章喜、颛孙冠华：《粤港澳大湾区科技创新与经济高质量发展耦合协调研究》，《云南社会科学》2021 年第 4 期。

④ 陈昭、梁淑贞：《粤港澳大湾区科技创新协同机制研究》，《科技管理研究》2021 年第 19 期。

⑤ 汤超颖、高晋宇：《科技人才政策复合系统协同度分析：以粤港澳大湾区为例》，《科技管理研究》2022 年第 13 期。

⑥ 李维航、张高军、陈森：《粤港澳大湾区旅游竞争力与城市化的耦合协调度及其对地方经济的影响》，《自然资源学报》2022 年第 3 期。

⑦ 冯锐、高菠阳、陈钰淳：《粤港澳大湾区科技金融耦合度及其影响因素研究》，《地理研究》2020 年第 9 期。

⑧ 李琼、李松林、白杏：《粤港澳大湾区基本公共服务与经济发展耦合协调的时空特征》，《地理科学进展》2022 年第 9 期。

市生态经济处于低度协同状态,各城市序参量综合协同发展水平较高[1];刘新智和沈方运用耦合协调度模型计算得出长江经济带耦合协调水平一直表现为"下游>中游>上游",运用灰色关联分析法得出各流域出现问题的诱因并提出对策建议[2];邵海琴等运用熵值法和耦合协调度模型测算,发现长江经济带旅游资源绿色利用效率与新型城镇化耦合协调度呈现出波动增长的良好态势,各地区耦合协调度空间分布差异明显,具有明显的空间集聚特征[3];傅为忠和刘瑶运用耦合协调度模型和障碍度模型进行研究,发现长三角区域产业数字化与制造业高质量发展的耦合协调水平呈上升态势,但整体水平不高且空间差异较大[4];梁海涛和任保平研究指出 2015—2019 年长三角地区金融与环境系统耦合协调度呈逐步上升态势且存在明显的空间分异特征,其中经济发展水平、产业结构水平、市场化水平等是影响长三角城市群金融与环境耦合协调度时空分异的重要因素[5]。

第二节　协同治理理论

一、协同治理的定义和本质

创立于西方公共行政领域的协同治理(Collaborative Governance)理论,是基于自然科学范畴的协同学理论和社会科学领域的治理理论组合形成的多元治理主体有序化的学科交叉理论。它以协同学为基础,是治理理论在多元复杂时代的新发展,其演化逻辑遵循从革新理念与达成共识到实现有利于参与者共同行动的制度安排与组织设计,再到形成正向激励行动者合作行为的过程[6]。学界对于协同治理的内涵尚无统一定论。联合国全球治理委员会认为,"协同治理是个人、各种公共或私人机构管理其共同事务的诸

---

① 张立、唐洪雷:《长三角城市生态经济协同发展水平测度研究》,《生态经济》2023 年第 4 期。

② 刘新智、沈方:《人力资本积累与产业结构升级的耦合协调研究——以长江经济带为例》,《西南大学学报(社会科学版)》2021 年第 3 期。

③ 邵海琴、吴卫、王兆峰:《长江经济带旅游资源绿色利用效率与新型城镇化的时空耦合协调》,《经济地理》2021 年第 8 期。

④ 傅为忠、刘瑶:《产业数字化与制造业高质量发展耦合协调研究——基于长三角区域的实证分析》,《华东经济管理》2021 年第 12 期。

⑤ 梁海涛、任保平:《长三角城市群金融与环境的耦合协调及时空演化》,《统计与决策》2022 年第 6 期。

⑥ 杨华锋:《协同治理的行动者结构及其动力机制》,《学海》2014 年第 5 期。

多方式的总和，通过具有法律约束力的正式制度和规则，以及各种促成协商与和解的非正式的制度安排，使相互冲突的不同利益主体得以调和并且采取联合行动"[1]。安塞尔（Ansell）和加什（Gash A）将协同治理定义为一种治理安排，即"单一或多个公共机构与非国家部门利害关系人在正式的、以达成共识为目的的、协商的集体决策过程中直接对话，以期制定或执行公共政策或者管理公共项目或财产"[2]。多纳休（Donahue D J）和泽克豪泽（Zeckhauser J R）认为协同治理是"通过与政府以外的生产者共同努力，并与之以共享自由裁量权的方式追求官方选定的公共目标"[3]。协同治理的本质是在共同处理复杂社会公共事务的过程中，通过构建协同创新愿景，建立信息共享网络，达成共同的制度规则，从而消除现实中存在的隔阂和冲突，弥补政府、市场和社会单一主体治理的局限性，促成相关主体的利益协同，实现多元主体共同行动、多个子系统结构耦合和资源共享，从根本上对公共利益产生协同增效的功能[4]。

二、协同治理的特征和性质

（一）协同治理的基本特征

1. 治理主体的多元化

协同治理的前提是治理主体的多元化[5]，即政府不再是唯一的治理主体，市场主体、社会组织、家庭及公众都可以通过寻求合理的一系列有效战略安排参与到公共事务的治理中，实现公共问题的妥善解决和社会收益的最大化[6]。这些主体有各不相同的社会资源、价值理念和利益诉求，在社会系统中保持着竞争与合作的关系。为实现共同目标，以政府为主导的多元治理主体秉持互利互惠原则，能够跨越部门或者组织边界协力合作[7]。

---

① Commission on Global Governance, *Our Global Neighbourhood: The Report of the Commission on Global Governance*, Oxford: Oxford University Press, 1995.

② Ansell C and Gash A, "Collaborative Governance in Theory and Practice", *Journal of Public Administration Research and Theory*, Vol.18, No.4, 2008, pp.543-571.

③ Donahue D J and Zeckhauser J R, "Public-Private Collaboration" // Moran M, Rein M and Goodin R. *The Oxford Handbook of Public Policy*, New York: Oxford University Press, 2008, p.496.

④ 刘伟忠：《我国协同治理理论研究的现状与趋向》，《城市问题》2012 年第 5 期。

⑤ 李汉卿：《协同治理理论探析》，《理论月刊》2014 年第 1 期。

⑥ 周学荣、汪霞：《环境污染问题的协同治理研究》，《行政管理改革》2014 年第 6 期。

⑦ O'Leary R, Gerard C and Bingham L B, "Introduction to the Symposium on Collaborative Public Management", *Public Administration Review*, Vol.66, No.6, 2006, pp.6-9.

2. 治理权威的多样性

协同治理打破了以政府为核心的权威，其他社会主体也可以在公共事务治理中发挥主观能动性，由此实现了治理权威的多样性。通过各主体治理能动性的有效发挥，各主体在产生矛盾和冲突时能够通过制度政策、信息交流和道德劝说等方式，"自觉地"宽容与妥协，促使政府行为获得企业、社会组织和公众最大限度的支持和认可[①]。

3. 治理目标的公共性

协同治理以公共利益最大化为目标，各治理主体通过资源整合和凝聚共识，围绕实现共同治理目标而努力，从而形成共建、共治、共享的协同治理格局。协同治理目标不仅超越了单一治理主体的私利追求，更体现出社会整体福祉的全面提升。为实现治理目标的公共性，各治理主体要在平等、公正的基础上，通过协商、合作等方式，共同确定和追求符合公共利益的治理目标。同时，治理目标的公共性还要求治理过程和结果的公开透明，接受社会监督，确保治理行为符合公共利益要求。

4. 信息网络的共享性

在多元主体参与的协同治理网络中，分权式组织结构和非制度化传播途径会影响各主体间的沟通交流，不同参与主体间建立的信息壁垒会进一步加剧问题严重性[②]。信息是协同治理中的重要资源，通过构建高效的信息网络，各治理主体可以及时了解彼此情况、需求和进展，减少信息不对称和沟通障碍，提高协同治理的效率和效果。此外，信息网络的共享性还有助于增强主体间的信任与合作，为协同治理提供强有力的支撑。

5. 各子系统的协作性

协同治理模式改变了政府与其他子系统管理与被管理、控制与被控制的关系，强调各治理主体之间的互动与协作。各子系统（如政府部门、企业、社会组织、公众）通过打破传统的组织边界，以更加开放、包容的姿态进行协作，共同应对复杂社会的治理挑战。通过协作，各子系统不仅可以充分发挥各自的资源优势和功能优势，还有助于减少资源浪费和重复劳动，形成合力以提高协同治理效能。比如，政府与民间组织、企业等治理主体通过协商对话、相互协作等方式建立良好持久的伙伴关系，共同应对社会公共事务，增进协同治理的民主性与科学性。

---

① 郑巧、肖文涛：《协同治理：服务型政府的治道逻辑》，《中国行政管理》2008 年第 7 期。
② 胡颖廉：《推进协同治理的挑战》，《学习时报》2016 年 1 月 25 日。

6. 系统整体的动态性

外界社会环境是纷繁复杂和不断变化的，各方治理主体的角色、资源和能力也会随着环境的变化而发生改变，加之治理问题与现实挑战也处于不断演变之中，新的社会问题不断涌现，旧的问题也可能以新的形式重新出现。因此，各主体都有责任和义务共同建立起在不同时间、地点和行动领域之间的功能联系和相互依存关系，寻求多元互动与协作的权力运作方式。各治理主体要遵循动态和权变原则，力图建立共同愿景，鼓励新的序参量的产生，为各自的行为结果负责，使系统在不断生成和转化的过程中达到更高级的平衡。

7. 社会秩序的稳定性

在协同治理过程中，通过多元主体之间的合作与协调，共同维护社会安定、有序与和谐，确保社会秩序不受各种内外部因素的干扰和破坏。比如，政府部门制定和执行相关法规政策，提供公共服务，维护公共安全；市场主体遵守法律法规，积极践行社会责任，推动经济高质量发展；社会组织积极参与社会治理，提供优质社会服务，促进社会公平正义；公众个体自觉有序参与社会事务，共同维护社会秩序。

8. 治理结果的超越性

在对社会发展的推动上，协同治理不仅解决了当下的社会问题，还为社会的长远发展提供理论指导，推动了社会的进步与繁荣。在对治理机制的创新上，通过协同治理具体实践，可以不断完善和创新协同治理机制，提高协同治理水平，为后续治理工作提供宝贵的经验和借鉴。在提升公众参与意识和能力上，协同治理鼓励社会公众积极参与，通过参与公共事务治理过程，公众的参与意识和能力逐步得到提升，为未来的民主治理和社会自治厚植群众基础。

（二）协同治理的主要性质

学者们围绕协同治理的目标、主体、关系、结构、方式，分别赋予该理论四种性质：一是多中心性质，各行动主体具有相对独立性，且以各自为中心，通过跨部门、跨地区的横向协商与合作，共同参与解决区域治理问题[1]；二是网络化性质，网络成员基于相互信任与认同，通过协商与分权

---

① Lubell M, Mewhirter J and Berardo R, "The Origins of Conflict in Polycentric Governance Systems", *Public Administration Review*, Vol.80, No.2, 2020, pp.222-233.

的制度安排，形成相互依赖与平等协作的关系，共同承担区域治理责任[1]；三是自组织性质，协同治理主体根据系统内外环境的变化，自发主动地调整自身行为及与其他主体之间的互动关系，最终实现系统整体的有序运转[2]；四是整体性性质，在众多行动者中要有一个居于核心位置的关键角色，一般这个角色由政府扮演，在它的统一领导与协调下，其他行动者能够在认同彼此观念的基础上实现资源有效整合[3]。

进一步分析可知，多中心和网络化赋予协同治理强烈的"去政府中心主义"色彩，即要打破政府掌控其他治理主体的局面，营造一种多元主体相对独立、平等合作的共治氛围。这两种性质与西方国家倡导的"小政府、大社会"治理理念相一致，但并不符合中国语境下的治理逻辑，与中国强调党政全面领导作用的治理实践形成较大张力[4]。自组织则对参与治理的个体提出了较高要求，各治理主体不仅要能洞悉周围环境的变化，具备较强的自我管理、自我调节与自我更新的能力，而且要善于与其他主体达成合作共识，进而建立良好的互动关系，以取得"1+1>2"的治理成效。虽然自组织性质对于创新治理理念做出了一定的贡献，但要付诸实践并非易事，有可能面临失效和失范的风险。特别是在中国治理场域内，各治理主体之间的能力水平差距较大，现阶段还难以完全通过自组织方式达成善治目标。在仍需以"强政府、大社会"作为建立我国公共治理体系基本思路的新时代[5]，整体性因其可以有效回应科层制与新公共管理中的分散性与碎片化问题，故而能够很好地满足"强政府"的治理要求。

三、协同治理的应用场景

协同治理理论被广泛应用于公共管理学科范畴。比如，樊博和聂爽通过构建"结构—机制—效能"分析框架，对我国应急协同治理的数字化嬗变进路进行全链条的机理阐析[6]；李振锋和王翔君以社团结构和行动秩序两个维度对老旧小区改造中的协同治理机制进行分解重构，阐释老旧小区

---

① Ansell C and Torfing J, "How Does Collaborative Governance Scale?", *Policy & Politics*, Vol.43, No.3, 2015, pp.315-329.

② Innes J E, Booher D E and Di V S, "Strategies for Megaregion Governance: Collaborative Dialogue, Networks, and Self-organization", *Journal of the American Planning Association*, Vol.77, No.1, 2010, pp.55-67.

③ 赵树迪、周显信：《区域环境协同治理中的府际竞合机制研究》，《江苏社会科学》2017 年第 6 期。

④ 赖先进：《治理现代化场景下复合型协同治理及实现路径》，《理论视野》2021 年第 2 期。

⑤ 袁祖社、张媛：《人类命运共同体的理论境界与中国道路的实践选择》，《西安财经大学学报》2021 年第 1 期。

⑥ 樊博、聂爽：《数字空间政府的应急协同治理——基于"结构—机制—效能"框架的阐析》，《行政论坛》2023 年第 6 期。

改造中多元主体参与实践的协同机制和实际效果[①]；吴金兴和祝哲从"行为人"视角构建分析框架，对于实践中拥有较强避责逻辑的基层官员并非总会选择协同治理以规避问责这种与理论本身相悖的现象进行探究，以加深对基层政府开展协同治理决策过程的理解[②]；孙宗锋和席嘉诚以政务服务"跨省通办"为例，构建数字化协同治理议题下技术与组织的互构分析框架，并对政务服务"跨省通办"的实践类型进行分析与解读[③]；方舒以协同治理为研究视角，从各地丰富的实践案例出发，对"三社联动"的基本内涵、历史定位、实践进程和逻辑架构进行了详细探讨[④]；唐亚林和于迎从大都市圈协同治理视角考察长三角地方政府事权划分的核心内容，对上海大都市圈地方政府事权划分的创新思路、顶层设计与推进路径进行了系统阐述[⑤]；肖富群和蒙常胜针对京津冀大气污染区域协同治理中的利益冲突与协调问题，以多案例比较分析为研究方法，对京津冀大气污染区域协同治理中利益冲突协调的内在影响机理及其协调机制进行深入解析[⑥]；陈世香和黄冬季以城市社区公共文化服务供给为研究对象，分析社区在提供公共文化服务过程中如何与其他行动者建立协同关系，解决集体行动困境，共同提升社区公共文化服务供给效能[⑦]；王俊敏和沈菊琴基于协同论视角构建跨域水环境的流域政府协同治理分析框架，进而通过建构旨在激活跨域水环境流域政府协同治理系统自组织性的协同机制，有效应对跨域水污染负外部性扩散问题[⑧]。

协同治理理论还被运用到社会科学的其他学科领域。在政治学领域，

① 李振锋、王翔君：《老旧小区改造中协同治理的模式比较研究——基于对北京市 3 个治理案例的考察》，《湖北社会科学》2023 年第 10 期。

② 吴金兴、祝哲：《"行为人"视角下的避责逻辑与协同治理——一项情景实验》，《公共管理评论》2023 年第 3 期。

③ 孙宗锋、席嘉诚：《数字化协同治理的类型及其逻辑——以政务服务"跨省通办"为例》，《电子政务》2023 年第 10 期。

④ 方舒：《协同治理视角下"三社联动"的实践反思与理论重构》，《甘肃社会科学》2020 年第 2 期。

⑤ 唐亚林、于迎：《大都市圈协同治理视角下长三角地方政府事权划分的顶层设计与上海的选择》，《学术界》2018 年第 2 期。

⑥ 肖富群、蒙常胜：《京津冀大气污染区域协同治理中的利益冲突影响机理及协调机制——基于多案例的比较分析》，《中国行政管理》2022 年第 12 期。

⑦ 陈世香、黄冬季：《协同治理：我国城市社区公共文化服务供给机制创新的个案研究》，《南通大学学报》（社会科学版）2018 年第 5 期。

⑧ 王俊敏、沈菊琴：《跨域水环境流域政府协同治理：理论框架与实现机制》，《江海学刊》2016 年第 5 期。

芮国星基于协同治理理论，从主体协同、资源协同和行动协同出发，提出政治舆论引领力建设的多维协同路径①。在图书馆、情报学和档案学领域，韦景竹和王政基于协同治理理论，探究公共文化数据协同治理的内涵和范畴，并构建了多层次、全过程、多要素的公共文化数据协同治理理论框架②；伍婉华等根据协同治理理论，并运用档案管理方法，对非遗档案管理模式提出优化策略③。在传播学领域，吕铠和钱广贵为有效防范和消除广告内容化生存的传播伦理困境，从协同治理角度提出对策建议④。在经济学领域，陈婕在分析长三角地区各城市零售业同质化程度的基础上，以协同治理理论为指引提出相应的改进对策⑤。在法学领域，刘志仁结合黄河流域典型地方的司法协作运行实践，以协同治理为研究视角，探究黄河流域生态环境协同治理的司法协作机制⑥。在社会学领域，喻月慧和李珍通过梳理与分析我国儿童健康保障的现状与问题，提出三医协同治理的应对思路⑦。

第三节　府际协同理论

一、府际关系

20 世纪 30 年代，美国联邦政府为应对经济大萧条实施的新政带来的诸多社会问题，比如地方政府对其违宪的质疑，积极主动寻求与州政府之间的合作，以探索新的公共服务供给模式，这种政府间新型互动关系的思路成为府际关系研究的雏形。府际关系（Intergovernmental Relations）一词最早出现在 1935 年的美国《社会科学百科全书》中，后来以其作为核心概念的文章逐渐增多，表明西方学者逐渐意识到政府间管理问题的重要性。

---

① 芮国星：《基于协同治理视域的政治舆论引领力建设路径研究》，《内蒙古社会科学》2024 年第 1 期。

② 韦景竹、王政：《公共文化数据协同治理研究：内涵、范畴与理论框架》，《图书情报知识》2022 年第 6 期。

③ 伍婉华、苏日娜、王蕾：《协同治理理论视角下非遗档案管理研究》，《图书馆建设》2022 年第 1 期。

④ 吕铠、钱广贵：《广告内容化的传播伦理困境与协同治理》，《当代传播》2022 年第 1 期。

⑤ 陈婕：《协同治理背景下长三角地区零售业同质化现状与对策》，《商业经济研究》2023 年第 12 期。

⑥ 刘志仁：《黄河流域生态环境协同治理司法协作机制的建构》，《法学论坛》2023 年第 3 期。

⑦ 喻月慧、李珍：《中国儿童健康保障现状、问题及三医协同治理策略》，《社会保障研究》2023 年第 3 期。

安德森（Anderson W）对府际关系做出的解释是纵向各级与横向各类政府主体的系列重要行为及它们之间的相互作用[①]。阿尔蒙德和鲍威尔将府际关系视为各级政府及部门间的互动关系，包括"国家-区域-地方政府-各类组织"之间的互动[②]。格拉布（Grubbs W J）和登哈特（Denhardt B R）认为府际关系是为了发展及执行公共计划所包含的政府各层级间所有复杂且相互依赖的关系[③]。赖特（Wright S D）指出府际关系的研究范式可以动态观察政府间的政治发展，着重强调政府间的相互依赖性和复杂性以及政府间管理政策协调的重要性[④]。多麦尔在《政府间关系》一文中指出，如果说政府间关系的纵向体系接近于一种命令服从的等级结构，那么横向政府间关系则可以被设想为一种受竞争和协商的动力支配的对等权力的分割体系[⑤]。可见，横向政府间关系包括"竞争"与"合作"两个关键维度，前者可以增进政府办事效率与行为动力，但要以政府间良性有序竞争为前提，而后者往往可以促使合作主体走向共赢。因此，推动府际合作是各级各地政府需要践行的重要任务。近年来，国外关于府际关系的研究多围绕府际生态系统构建[⑥]、应对公共突发事件的经验和理路[⑦]、跨域政府参与公共服务供给[⑧]、政府间合作治理公共事务[⑨]等展开。

　　受西方学者研究的启发，国内学者对府际关系的研究根植于我国政府间关系现状。自 1994 年分税制改革增强了地方政府的行政自主性以来，我

---

① Anderson W, *Intergovernmental Relations in Review*, Minneapolis: University of Minnesota Press, 1960.

② [美]加布里埃尔·A. 阿尔蒙德、小 G. 宾厄姆·鲍威尔：《比较政治学：体系，过程和政策》，曹沛霖等译，上海：上海译文出版社，2007.

③ Grubbs W J and Denhardt B R, "Collaboration and Allegory Extending the Metaphor of Organizational Culture in the Context of Interorganizational Change", *Research in Organizational Change and Development*, Vol.12, 2000, pp.59-96.

④ Wright S D, "Intergovernmental Relations: an Analytical Overview", The Annals of the American Academy of Political and Social Science, Vol.416, No.1, 1974, pp.1-16.

⑤ [美]理查德·D. 宾厄姆：《美国地方政府的管理：实践中的公共行政》，北京：北京大学出版社，1997.

⑥ Wallner J, "Ideas and Intergovernmental Relations in Canada", *Political Science & Politics*, Vol.50, No.3, 2017, pp.717-722.

⑦ Benton J E, "Challenges to Federalism and Intergovernmental Relations and Takeaways amid the COVID-19 Experience", *The American Review of Public Administration*, Vol.50, No.5-6, 2020, pp.536-542.

⑧ Styrin E, Mossberger K and Zhulin A, "Government as a Platform: Intergovernmental Participation for Public Services in the Russian Federation", *Government Information Quarterly*, Vol.39, No.1, 2022, 101627.

⑨ Mumtaz M, "Intergovernmental Relations in Climate Change Governance: A Pakistani Case", *Global Public Policy and Governance*, Vol.3, No.4, 2023, pp.116-136.

国府际关系开始呈现多样化和复杂化的发展态势,这也为理论界展开研究提供了丰富的素材与广阔的空间。事实上,对政府而言,利益关系是政府间关系中最根本、最实质的关系。政府间关系首先是利益关系,然后才是权力关系、财政关系、公共行政关系①。较早研究府际关系的国内学者林尚立认为,府际关系包含纵向的中央政府与地方政府之间的关系、横向的各地区政府间的关系,并指出纵向府际关系主导了我国府际关系的大体架构,是府际关系的中轴②。谢庆奎将府际关系界定为政府间在垂直和水平上的纵横交错关系以及不同地区政府之间的关系,再现形式包括中央政府与地方政府、地方政府之间、政府部门之间、各地区政府之间的关系,其实质是政府之间的权力配置和利益分配关系,具有范围广、动态性、人际性、执行性、应付性和协商性的特征③。在对府际关系进行综合研究的基础上,张志红和张紧跟分别对纵向府际关系与横向府际关系展开深入研究④⑤。可以说,国内学界围绕府际关系主流理论在中国语境下的适用性转译、府际合作碎片化的整合以重构区域一体化框架、在纵向与横向政府间关系可协调视角探讨公共事务的协同治理空间等三方面,基本形成了对府际关系"竞争—竞合—合作—协同"的研究演进脉络⑥。

二、府际协同

(一)府际协同的内涵

府际协同概念兴起于 20 世纪 60 年代的美国,由府际关系演化而来。在全球化、城市化以及区域一体化趋势的推动下,政府间协同合作的重要性日益凸显,中央与地方政府之间、地方政府之间、地方政府各部门之间以及跨国政府之间都需要通过协同合作来应对日益增多和日趋复杂的公共问题。在此过程中,作为府际关系高级形态的府际协同逐渐为学界所关注。如莱斯(Nice C D)将美国联邦与各州的府际关系权力运作模式划分为竞争模式、依赖模式与功能模式三种⑦。皮埃尔·卡蓝默认为政府在不断演进过程中,

① 汪伟全:《区域合作中地方利益冲突的治理结构研究》,《中国行政管理学会 2011 年年会暨"加强行政管理研究,推动政府体制改革"研讨会论文集》2011 年。

② 林尚立:《国内政府间关系》,杭州:浙江人民出版社,1998 年。

③ 谢庆奎:《中国政府的府际关系研究》,《北京大学学报》(哲学社会科学版)2000 年第 1 期。

④ 张志红:《当代中国政府间纵向关系研究》,天津:天津人民出版社,2005 年。

⑤ 张紧跟:《当代中国地方政府间横向关系协调研究》,北京:中国社会科学出版社,2006 年。

⑥ 陈井安、池瑞瑞:《新发展格局下成渝府际协同研究:演进过程、面临挑战与实现路径》,《软科学》2022 年第 12 期。

⑦ Nice C D, *The Intergovernmental Setting of State-Local Relations*, New York: Routledge, 2018.

会更加注重通过区域间多个地区政府的协作来解决社会公共问题，并提出政府治理社会公共问题的首要目标是要实现生态环境与社会发展间的平衡①。麦奎尔（McGuire M）主张制度是府际协同的基石，需要建立起府际合作机制，达成一致的管理理念，构建起信息共享机制②。可以说，府际协同概念的由来和发展与政府间关系的演变密切相关，反映出政府间为应对复杂公共问题而寻求协同合作的趋势，也为现代政府治理提供了新的思路和方向。

所谓府际协同，也即政府间的协同，是指在政府组织内部产生一系列的协同合作与交互行动，各级政府之间以及政府相关部门之间建立起非委托关系，在共同利益面前自愿、平等地合作，以相互协调的方式整合资源，进行利益分配并共同承担风险，解决个别政府或部门无法解决的问题，或者是想解决而无法解决的问题，最大限度地发挥治理的整体效应，最终形成"1+1>2"的良性协同治理格局③。由府际协同概念，可进一步解构出以下三个要点：

第一，以"协同"为基础的关系型式。经由府际关系演进产生的府际协同既包括纵向上的中央与地方政府间的协同，也涉及横向上的地方政府间以及政府各部门间的协同治理过程。与府际关系一样，府际协同也存在"好与坏""积极与消极""合作与冲突"的区别。因此，强调府际"协同"也就意味着府际关系应排除各种负面的可能性，并以协调与合作作为其唯一选择。

第二，强调彼此间的行动协调。既然协调与合作是府际协同的唯一选项，那么府际关系中的各个成员自然应采取实际行动来排除可能产生的负面互动方式。又因为是非委托关系，所以各成员自然也应舍弃本位主义观念，并以实际行动支持整体绩效的达成。

第三，希望促成互利互惠的结果。在来自外界环境挑战以及社会对政府诸多期望的时代背景下，府际协同不应为了协同而协同，而是希望借此发挥成员间互利互惠的功能，促成共赢结果的出现。换言之，府际协同应能使各成员均获得相对公平公正的收益，这种协同才有意义和价值，协同

---

① ［法］皮埃尔·卡蓝默：《破碎的民主：试论治理的革命》，高凌瀚译，北京：生活·读书·新知三联书店，2005.

② McGuire M, "Collaborative Public Management: Assessing What We Know and How We Know it", *Public Administration Review*, Vol.66, No.s1, 2006, pp.33-43.

③ 饶常林：《府际协同的模式及其选择——基于市场、网络、科层三分法的分析》，《中国行政管理》2015年第6期。

关系才能长久维系下去。

（二）府际协同的目标

府际协同是为了实现和增进公共利益，政府纵向各层级之间、平级政府之间以及政府各部门之间彼此合作，在相互依存与交互影响的环境中分享权力与分担责任，共同推进公共事务的治理。其基本目标在于：

1. 提高政策执行效率

府际协同的首要目标是提高公共政策的执行效率。在复杂多变的治理环境中，单一政府往往难以独自应对跨地域、跨领域的公共问题。通过府际协同，各级各地政府可以共享信息、整合资源、协调行动，形成合力，从而提高政策执行的效率和质量。例如在应对突发性公共事件时，不同地区的政府可以通过构建协同机制实现快速响应和有效调配救援资源，以减少损害的发生。

2. 优化资源配置

府际协同有助于打破地域限制和行政壁垒，促进资源在更大范围内的流动和共享。不同地区的政府在资源禀赋、发展水平等方面存在差异，通过协同合作，各级政府可以根据各自的优势和需求，实现资源的优势互补与合理流动。这种优化配置不仅体现在物质资源上，还包括人力资源、信息资源等。府际协同不仅可以提升资源的利用效率，还能促进区域间的均衡发展和协同进步。同时，府际协同还能促进政府间的信息共享和经验交流，为资源配置提供更加科学和全面的依据。

3. 促进区域均衡发展

府际协同在促进区域均衡发展方面同样发挥着重要作用。在经济发展、公共服务等领域，不同地区往往存在发展不平衡的问题。通过府际协同，发达地区可以向欠发达地区提供资金、技术、人才等方面的支持，帮助欠发达地区加快发展步伐，缩小区域发展差距；欠发达地区可以借鉴发达地区的成功经验和做法，结合自身实际进行创新与发展。这样一来，既可以推动发达地区与欠发达地区之间的合作与交流，实现资源共享、经验互鉴，促进区域间的均衡发展，还有助于缩小区域差距，提升区域整体发展水平。

4. 增强政府回应性

府际协同强调政府间的横向合作与纵向协调，有助于增强政府回应性，进而形成更加灵活和高效的政府服务体系。在多元化的社会背景下，公众对于政府服务的需求日益呈现出多样化与个性化的发展趋势，通过府际协同，各级政府可以更加全面地了解公众需求、偏好和期望，及时回应社会关切和热点问题。这种回应性的增强有助于提升政府的公信力和满意度，增强政府与公众之间的互动和信任。

5. 构建整体性治理体系

府际协同致力于构建整体性治理体系，以有效应对现代社会治理中存在的碎片化、条块分割等问题。通过府际协同，各级各地政府可以打破部门壁垒和地域限制，推动政府间的横向合作与纵向协调，实现跨部门、跨领域的综合治理和服务供给。这种整体性治理体系以公众需求为导向、以协同合作为手段、以实现公共利益最大化为目标，更加注重政府与社会、市场等多元主体的合作与互动，有助于提升政府的治理能力和水平，是现代政府治理的重要发展方向。

（三）府际协同的类型

对应府际关系中的纵向与横向两种类型，可将府际协同分为纵向府际协同与横向府际协同。

1. 纵向府际协同

纵向府际协同也被称为纵向政府间协同，是指具有隶属关系的上下级政府之间的协同关系，主要包括中央政府与地方政府之间的协同、地方各级政府之间的协同。纵向府际协同关系的本质在于实现不同层级政府间的有效合作与协调，以便更好地履行政府职能，提供高质量的公共服务，并推动公共政策的顺利实施。

纵向府际协同有助于确保政府间的政策一致性、资源的有效配置以及信息的顺畅流通，然而在现实中，纵向府际协同仍面临诸多问题和挑战。比如，不同层级政府之间可能存在利益冲突和目标不一致的情况，导致协同难度增加；纵向政府间协同还需要克服信息不对称、沟通不畅等障碍。为此，可采取以下方式加强纵向政府间的协同：

一是完善纵向府际协同相关政策。加强纵向府际协同还需要有完善的政策体系作为保障，因此，应制定和健全相关法律法规和政策文件，明确各级政府间的职责权限和协同义务，规范各级政府间的协同行为和协同程序。与此同时，还应加强对相关政策的执行力度，提高纵向政府间的法治意识和协同自觉性。

二是建立有效的信息沟通机制。纵向府际协同需要建立起高效便捷的信息沟通机制，以确保政府间信息的顺畅流通。各级政府之间可通过定期召开会议就重大政策、重要事项进行协商和讨论，以及共同建立信息共享平台等措施，加强上下级政府之间的信任与互动，为协同工作打下良好基础。

三是加强纵向政府间的政策协调。政策协调是纵向府际协同的重要内容之一，可通过建立政策协调机构，专门负责研究与推进纵向政府间的政策协调与整合工作。在制定公共政策时，上级政府应充分考虑下级政府的实际情况和利益诉求，同时，下级政府也应积极响应和执行上级政府的政策，确保政策在各级政府间有效落实。

2. 横向府际协同

横向府际协同是指不具有行政隶属关系的同级政府或不同区域政府之间的协同合作。同级地方政府间横向协同的初衷是致力于不同协同主体的协同合作，以解决越来越复杂的跨域治理难题；而跨区域政府间的合作与协同是公共行政的传统议题，不同的学术社群从不同视角为政府间横向协同的背景、类型、条件、静态和动态机制贡献了理论元素[①]。

横向府际协同不仅有助于解决诸如环境污染、交通堵塞等跨区域问题，还可以增强区域间的经济、科技、文化、社会等各方面的交流与合作，促进区域协调发展。但在具体实践中，横向府际协同还存在制度障碍、利益纷争、机制缺失等困境。基于此，可通过实施以下措施推动横向府际协同的良性发展：

一是突破制度障碍。横向政府间可通过跨越行政壁垒、优化管理体制、完善相关制度政策等方式，为横向府际协同提供制度和法律保障。比如，粤港澳大湾区涉及广东、香港和澳门等多个行政区域，且存在较大的制度差异。为推动粤港澳大湾区政府间的协同发展，粤港澳三地政府通过优化行政区划、调整管理体制、健全相关制度政策等举措，减少制度因素对府际协同合作的阻碍，从而有效促进了粤港澳大湾区的协同发展进程。

二是加强利益协调。横向政府间可通过制定科学合理的利益分配方案、建立利益补偿机制等方式，平衡各地政府间的利益关系，减少利益纠纷与冲突。比如，为推动京津冀协同发展，需平衡各方利益，为此，三地政府制定了相关政策，确保各地在协同发展中能够获得合理收益；此外，

---

① 杨志云、毛寿龙：《制度环境、激励约束与区域政府间合作——京津冀协同发展的个案追踪》，《国家行政学院学报》2017 年第 2 期。

三地政府还建立了利益补偿机制，目的是适当补偿在协同发展中可能受损的地区。

三是构建协同机制。为了有效促进横向政府间的协同合作，确保协同行动的一致性与有效性，需构建相应的协同机制。比如，长江流域涉及多个省份，为了推动长江经济带的协同发展，相关省份逐步建立起协同发展机制，即通过定期召开长江经济带协同发展会议，各省共同商讨协同发展策略、分享协同发展经验，协调解决跨区域的重大问题；相关省份还共建信息共享平台，促进彼此间的信息互通。

第四节　政策协同理论

一、政策协同的概念

政策协同（Policy Synergy）最早由经济合作与发展组织（OECD）提出，是指不同政府及政府部门通过沟通对话使公共政策互相兼容、协调、支持，以解决复杂问题和实现共同目标的方式，并且进一步提出了政策协同的三个维度[①]：

第一，横向协同旨在确保单个政策之间相互支持，尽量避免政策目标相互冲突或政策内容不一致。

第二，纵向协同旨在确保政策产出（包括对公民提供服务）能够与决策者的原初意图相一致。换言之，纵向整合着眼于政策执行或政策规定向期望结果的转化过程，关注点是相关主体之间沟通和激励机制的完善。

第三，时间序列协同旨在确保当今政策在可预见的未来具有持续效力。这主要包括两点，一是突出公共政策的前瞻性，二是为根据环境变化进行政策调整做出合理的制度安排。

政策协同是综合了多个政策术语的宏观概念，也被表述为政策组合、政策协调、政策整合、政策一致等，其本质是在政策制定过程中允许并主动寻求多方政策主体自身的合理需求，在综合考量多方政策主体需求、偏好和利益的基础上，通过建立一种有效可执行的合作机制，政策主体之间得以通力合作，从而有效弥补单个政策主体的薄弱力量缺陷，促使政策之

---

① Organization for Economic Co-Operation and Development, *Government Coherence: the Role of the Center Government*, Budapest: Public Management Committee, 2000.

间满足兼容性与协调性，以保证达到良好的政策实施效果。政策协同并非一个静止的概念，而是涉及多元主体的集体行动与互动过程[①]。探讨如何在不消除部门边界的前提下，通过部门之间的功能、结构、资源的整合与有效合作，推动部门之间实现交互式、一体化的管理效果，进而实现公共服务的无缝隙提供，乃是政策协同的主要目标。

学者们主要从状态（Status）、过程（Progress）、能力（Ability）三个角度阐述政策协同的概念[②]。状态论认为政策协同是政策实施所达到的一种理想状态，主要由政策要素之间、政策子系统之间相互配合决定，形成不同于单独微观子系统简单加总的宏观系统功能[③]；过程论强调政策协同不是一种静态表达，而是政策要素相互配合的动态过程[④]；能力论更偏向于把政策协同视为一种内生能力，使政策实施的整体表现优于部分相加的总和，或至少防止解体和碎片化的一种能力[⑤]。虽然学界对于政策协同的概念尚未形成相对统一的意见，但都强调政策主体之间协调配合、形成合力，避免政策文本之间出现不兼容、不协调等问题，以实现优化政策实施效果的目的。

二、政策协同的主要特征

（一）主体多元性

政策协同所涉及的主体是多方面的，即不是单一政府部门或机构的独立行为，而是涉及多个政府层级、多个政府部门以及非政府组织、企业、社会公众等多方利益相关者的共同参与。中央政府与地方政府之间、地方政府之间、不同政府部门之间在政策制定过程中协同合作，有助于确保政策的连贯性和一致性，同时能够充分利用不同政府部门的专业知识和特定资源。政府与诸如非政府组织、企业、社会公众等外部利益相关者在政策制定中协同合作，有助于为政策制定者提供不同视角和观点，增强政策的

① 蔚超：《政策协同的内涵、特点与实现条件》，《理论导刊》2016 年第 1 期。

② Matei A and Dogaru T C, "Coordination of Public Policies in Romania. An Empirical Analysis", *Procedia-Social and Behavioral Sciences*, Vol.81, No.2, 2012, pp.65-71.

③ Peters B G, "Managing Horizontal Government: The Politics of Co-Ordination", *Public Administration*, Vol.76, No.2, 1998, pp.295-311.

④ 周英男、柳晓露、宫宁：《政策协同内涵、决策演进机理及应用现状分析》，《管理现代化》2017 年第 6 期。

⑤ Metcalfe L, "International Policy Co-Ordination and Public Management Reform", *International Review of Administrative Sciences*, Vol.60, No.2, 1994, pp.271-290.

民主性与可行性。然而，实现主体多元性也面临一些挑战，如不同主体间的利益冲突、协调成本较高等问题，需要通过有效的制度设计和机制安排加以解决。

（二）政府主导性

政府作为核心主体应在政策协同过程中发挥主导和引领作用，以此体现政府的核心地位与重要责任，同时这也意味着政府需要积极引导和协调各方力量，确保政策目标的实现。一方面，政府在政策制定中扮演关键角色。政府需要根据国家发展战略和社会需求，制定具有全局性、战略性和前瞻性的政策，还要通过公开透明的决策过程，广泛听取各方意见，确保政策的科学性与合理性。另一方面，政府在政策协同中发挥引领作用。政府要积极引导和协调各方力量，形成政策合力，比如加强政府内部各部门之间的协同合作，推动政府与外部利益相关者之间的协同配合，以及引导社会各界积极参与政策协同过程等。

（三）过程渐进性

协同过程的渐进性指政策协同的实现是一个逐步演进、逐步优化的过程，而非一蹴而就的突变，由此反映出政策协同的复杂性和长期性，以及政策环境、政策问题和政策参与者的动态变化性。一是政策制定主体之间的共识需要逐步建立。由于政策制定者是以"理性经济人"身份参与公共政策的制定，他们会将所辖行政区域的利益摆在首位，因此若要实现政策协同，需要各方政策制定主体求同存异，努力达成共识，而这个过程是需要消耗时间的。二是政策协同的目标和方案是逐步明确的。在政策制定初期，由于外界存在各种不确定性和复杂性，政策目标和实施方案可能并不完全清晰。因此，需要政策制定者通过不断调研、讨论和协商，逐步明确政策目标和协同方案。三是政策协同的效果是逐步显现的。由于政策协同的效果并非立竿见影，而是需要一定的时间才能显现出来，因此需要保持政策的连续性和稳定性，持续推动政策协同的深入发展，才能最终实现政策目标。

（四）效果有限性

政策协同对于推动组织间合作具有明显作用，但协同本身的效果是有限度的，并非所有合作行为都是有益的，缺少适度冲突的组织反而更容易陷入僵化和衰落①。政策协同并不意味着不同层级、不同部门的政府在所有问题上都能实现合意，更不是单纯强调下级服从上级或者上级迁就下级。尽管协同是一个比竞争、冲突看似更加友好和更受欢迎的概念，但这并不意味着协同的效果一定会优于竞争与冲突。这是因为协同过程往往伴随着复杂的资本、权力、关系、价值的重新整合与重新分配，这一过程所耗费的成本可能会大于政府间因良性竞争产生的收益。由于政策协同所涉及的主体众多，多个领域之间相互依赖，利益关系相对复杂，因此政策协同过程也就存在出现僵局的可能性，协同效果也将大打折扣。

三、政策协同的意义

（一）提升政策实施效能

政策协同能够有效避免政策碎片化以及政策之间的冲突，减少政策资源的浪费。通过协同，各项政策可以形成合力，共同作用于社会经济发展的各个领域，从而提高政策的整体效率和效果。例如在城市治理中，交通政策、住房政策和环保政策需要协同考虑，以避免因各自为政导致交通拥堵、住房紧张和环境恶化等问题同时出现。通过各类政策之间的协同，可以实现交通顺畅、居住舒适和环境友好的城市发展目标。

（二）增强政府治理能力

政策协同要求各级各地政府之间以及政府各部门之间加强沟通、协调与合作，形成政策合力。这不仅有助于打破行政壁垒，减少政策执行中的梗阻和摩擦，还有助于提高政府治理的整体效能。此外，政策协同促使政府更加注重政策的前瞻性、系统性和连续性，从而提高政策制定和执行的科学化和规范化水平。比如在地方政府制定关于供电"转改直"政策时，涉及发改委、工信局、供电局等多个政策参与主体，通过政策协同，可以打通企业用电的"肠梗阻"，杜绝"中间商赚差价"现象，降低企业用电成本，优化地方营商环境。

（三）促进经济稳定增长

在经济领域，财政政策、货币政策、产业政策等需要协同配合，以实现社会经济的稳定增长。具体来看，财政政策可以通过调整税收和支出，影响社会总需求；货币政策则通过调节货币供应量和利率，影响市场流动

---

① 蔚超：《政策协同的内涵、特点与实现条件》，《理论导刊》2016 年第 1 期。

性；产业政策则通过引导资源配置，优化产业结构。这些政策的协同作用，有助于保持经济的平稳运行，防范和化解经济风险。以财政政策和货币政策的协同为例，当经济面临衰退时，政府可以通过增加支出和减税来刺激总需求，同时中央银行可以通过降低利率来增加流动性。反之，当经济过热时，国家通过协同的紧缩政策可以避免通货膨胀和资产泡沫。

（四）推动社会全面进步

社会政策协同对于促进教育公平、提高医疗卫生水平、保障社会弱势群体权益等方面具有重要作用。例如，在教育领域，通过协同各项教育政策，可以推动教育资源的均衡配置，提高教育质量，促进教育公平。在医疗卫生领域，政策协同有助于完善医疗服务体系，提高医疗服务水平，保障人民群众的健康权益和生命安全。

（五）推进区域协调发展

在区域发展方面，政策协同有助于缩小区域内各地发展差距，推动区域协调发展。通过制定区域协同发展战略和相关政策措施，可以促进资源在各地区的合理流动和优化配置，增强区域发展的整体性和协调性，这对于实现区域经济的均衡增长、促进社会和谐稳定具有重要意义。比如我国实施的京津冀协同发展战略、长江经济带发展战略，便是通过政策协同推动区域内各省市的基础设施建设、产业升级、科技创新与生态保护协同发展。

四、政策协同的分析维度

（一）要素—系统维度

研究政策协同可以从单要素、多要素、系统等多个维度进行分析。基于单要素维度，可以从政策发布主体、政策目标或者政策工具等单个要素出发，对政策协同状况进行深入分析；基于多要素维度，一般将政策发布主体、政策目标、政策工具等共同纳入政策协同研究框架，多维度分析政策协同情形；基于系统维度，主要是客观分析政策要素、政策子系统以及整个系统间的协同情况。

（二）领域维度

基于领域维度的分析是指同一领域或不同领域的政策协同研究。前者着眼于政策制定主体如何在相同领域内进行合作交流，以实现同一领域内各类政策之间的协同。后者则关注某一政策领域内的政策主体是否会影响其他政策领域的政策主体，以及如何应对处理分属不同领域的政策协同问题。

（三）方向维度

方向维度是指在政策制定过程中各级各类政策制定主体合作的水平方向，包含横向与纵向两个维度。横向维度的政策协同是指在协同时空范域内的同级政府之间或者同一政府内部不同职能部门之间，在制定政策时要考虑彼此间的政策目标、政策工具、政策内容等是否协同。纵向维度的政策协同指的是属于同一协同范围中的不同层级的政府，在制定政策时应考虑政策文本各要素的协同性问题。

第七章　基于新发展理念的环渤海大湾区协同发展水平测评

第一节　环渤海大湾区协同发展水平测评系统建构

党的十八大以来，以习近平同志为核心的党中央着眼于国内国际两个大局，坚持问题导向，把准目标定位，深刻总结历史经验与发展实践的客观规律，创造性地提出创新、协调、绿色、开放、共享的新发展理念，为中国经济社会高质量发展确立了总体思路，指明了基本方向，明晰了主要着力点。新发展理念坚持马克思主义政治经济学基本原理同新时代中国经济建设实践相结合，把发展目标定位于增进人民的根本利益，把发展所依靠的力量植根于人民，把成果由人民共享作为发展的"试金石"，深刻反映了人民主体地位的内在要求，彰显了人民至上的价值原则。

创新、协调、绿色、开放、共享的新发展理念是管全局、管根本、管长远的导向，是我国经济社会发展必须遵循的重要原则。新发展理念相互贯通、相互促进，构成具有内在联系的逻辑统一体。其中，"创新"是引领发展的第一动力，"协调"是持续健康发展的内在要求，"绿色"是永续发展的必要条件和人民对美好生活追求的重要体现，"开放"是国家繁荣发展的必由之路，"共享"是中国特色社会主义的本质要求。只有深入把握这些重要理念的内涵及其相互关系，才能更好地领会新发展理念的精神实质，增强贯彻落实的自觉性和坚定性。

从新发展理念视角出发，构建环渤海大湾区协同发展评价指标体系，通过实证模型对环渤海大湾区创新、协调、绿色、开放、共享五个系统的耦合协调发展水平进行测评。于理论层面而言，可以科学研判与全面把握环渤海大湾区协同发展情况，从而丰富区域耦合协调发展的理论成果；于实践层面而言，为深入推进我国其他典型区域协同发展提供实证参考与有益启迪。

一、研究方法与模型构建

首先，基于新发展理念，运用熵值法确定创新、协调、绿色、开放、共享五个系统内各项指标的权重，并计算出相应的评价指数，再根据指数结果，运用耦合协调度模型测评它们之间的耦合效应。

（一）熵值法

为避免数据间因量纲不同致使数据缺乏可比性，采用极差法对数据进行标准化处理，使得处理后的数值范围在[0，1]之间。指标经过标准化处理后会出现零值，导致标准化后的数据无法直接使用，为此，将标准化后的数据均向右平移 0.01[①]。

正向指标：

$$X_{ij}{}' = \frac{X_{ij} - \min\{X_{ij}\}}{\max\{X_{ij}\} - \min\{X_{ij}\}} + 0.01 \tag{1}$$

负向指标：

$$X_{ij}{}' = \frac{\max\{X_{ij}\} - X_{ij}}{\max\{X_{ij}\} - \min\{X_{ij}\}} + 0.01 \tag{2}$$

计算第 j 项指标的熵值：

$$E_j = -t\sum_{i=1}^{n} \frac{X_{ij}{}'}{\sum_{i=1}^{n} X_{ij}{}'} * \ln\left(\frac{X_{ij}{}'}{\sum_{i=1}^{n} X_{ij}{}'}\right) \tag{3}$$

计算第 j 项指标的权重：

$$W_j = (1 - E_j)\frac{1}{\sum_{j=1}^{m}(1 - E_j)} \tag{4}$$

计算各省份各系统的评价指数：

---

① 耿娜娜、邵秀英：《黄河流域生态环境—旅游产业—城镇化耦合协调研究》，《经济问题》2022 年第 3 期。

$$U = \sum_{j}^{p} W_j X_{ij}' \tag{5}$$

上述公式中的X_{ij}为省份 i 的第 j 个指标值，j 的取值为 1，2，…，p；X_{ij}'为标准化处理后的指标值；$E_j \geqslant 0$，$t=1/\ln(n*m)$，$t>0$，m 为年份数，n 为省份个数。

（二）耦合协调度模型

耦合一词源自物理学，它以系统论的思想全面分析不同变量组之间的相互关系，而不用考虑变量间的因果关系[①]。耦合是指两个或两个以上的系统或运动方式之间相互依赖、相互协调、相互促进的动态关联关系；协调指的是系统由无序走向有序的发展过程，强调系统间和谐发展的趋势[②]。耦合协调度反映了两个或两个以上系统之间的良性关联关系，能够用来度量目标系统协调配合、良性运行的程度。这里研究的耦合协调指的是创新、协调、绿色、开放、共享五个系统之间良性运转与相互配合。在此借鉴何源等[③]的方法，构建如下耦合协调度模型：

$$C = \left[\frac{U_1 \times U_2 \times \cdots \times U_k}{\left(\dfrac{U_1 + U_2 + \cdots + U_k}{k} \right)^k} \right]^{\frac{1}{k}} \tag{6}$$

$$T = \beta_1 U_1 + \cdots + \beta_k U_k, \sum_{k=1}^{k} \beta_k = 1 \tag{7}$$

$$D = \sqrt{C \times T} \tag{8}$$

式（6）中的 U 为各系统综合评价指数，C 为耦合度；式（8）中的 D 为耦合协调度，取值范围在 0 到 1 之间；T 为综合评价指数，β 为待定权数，反映各系统对耦合协调度的贡献。这里将创新、协调、绿色、开放、共享五系统视为同等重要，故设定 $\beta_1=\beta_2=\beta_3=\beta_4=\beta_5$。

为了更加直观地反映五个系统之间的耦合协调状态，参考已有相关研

---

① 逯进、周惠民：《中国省域人力资本与经济增长耦合关系的实证分析》，《数量经济技术经济研究》2013 年第 9 期。

② 刘义臣、沈伟康、刘立军：《科技金融与先进制造业创新发展的动态耦合协调度研究》，《经济问题》2021 年第 12 期。

③ 何源、乐为、郭本海：《"政策领域-时间维度"双重视角下新能源汽车产业政策央地协同研究》，《中国管理科学》2021 年第 5 期。

究[①]，根据耦合协调度大小，将耦合协调水平分为 10 个等级，评判标准及划分类型如表 7-1 所示。

表 7-1　耦合协调度判定准则及类型划分

耦合协调等级	耦合协调度值	耦合协调程度
1	（0.0～0.1）	极度失调
2	（0.1～0.2）	严重失调
3	（0.2～0.3）	中度失调
4	（0.3～0.4）	轻度失调
5	（0.4～0.5）	濒临失调
6	（0.5～0.6）	勉强协调
7	（0.6～0.7）	初级协调
8	（0.7～0.8）	中级协调
9	（0.8～0.9）	良好协调
10	（0.9～1.0）	优质协调

二、指标体系构建

新发展理念是一个完整的、系统的理论体系，五大理念紧密联系、相互支撑，应当统筹兼顾创新发展、协调发展、绿色发展、开放发展、共享发展，使之协同发力。结合新发展理念内涵及其具体内容，构建如表 7-2 所示的环渤海大湾区协同发展评价指标体系。

表 7-2　环渤海大湾区协同发展评价指标体系

系统层	一级指标层	二级指标层	指标方向
创新	创新投入	R&D 经费内部支出（万元）	正向
		R&D 人员折合全时当量（人年）	正向
		R&D 投入强度（%）	正向
	创新产出	发明专利申请授权量（项）	正向
		技术市场成交额（亿元）	正向
	创新环境	每十万人口中高等学校在校生人数（人）	正向

---

① 魏奇锋、徐霞、杨彩琳：《成渝地区双城经济圈科技创新与经济高质量发展耦合协调度研究》，《科技进步与对策》2021 年第 14 期。

续表

系统层	一级指标层	二级指标层	指标方向
协调	经济协调	人均 GDP（元/人）	正向
		第三产业增加值占地区生产总值的比重（%）	正向
	社会协调	城镇居民与农村居民收入比（%）	负向
		年末常住人口城镇化率（%）	正向
绿色	污染产生	单位地区生产总值能耗（吨标准煤/万元）	负向
		人均二氧化硫排放量（吨/人）	负向
	环境治理	生活垃圾无害化处理率（%）	正向
		人均造林总面积（公顷/人）	正向
		建成区绿化覆盖率（%）	正向
开放	资本开放	实际利用外商直接投资（万美元）	正向
		外商投资企业数（个）	正向
	贸易开放	单位 GDP 货物进出口总额（%）	正向
		对外承包工程营业额（万美元）	正向
共享	收入分配	人均可支配收入（元）	正向
	医疗卫生	基本医疗保险年末参保率（%）	正向
		每万人医疗机构床位数（张）	正向
	公共服务	人均拥有公共图书馆藏量（册/人）	正向
		每万人拥有公共交通车辆（标台）	正向

（一）创新系统

创新作为引领经济发展新常态的核心和关键，是推动区域高质量发展、提升国家核心竞争力的重要抓手和不竭动力，要解决经济发展动力不足、质量不高、效益不好、不可持续的问题，必须依靠创新驱动，加快转变发展方式，着力提高发展的质量和效益，才能实现我国经济由大到强的历史性转变。创新系统包含创新投入、创新产出和创新环境三个一级指标。其中，创新投入是影响创新能力的关键因素，它代表一个地区对于科技创新的重视程度，进一步分为 R&D 经费内部支出、R&D 人员折合全时当量和 R&D 投入强度三个二级指标；创新产出表示科技创新取得的成果，能够直接体现一个地区的创新水平，其二级指标包括发明专利申请授权量与技术市场成交额；创新环境则从整体上影响地区创新效率，能为高校、企业等创新主体开展创新活动提供可靠保障，由每十万人口中高等学校在校生人数来衡量。

（二）协调系统

协调发展理念强调着力解决发展不平衡的问题，补齐发展中的短板，要在增强国家硬实力的同时注重提升国家软实力，不断增强发展整体性。协调系统包括经济协调和社会协调两个一级指标。其中，经济协调是区域协调发展的基础条件，主要用来衡量一个地区的发展水平，其二级指标包括人均 GDP 和第三产业增加值占地区生产总值的比重；社会协调体现了区域协调发展的综合水平，进一步分为城镇居民与农村居民收入比、年末常住人口城镇化率两个二级指标。

（三）绿色系统

"绿水青山就是金山银山"，保护生态环境就是保护生产力，改善生态环境就是发展生产力。以节约资源和保护环境为导向，解决人与自然和谐问题是最普惠的民生福祉。绿色系统包含污染产生和环境治理两个一级指标。其中，污染产生是生态环境整体现状的直接体现，其二级指标包括单位地区生产总值能耗、人均二氧化硫排放量两个二级指标；环境治理是为保护和改善生态环境做出的贡献，是改善生态环境质量的重要保障和实现高质量发展的关键环节，用生活垃圾无害化处理率、人均造林总面积和建成区绿化覆盖率三个二级指标来衡量。

（四）开放系统

开放发展理念顺应了国内外发展的主流趋势，既立足国内又放眼世界，统筹国内国际两个大局，深刻揭示出当今世界的发展潮流，符合当代中国的发展规律，对外开放新格局必将为发展注入新动力、增添新活力、拓展新空间。开放系统包含资本开放和贸易开放两个一级指标。其中，资本开放反映的是一个地区对外开放资本市场的程度，可以进一步分为实际利用外商直接投资和外商投资企业数两个二级指标；贸易开放反映对外贸易对经济发展的影响程度，包含单位 GDP 货物进出口总额和对外承包工程营业额两个二级指标。

（五）共享系统

共享发展顺应人民对美好生活的向往，这是由人民的主体地位所决定的，是以人为本思想的集中体现，凸显了我党立党为公、执政为民的根本宗旨。共享系统包含收入分配、医疗卫生、公共服务三个一级指标。其中，收入分配反映了整个地区的收入状况，用人均可支配收入来衡量；医疗卫生反映了当地的医疗卫生服务水平，包含基本医疗保险年末参保率和每万人医疗机构床位数两个二级指标；公共服务体现的是一个地区的公共资源共享程度，其二级指标包括人均拥有公共图书馆藏量和每万人拥有公共交通车辆。

第二节　环渤海大湾区协同发展水平测评

一、基于两系统的环渤海大湾区协同发展水平测评

（一）创新—协调两系统

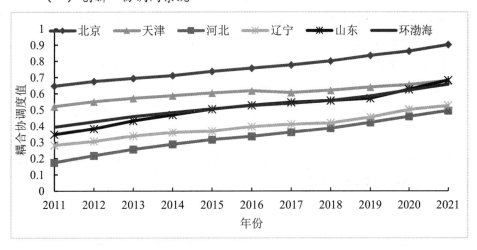

图 7-1　2011—2021 年环渤海大湾区创新—协调两系统耦合协调度演变趋势

由图 7-1 可知，从环渤海大湾区创新—协调两系统耦合协调度演变情况分析，自 2011—2021 年间，环渤海区域五省市的耦合协调度均得到显著提高，然而各地区之间的耦合协调水平存在明显差距。具体分析可知，北京的耦合协调度在整个区域内一直处于领先地位，增长幅度达到 39.33%，在研究期内实现了由初级协调向优质协调的跃进。这是因为作为首都，北京区位优势明显，资源配置较高，协调发展程度较高，技术创新能力较强，由此北京的创新—协调两系统协同效应能力较强，耦合水平良好。天津的耦合协调度在 2020 年及以前位列环渤海区域第二，2015 年其耦合协调度突破 0.6，由勉强协调变为初级协调，主要是因为天津滨海新区以创建国家

级自主创新示范区为契机，积极推进高新技术产业发展，促进新区整体协调进步，创新与协调呈融合发展之势。2011—2020 年山东的耦合协调度在环渤海区域内位列第三，2021 年开始超越天津，升至第二位。山东在研究期内的耦合协调度由 0.349 增长至 0.682，增幅高达 95.77%，实现了由轻度失调向初级协调的转变，其原因在于作为我国重要的工业基地和北方地区经济发展的战略支点，山东省依托初始创新资源优势，推动其与经济文化融合发展，在经济社会和谐发展中发挥正向作用。辽宁的耦合协调度由 2011 年的 0.282 增长至 2021 年的 0.526，从中度失调演变为勉强协调，这主要是因为辽宁将创新作为驱动振兴地方经济的第一动力，加大基础研发资金投入，推进高新技术企业发展，企业集群规模不断壮大，推动经济与社会整体协调性逐渐增加。河北的耦合协调度由 2011 年的 0.176 上升为2021 年 0.495，增幅约达到 182%，但其耦合协调水平仍处于末位。主要原因在于河北的创新资源有限，经济发展主要以资源型为主，创新积极性不高，自京津冀协同发展战略实施以来，河北受到北京、天津在创新方面的辐射带动，其创新能力也得到一定程度的提升，加之河北产业结构不断进行转型升级，其经济社会协调性也在逐步增加。从区域整体上看，环渤海大湾区创新—协调两系统的耦合协调水平呈稳步上升态势，其数值由 2011年的 0.395 升至 2021 年的 0.657，增幅达到 66.33%，实现了由轻度失调到初级协调的转变，仍有较大上升空间。

（二）创新—绿色两系统

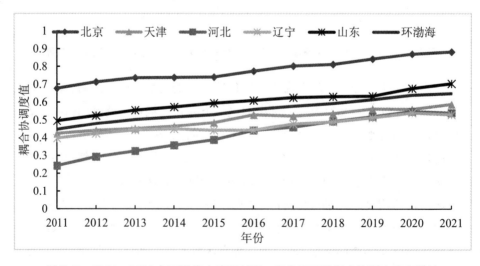

图 7-2　2011—2021 年环渤海大湾区创新—绿色两系统耦合协调度演变趋势

由图 7-2 可知，环渤海大湾区五省市创新—绿色两系统耦合协调度均呈良好上升态势。尤其是北京的耦合协调度领先优势明显，耦合协调水平在研究期内一直保持在 0.6 以上，且呈明显上升趋势，远超其余四省市。2011 年北京处于初级协调状态，2017 年的耦合协调度突破 0.8，进入良好协调阶段，从此一直保持增长态势，直至 2021 年耦合协调水平达到 0.883。究其原因是北京在绿色低碳背景下，积极探索绿色发展新方向，节能建筑达到全部民用建筑总量的 80% 以上，位居全国首位。与此同时，北京依托政策优势、人才优势，大力培育知识密集型企业，成为创新资源集聚地，其创新与绿色两系统的耦合协调度也就一直处于较高水平。2011—2021 年山东的耦合协调度在环渤海区域内位列第二，从 2011 年的 0.495 增长到 2021 年的 0.704，增幅达到 42.22%，并且分别在 2012 年、2016 年和 2021年实现了从濒临失调到勉强失调、从勉强协调到初级协调以及从初级协调到中级协调的跨越。这主要是因为山东拥有良好的科技创新基础和成果转化能力，同时不断推进环境技术的创新，将绿色发展与技术创新相结合，持续推动实现新旧动能转换，实现绿色低碳高质量发展。同时期，天津的耦合协调水平处于 0.4—0.6 之间，除在 2017 年和 2020 年的耦合协调度略有下降外，其余年份均处于增长状态，并且在 2016 年实现了由濒临失调向勉强协调的转变。其主要原因在于天津积极发展绿色低碳产业，促进高端制造业发展，碳排放量呈现明显下降趋势，创新与绿色两系统的融合程度较好。辽宁的耦合协调水平在 2011—2014 年呈上升态势，2015 年出现小幅下降，2016—2020 年出现显著增长，2019—2021 年进入勉强协调阶段。辽宁在研究期间投入超 1500 亿元资金用于生态治理与环境保护，坚持以绿色发展为导向不断推进绿色技术创新，推动解决了一系列生态环境质量问题。河北 2011 年的耦合协调水平为区域最低，但其增幅为各省域最高，耦合协调度从 2011 年的 0.242 上升到 2021 年的 0.539，增幅高达 122.73%，实现了由中度失调到勉强协调的跃进。这可能是河北长期依靠重工业，高新技术产业发展缓慢，导致其初始创新与绿色发展耦合水平较低，但其具有较大的技术承接潜力，依靠京津两地的创新溢出效应迅速发展自身高端制造业，逐步实现创新—绿色两系统耦合协调水平的快速提升。环渤海区域整体耦合协调水平由 2011 年的 0.447 增长至 2021 年的 0.649，且在研究期内一直保持增长态势，实现了从濒临失调到初级协调的跃迁。

（三）创新—开放两系统

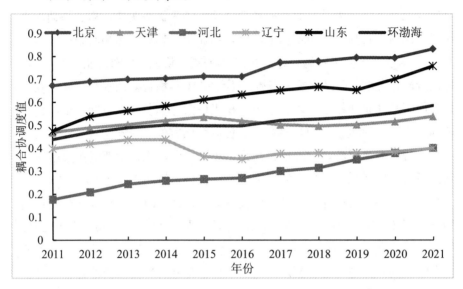

图 7-3　2011—2021 年环渤海大湾区创新—开放两系统耦合协调度演变趋势

图 7-3 展现了 2011—2021 年环渤海大湾区创新—开放两系统的耦合协调度演变情况，各省市的耦合协调度呈现出地区差异化特征。其中，北京在 2011—2016 年、2017—2021 年维持相对稳定增长的势头，2016—2017 年呈小幅增长态势，研究期内从 2011 年的初级协调上升至 2021 年的良好协调。自推进"一带一路"倡议实施以来，北京"引进来"和"走出去"的步伐进一步加快，对外开放水平不断提升，外商投资规模持续扩大，加之北京充分发挥其原始创新资源优势，不断凝聚创新要素，打造协同创新战略新格局，促使其创新与开放的融合程度逐步加深。山东创新—开放两系统的耦合协调度位列区域第二，在研究期内耦合协调度呈明显上升趋势，从 2011 年的 0.475 提升至 2021 年的 0.759，增幅达到 59.89%，实现了由濒临失调到中级协调的跨越。这是因为山东各地市深入贯彻落实"十大创新"计划，始终将科研创新摆在首位，充分发挥创新主体作用，不断优化营商环境，整合创新要素资源，努力营造对外开放与合作共赢新局面。天津在 2011 年处于濒临失调阶段，2013 年步入勉强协调阶段后，其耦合协调度在 2016 年出现下降，直至 2019 年回升至勉强协调阶段，2019—2021年耦合协调度持续增长，天津由 2011 年的 0.469 增长至 2021 年的 0.539，增幅为 14.93%。"十三五"期间，天津积极融入共建"一带一路"国家的

贸易合作，建设自由贸易试验区与国家自主创新示范区，不断加强自主创新与对外开放的融合程度。辽宁 2011—2021 年创新—开放两系统耦合协调度是区域内五省市中年均增长幅度最低的省份，耦合协调度在 2011—2014 年处于稳步增长状态，2015 年耦合协调水平出现大幅下降，降幅达到 16.85%，2017 年开始进入平稳增长状态，但仍处于轻度失调阶段，并未实现向协调发展的跃进。其原因可能是辽宁虽然积极与共建"一带一路"国家在科技、经济、文化等方面开展合作交流，但尚未建立起相对健全的合作机制。河北在研究期内的耦合协调度一直保持稳定增长状态，且增幅达到 126.57%，由 2011 年的严重失调转至 2021 年的濒临失调。河北在加快建设创新型省份的进程中，以科技创新催生新发展动能，同时注重构建开放型经济新体制，但其创新和开放的基础相对薄弱。环渤海区域整体耦合协调水平呈平稳发展态势，耦合协调度从 2011 年的 0.438 增长至 2021 年的 0.586，实现了由濒临失调向勉强协调的转变。

（四）创新—共享两系统

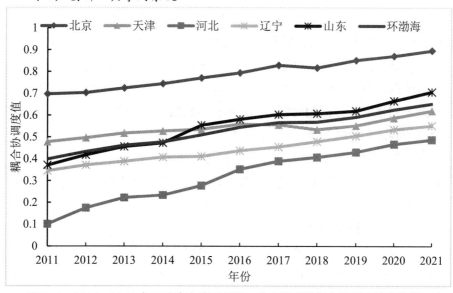

图 7-4　2011—2021 年环渤海大湾区创新—共享两系统耦合协调度演变趋势

图 7-4 显示了 2011—2021 年环渤海大湾区创新—共享两系统的耦合协调度演变情况。北京两系统的耦合协调度在五省市中遥遥领先，研究期内一直保持增长趋势，增幅为 28.68%，并于 2017 年由中级协调步入良好协调阶段。其原因在于北京通过充分发挥创新引领作用和激发共享经济活

力，持续推动创新能力提升与优质资源共享，经济成果惠民率高，创新与共享的耦合协调性较好。天津在 2011—2016 年的耦合协调度保持平稳增长态势，2017—2018 年略有下降，2019 开始有所回升并继续保持小幅增长趋势，于 2021 年实现由勉强协调向初级协调的跃进。由于天津科教资源丰富，科技创新人才聚集，科技创新发展前景较好，且城市基础设施完善，共享水平相对较高。山东两系统的耦合协调水平在研究期内上升趋势明显，由 2011 年的 0.371 增长到 2021 年的 0.708，增幅高达 90.84%，并且在 2015 年不仅实现由濒临失调向勉强协调的转变，而且超越天津成为环渤海区域耦合协调度排名第二的省份。山东立足本地，充分挖掘自身资源，采取省市共建等方式在鲁西地区建设一批省级创新平台和高水平研发机构，以科技创新助力资源优化配置与发展成果共享。辽宁在 2011 年处于轻度失调状态，至 2021 年已进入勉强协调阶段，研究期内的耦合协调度保持持续增长的良好势头。原因在于辽宁通过出台一系列政策措施，致力于公共服务设施的优化升级，不断提升创新能力和服务质量，着力推进公共服务均等化、普惠化、便捷化水平。河北的耦合协调水平尽管在环渤海区域内最低，但在研究期内表现出迅猛发展势头，涨幅达到 382.49%，至 2021 年与环渤海区域整体耦合协调度的差距缩小为 0.166，研究期间横跨四个阶段，实现了从严重失调向濒临失调的转变。与其他四省市相比，河北在公共卫生、基础设施建设等方面相对落后，共享程度较低，自党的十八大以来，河北全面加强基础设施建设，市政设施智能化改造成效明显，农村生产生活条件也得到有效改善。环渤海区域整体耦合协调水平在研究期内介于 0.399—0.653 之间，总体保持稳中有升的发展趋势，实现了由轻度失调向初级协调的跨越。

（五）协调—绿色两系统

如图 7-5 所示，环渤海区域五省市协调—绿色两系统的耦合协调水平基本呈现稳中有升的发展态势。其中，北京的耦合协调水平始终处于领先地位，从 2011 年的 0.712 提高至 2021 年的 0.841，增幅 18.12%，2017 年已实现由中级协调向良好协调的转变。天津的耦合协调水平在研究期内同样表现出相对平稳的发展态势，2012 年由勉强协调升至初级协调，2016 年又进入中级协调阶段，其耦合协调度仅在 2020 年略有下降，2021 年立即恢复上涨趋势。原因在于京津两地凭借其竞争优势地位，吸引人才、资金、技术等生产要素向京津集聚，其协调指数保持稳定发展势头，而且京津两市率先响应国家号召，积极践行绿色发展理念，生态环保成效斐然，协调与绿色两系统能够互促互进、相得益彰。山东、辽宁、河北三省的耦合协调水平相对较低，但整体演变也呈基本上升趋势，2021年均处于初级协调阶段，未来仍有较大发展潜力。其中，河北的耦合协调度增长幅度相对明显，从2011年的0.416增长到2021年的0.667，增幅60.34%，辽宁和山东的耦合协调度增幅相对较小，分别为53.33%和52.33%。以河北为例，尽管其绿色评价指数不高，但近年来政府采取一系列改善环境的政策措施，关停了多家重污染企业，全省生态建设取得较大进步，其协调—绿色两系统的耦合协调度也因此实现稳步提升。环渤海区域整体的耦合协调度从2011年的0.517提高到2021年的0.717，由勉强协调逐步过渡为中级协调，实现了较大飞跃。

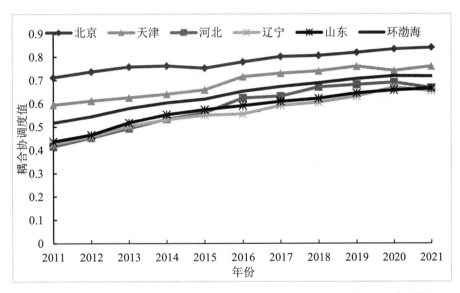

图7-5　2011—2021年环渤海大湾区协调—绿色两系统耦合协调度演变趋势

（六）协调—开放两系统

由图7-6可知，环渤海大湾区各省市耦合协调水平总体呈上升趋势。其中，北京的耦合协调度从2011年的0.708略升至2021年的0.793，整体变化较为平稳，且始终保持在中级协调水平。这是因为北京市政府高度重视城市协调发展以及城市治理体系和治理能力现代化建设，通过制定和实施一系列政策，优化资源配置，促进经济社会各领域协调发展。作为国际化大都市，北京积极吸引外资，推动国际贸易与合作，加强与全球各地的经济、文化、科技交流，对外开放程度不断提高。天津的耦合协调水平经历了先上升、后下降、再上升的演变趋势，且变化幅度不大，2011—2015 年增长速度为正，且在 2014 年实现了由初级协调到中级协调的转变，2016—2019 年增长速度为负，耦合协调度出现下降，再次回到初级协调状态，2020—2021 年有所回升，耦合协调水平恢复增长趋势。天津凭借其港口城市的区位优势，进出口贸易和国际直接投资活动较为频繁，成为中国对外开放的先导区，同时天津注重经济与社会的协调发展，实施因地制宜的城镇化分类推进模式，开放与协调同步发展得当。山东的耦合协调度呈直线增长态势，增幅为 71.09%，研究期间跨越四个阶段，实现由濒临失调向中级协调的跃变，2021 年超越天津成为环渤海大湾区耦合协调度排名第二的省份。山东依托其海陆地理优势，以更加积极的姿态融入国家对外开放大局，加快建设更高水平开放型经济新体制。在促进地区协调发展方面，山东通过推动区域一体化、打造战略支点、加强基础设施建设、提升信息化水平等多种方式，全方位、多层次地推进经济社会的协调发展。辽宁的耦合协调度在 2011—2014 年呈上升态势，实现由濒临失调向勉强协调的转化，2015 年出现明显下降，进入濒临失调阶段，自 2016 年以后开始逐渐呈平稳上升趋势。这主要是由于 2015—2016 年辽宁资源型产业面临较大的去产能压力，全省支柱产业利润下滑，但辽宁及时明确省域功能定位，加快产业结构优化步伐，同时打造对外开放新局面，使得协调与开放两系统的耦合协调水平得以改善。河北的耦合协调水平于 2011 年处于轻度失调阶段，但在研究期内始终保持快速增长态势，增幅为 62.99%，2021 年进入濒临失调阶段，整体看仍处在区域末位。河北协调和开放基础相对薄弱，但借助"一带一路"发展契机，加大对外开放力度，并注重改变能源结构，促进经济社会协调发展，使其协调—开放两系统的耦合协调度一直上升，但仍有较大进步空间。环渤海区域整体的耦合协调度由 2011 年的 0.504 提高到 2021 年的 0.639，已进入初级协调阶段。

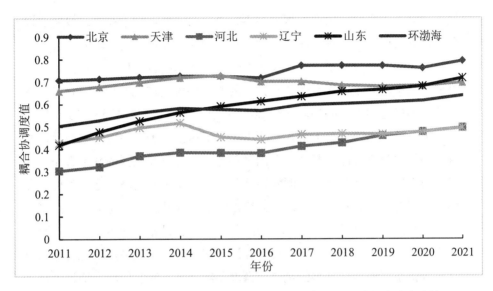

图 7-6　2011—2021 年环渤海大湾区协调—开放两系统耦合协调度演变趋势

（七）协调—共享两系统

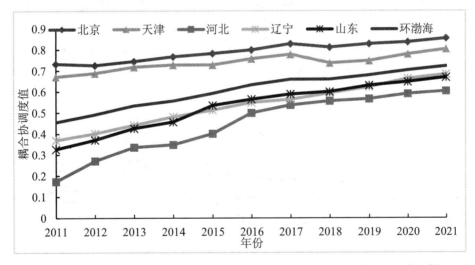

图 7-7　2011—2021 年环渤海大湾区协调—共享两系统耦合协调度演变趋势

如图 7-7 所示，从 2011—2021 年环渤海大湾区协调—共享两系统的耦合协调结果来看，环渤海五省域区域整体耦合协调度的变化趋势基本一致，但各省市耦合协调度存在不同程度上的差异。北京的耦合协调度在研究期内稳居第一，从 2011 年的 0.733 增至 2021 年的 0.854，增幅为 16.50%，且于 2017 年实现了由中级协调向良好协调的转变。北京在市政设施建设和优化公共服务体系等方面不断加大投入力度，注重调动市场和社会各界力量，共同营造政府引导、市场运作、社会协同的良好局面，从而推动了协调和共享两系统的深度融合。天津的耦合协调度在 2011—2017 年基本保持较为稳定的上升态势，且在 2013 年进入中级协调阶段，2018 年出现小幅下降后，2019 年回升并维持上升态势。这是由于天津近年来在促进经济结构优化升级方面不断发力，同时重视加强与京冀地区的联系合作，为促进城市协调发展与实现资源跨地区共享做出了积极贡献。辽宁和山东的耦合协调度演变趋势基本相近，研究期间均呈现持续上升态势，在区域内处于中等水平。这是因为辽宁、山东基础设施建设相对滞后，近年来两省积极整合资源要素促进经济发展，并逐步建立起覆盖城乡、均等普惠的公共服务体系，协调和发展的耦合协调度不断增强。河北的耦合协调度排在末位，从 2011 年的 0.174 增至 2021 年的 0.603，并于 2017 年进入勉强协调阶段，且一直保持稳中有升的趋势。原因在于随着经济结构的不断优化调整，河北的产业结构也在加速转型升级，在京津冀协同发展战略背景下，河北建立健全跨区域资源共享机制，基本实现了城乡间公共资源配置的均衡和机会均等的共享。2011—2021 年环渤海区域整体协调—共享两系统耦合协调度维持在 0.6 左右水平，演变趋势较为平稳，耦合协调类型从濒临失调逐步转入中级协调阶段。

（八）绿色—开放两系统

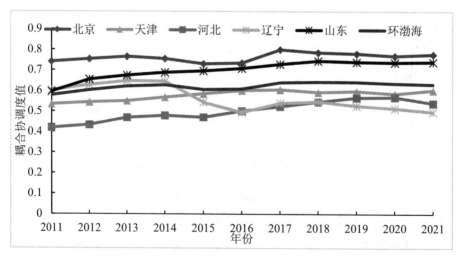

图 7-8　2011—2021 年环渤海大湾区绿色—开放两系统耦合协调度演变趋势

从图 7-8 来看，北京的耦合协调度在区域内位列第一，2016 年以前呈平稳变化趋势，2017 年出现小幅上升，之后变动趋势再次回归平缓，其耦合协调类型为中级协调。这主要是由于北京市政府高度重视碳达峰、碳中和工作，持续推动大气污染治理工作取得显著成效，同时北京凭借首都优势，深入推进国际交往中心功能建设，打造高水平对外开放交流平台。山东绿色与开放两系统耦合协调度位居第二，从 2011 年的 0.595 增长至 2021 年的 0.740，增幅达到 24.37%，且分别于 2012 年和 2016 年实现由勉强协调向初级协调、由初级协调向中级协调的跃进。自党和国家提出"双碳"战略以来，山东重点聚焦降碳减污，深入实施"四增四减"行动，同时加快构建国际互联互通新通道，整合"齐鲁号"欧亚班列，运营线路直达"一带一路"沿线 14 个国家。辽宁两系统的耦合协调度在 2011—2014 年呈小幅上升态势，2015—2016 年连续两年出现明显下降，从初级协调降至濒临失调阶段，2017—2018 年略有上升，进入勉强协调阶段，2019 年起呈缓慢下降趋势，并且在 2021 年跌至濒临失调阶段，研究期内的增幅为负。这可能是因为东北地区作为老工业基地，重工业较为发达，在促进经济和产业发展的同时，环境保护工作较为艰巨，取得成效的时间也较为缓慢。2011—2021 年天津的耦合协调度变动趋势与山东基本一致，但其耦合协调度值与山东有较大差异，从 2011 年的 0.534 增至 2021 年的 0.602，实现了由勉强协调向初级协调的进步。随着天津市政府陆续出台旨在促进绿色建筑、绿色交通、可再生能源利用等一系列措施，天津绿色生态屏障占比大幅提升，作为国际化大都市，对外开放力度持续增强，在吸引外资和深化国际合作方面走在全国前列。河北在研究期内的耦合协调度整体呈上升态势，由 2011 年的 0.420 增长至 2021 年的 0.540，2016 年的耦合协调度值突破 0.5，实现由濒临失调到勉强失调的跨越。主要原因在于河北近年来加大对产业结构、能源结构和运输结构等的优化调整，绿色产业比重显著提升，同时河北积极打造京津冀协同开放共同体，推动沿海经济带高质量发展。环渤海区域耦合协调度整体演变趋势波动不大，研究期内基本呈上升趋势，耦合协调度除 2011 年低于 0.6 以外，2012—2021 年均保持在 0.6—0.7 之间。

（九）绿色—共享两系统

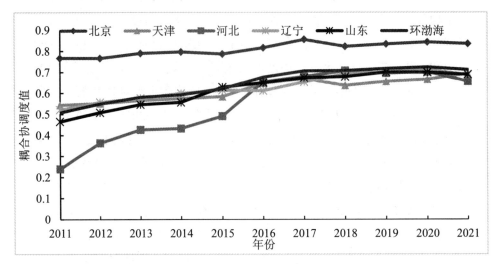

图 7-9　2011—2021 年环渤海大湾区绿色—共享两系统耦合协调度演变趋势

由图 7-9 可知，环渤海大湾区各省市耦合协调度均呈上升态势。北京的耦合协调度遥遥领先于其他四省市，始终保持在 0.7 以上的水平，研究期内的耦合协调度呈小幅波动上升态势，从 2011 年的 0.767 增至 2021 年的 0.836，增幅 8.99%，实现了由中级协调到良好协调的转变。长期以来，北京积极推进绿色首都建设，碳效、能效水平始终保持全国省级地区最优水平，同时北京深化各类公共服务资源共享，加快实现资源的优化配置，绿色与共享的耦合协调度较高。天津、辽宁、山东三省市的耦合协调度走向基本趋于一致，耦合协调度基本保持在 0.5—0.7 之间，逐步实现由勉强协调向初级协调的转变。这是由于三省市在国家绿色发展理念提出后，加快推进绿色发展方式转型，促进形成绿色低碳的生产方式和生活方式，同时加大基本公共服务的共享建设。河北的耦合协调度在 2016 年以前变化波动较大，此后走势相对平稳，从 2011 年的 0.240 增至 2021 年的 0.656，耦合协调度在研究期内从中度失调阶段进入初级协调阶段。河北受产业结构与经济结构的限制，初始时期绿色与共享两系统的耦合协调水平较低，在国家大力提倡生态环保与绿色发展的背景下，河北积极推进产业绿色升级，坚决遏制"两高"项目盲目发展，大力实施工业节能低碳改造。此外，河北加快推进基本公共服务一体化发展，共建共享成效良好。环渤海区域整体耦合协调度从 2011 年的 0.508 增至 2021 年的 0.713，实现了由勉强协调到初级协调再到中级协调的跃迁。

（十）开放—共享两系统

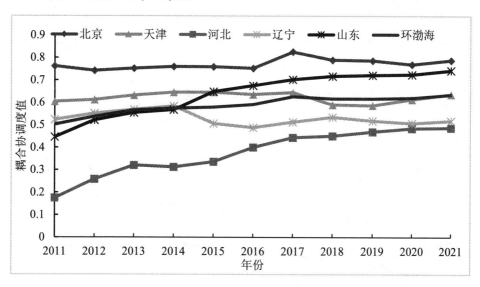

图 7-10 2011—2021 年环渤海大湾区开放—共享两系统耦合协调度演变趋势

如图 7-10 所示，北京在 2011—2016 年的耦合协调水平走势相对平稳，耦合协调度介于 0.7—0.8 之间，2017 年有小幅上升，且实现了由中级协调向良好协调的转变，2018—2020 年呈缓慢下降趋势，2021 年略有上升。这主要是由于北京依托自由贸易试验区和中关村自主创新示范区建设，形成全方位、多领域、高层次的对外开放新格局，同时北京加强公共服务资源的优化配置，促进各类公共服务设施分时共享。天津的耦合协调度在 2011—2017 年变化趋势较为平稳，并且处于初级协调阶段，2018—2019 年降至勉强协调区间，此后开始缓慢上升并进入初级协调阶段。天津作为全国首批沿海开放城市，相继出台了一系列引资政策，通过搭建服务平台和优化营商环境，加快公共服务共建共享，开放与共享的耦合协调度较高。山东与辽宁在 2011—2014 年间耦合协调水平基本相当，但从 2015 年起，山东的耦合协调水平进入初级协调阶段，且至 2021 年一直处于上升趋势，2017 年实现了由初级协调向中级协调的转变。辽宁的耦合协调度在 2015 年和 2016 年连续出现下降，跌至濒临失调阶段，此后耦合协调度值出现先上升、后下降、再上升的小幅波动。河北开放与共享两系统的耦合协调度演变幅度相对较大，从 2011 年的 0.175 增至 2021 年的 0.488，增幅达到 178.86%，从严重失调逐步转向濒临失调，仍有较大的提升空间。原因在于河北抓住建设雄安新区开放发展先行区的重大契机，全面深化国际交流合作，同时全域推进海绵城市建设以及加快公共资源的共享与应用，逐步提高了城市开放和共享之间的协调水平。环渤海区域整体耦合协调水平在研究期内稳中有升，由 2011 年的 0.502 增至 2021 年的 0.635，增幅为 26.49%，实现了由勉强协调向初级协调的转变。

二、基于三系统的环渤海大湾区协同发展水平测评

（一）创新—协调—绿色三系统

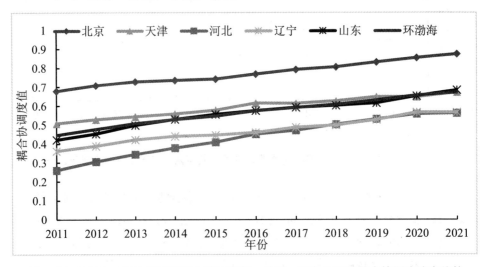

图 7-11 2011—2021 年环渤海大湾区创新—协调—绿色三系统耦合协调度演变趋势

由图 7-11 可以看出，环渤海大湾区五省市创新—协调—绿色三系统耦合协调度演变趋势相似，均保持稳步上升走向。北京的耦合协调度处于绝对优势地位，研究期内的增幅达到 28.95%，分别在 2012 年和 2018 年实现由初级协调向中级协调、再由中级协调向良好协调的转变。其中 2016—2021 年增幅提高的原因是自"十三五"规划启动实施以来，北京积极适应经济发展新常态，加快实施创新驱动发展战略，不断提升城市治理能力和水平，全面加强生态建设。天津整体耦合协调水平基本在 0.5 以上，从 2011 年的 0.508 增至 2021 年的 0.672，增幅为 32.28%，以 2016 年为拐点，2011—2015 年处于勉强协调阶段，2016—2021 年进入初级协调阶段。这是因为天津在推动经济发展的同时，更加注重社会的有序协调和环境的治理保护。山东的耦合协调度分别在 2014 年和 2018 年进入勉强协调和初级协调阶段，而且在 2020 年超越天津成为区域内排名第二的省份。这主要是因为

2018 年国务院批复同意《山东新旧动能转换综合试验区建设总体方案》，山东以此为指导全面落实方案要求。辽宁初始耦合协调水平处于轻度失调状态，2013 年耦合协调度跨越 0.4，进入濒临失调阶段，2019 年升至勉强协调阶段，研究期内的增幅达到 56.21%。辽宁自"十二五"规划实施以来，全面推进国家技术创新工程试点省份建设，高新技术产品增加值明显提高，且社会协调发展水平与绿化投资也随之得到相应提升。河北三系统的耦合协调度整体水平在环渤海区域五省市中居于末位，但其增幅最高，研究期内跨越四个阶段，从 2011 年的 0.261 增至 2021 年的 0.563，由中度失调逐步跃升至勉强协调。这是因为河北的产业结构主要以钢铁、煤炭等高耗能、高污染产业为主，自 2013 年国家出台一系列环保政策后，河北开始全面清理高污染、高耗能企业，创新、协调与绿色耦合协调水平有效提高。环渤海区域的耦合协调度从 2011 年的 0.447 增至 2021 年的 0.672，11 年间由濒临失调逐步过渡到初级协调阶段。

（二）创新—协调—开放三系统

如图 7-12 所示，环渤海大湾区各省市创新—协调—开放三系统的耦合协调度演变基本呈平稳上升趋势。北京的耦合协调度各年数值在区域内居首位，由 2011 的 0.676 增至 2021 年的 0.841，实现了由初级协调向良好协调的转变。其主要原因在于北京的区位优势十分明显，高新技术产业和战略性新兴产业的发展势头迅猛，对外开放程度较高，公共基础设施相对健全，且公共服务资源基础较好。天津的耦合协调度在 2015 年及以前呈现出缓慢上升趋势，且在 2014 年实现了由勉强协调向初级协调的转变，此后连续三年出现小幅下降，耦合协调水平跌至勉强协调区间，2019 年起恢复缓慢增长态势，进入初级协调阶段。这是因为天津主动融入新发展格局，充分发挥滨海新区先行先试的政策优势，不断深化改革扩大对外开放。2016 年及以前山东的耦合协调度在区域内居于第三，处于濒临失调阶段，从 2017 年开始超越天津并一直保持区域第二的位置，研究期内的耦合协调度增长较快，从 2011 年的 0.411 增至 2021 年的 0.719，由濒临失调跨越到中级协调。这是由于山东秉持以创新促协调、以创新求开放的理念，充分发挥创新激励作用，重塑开放型经济发展新优势。辽宁的耦合协调度在 2011—2014 年处于缓慢增长阶段，且由轻度失调逐步转为濒临失调，2015 年降至轻度失调阶段，2016 年起开始呈稳步上升趋势。随着辽宁沿海经济带开发上升为国家战略，以港口和产业园区的开放创新为突破口，沿海经济带开发开放全面推进。河北的耦合协调度在初始期间与其他省市存在较大差距，不过研究期间一直处于上升趋势,且与其他省市之间的差距也在逐步缩小,2021 年的耦合协调度达到 0.462,处于濒临失调阶段。尽管河北三系统基础相对较弱,但河北坚持创新驱动发展,开发运用先进技术和现代管理模式改造提升传统产业,同时支持雄安新区积极融入"一带一路"建设。研究期间环渤海区域耦合协调度同样处于稳定增长态势,并实现由濒临失调向初级协调的转变。

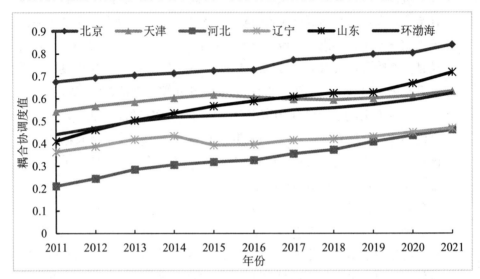

图 7-12 2011—2021 年环渤海大湾区创新—协调—开放三系统耦合协调度演变趋势

（三）创新—协调—共享三系统

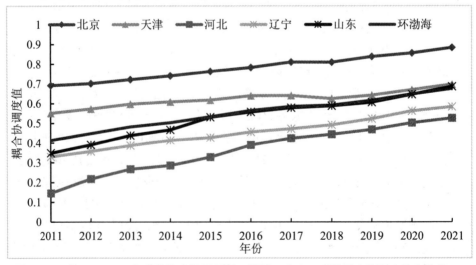

图 7-13 2011—2021 年环渤海大湾区创新—协调—共享三系统耦合协调度演变趋势

　　图 7-13 显示出环渤海大湾区五省市创新—协调—共享三系统耦合协调度均实现了不同程度的提升。北京的耦合协调水平最高，且呈现稳步上升态势，从 2011 年的 0.692 增至 2021 年的 0.884，增幅达到 27.75%，且分别在 2012 年和 2017 年进入中级协调和良好协调阶段。北京自 2019 年的增长速度逐渐提高的原因，可能在于 2018 年是中央提出中国经济由高速增长阶段转向高质量发展阶段的开局之年，北京全面贯彻中央指示精神，深入落实新发展理念，在创新、协调、共享等方面采取一系列有针对性的举措，统筹推进北京经济社会的高质量发展。研究期内天津三系统的耦合协调度从勉强协调类型向初级协调类型转变，原因在于自"十二五"规划实施以来，天津加快创新城市建设，推进经济结构转型升级，强化公共资源共建共享。与天津相比，山东的耦合协调度在 2011—2015 年间还存在较大差距，此后差距进一步缩小，并逐渐进入初级协调阶段。由于山东有独特的地理区位、完整的产业链体系、丰富的人力资源优势，创新、协调与共享能力均得到了持续提升。辽宁的耦合协调度从 2011 年的 0.331 增至 2021 年的 0.584，增幅为 76.44%，由轻度失调稳步提升为勉强协调。从"十二五"时期开始，辽宁大力发展县域经济，坚持城乡统筹发展，同步推进工业化、城镇化和农业现代化，同时注重做好公立医院改革试点工作，不断优化省内公共资源共享模式。河北三系统的耦合协调度相对落后，但增速迅猛，从 2011 年的 0.146 上升至 2021 年的 0.526，增幅达到 260.27%，耦合协调类型由严重失调跃升为勉强协调。原因在于河北积极承接来自京津两市的产业和技术等资源，主动加强与京津两市在医疗卫生、社会保障等领域的交流合作，在雄安新区建设的助力下，河北加快形成具有核心竞争力的产业集群。环渤海区域耦合协调水平表现出飞速发展态势，从 2011 年的 0.414 提高至 2021 年的 0.675，先后跨越濒临失调、勉强协调、初级协调三个阶段。

（四）创新—绿色—开放三系统

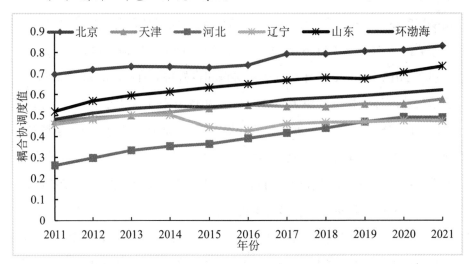

图 7-14　2011—2021 年环渤海大湾区创新—绿色—开放三系统耦合协调度演变趋势

由图 7-14 可知，北京三系统的耦合协调水平在研究期内基本保持在 0.7 以上，为五省市中最高，耦合协调类型由初级协调转变为良好协调。这是因为北京拥有众多的高素质创新人才资源，科技创新资源丰富，对外开放程度较高，政府还致力于与津冀两地协同治理环境污染。山东的耦合协调水平居于区域第二，研究期内呈良好上升态势，耦合协调类型由勉强协调逐步转变为中级协调。这得益于山东重视创新体系的建设，通过加大科研投入、优化创新环境与培育创新型企业等措施，不仅为山东的经济增长提供了源源不断的动力，还为当地发展绿色经济形态及深化与国内外地区的开放合作创造良好条件。天津的耦合协调水平呈现稳中有升的演变趋势，其耦合协调度由 2011 年的 0.473 增至 2021 年的 0.576，于 2014 年实现由濒临失调向勉强协调的转变。这是由于天津在政策支持、创新驱动、绿色发展和开放合作等方面的协同推进和相互促进，使其创新—绿色—开放三系统耦合协调度呈现平稳良好的发展态势。辽宁的耦合协调度在 2011—2014 年呈现平缓上升态势，此后连续两年出现下降，自 2017 开始有所上升，此后保持稳步发展态势，研究期间的耦合协调水平维持在濒临失调阶段。原因在于辽宁长期以资源型产业和重化工业为主导的产业结构对资源和环境的依赖性较强，在一定程度上制约了创新和绿色发展的步伐，加之辽宁的创新资源与创新动力相对不足，难以高效支撑其参与对外经济合作与竞争。

河北的耦合协调度在研究期内上升较快，从 2011 年的 0.262 增长至 2021 年的 0.489，增幅度为 86.64%，由中度失调提升至濒临失调，但仍与环渤海区域整体水平存在一定差距。其原因是河北以传统重工业为主的产业结构不利于绿色发展和创新能力的提升，而且河北对外贸易和外资利用率不高的问题制约了其开放系统的发展。研究期内环渤海区域三系统整体耦合协调水平进展良好，耦合协调度从 2011 年的 0.481 上升到 2021 年的 0.620，实现了由濒临失调向初级协调的转变。

（五）创新—绿色—共享三系统

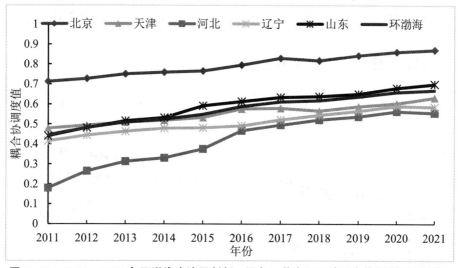

图 7-15 2011—2021 年环渤海大湾区创新—绿色—共享三系统耦合协调度演变趋势

由图 7-15 不难看出，研究期内北京创新—绿色—共享三系统的耦合协调度呈稳中有升的发展态势，且各年数值均在 0.7 以上，远高于其他四省市，由中级协调发展为良好协调。这可能与制定发布的相关政策有关，比如 2011 年北京全力推动"科技北京、绿色北京"的战略部署，全面提升了城市科技创新、生态环保和资源共享的水平。山东的耦合协调度在研究期内呈增长态势，且分别在 2013 年、2016 年实现由濒临失调转向勉强协调、由勉强协调转向初级协调。山东通过深入实施创新驱动发展战略、践行绿色发展理念、推行共享发展的普惠性政策以及促进三个系统间相互促进与协同等措施，推动了创新、绿色和共享耦合协调度的持续增长。天津的耦合协调度除在 2017 年和 2018 年略有下降之外，整体呈平稳上升态势，从 2011 的 0.479 上升到 2021 年的 0.633，由一开始的濒临失调状态逐渐进入初级协调阶段。这是因为 2015 年 2 月天津国家自主创新示范区正式挂牌成立，进一步激发了城市科技创新活力，同时深入开展"四清一绿"行动，环境质量得到进一步改善，通过不断完善城乡居民基本养老保险和基本医疗保险制度，加强公共资源供给的制度公平和兜底保障。辽宁的耦合协调度从 2011 年的 0.415 缓慢升至 2021 年的 0.586，从濒临失调阶段逐渐过渡到勉强协调阶段。河北 2011 年耦合协调度仅为 0.180，处于严重失调状态，2021 年的耦合协调度达到 0.557，进入勉强协调阶段，与其他省份的差距逐渐缩小。环渤海区域耦合协调度从 2011 年的 0.446 上升至 2021 年的 0.670，增幅达到 50.22%，耦合协调发展态势良好，且仍有较大发展空间。

（六）创新—开放—共享三系统

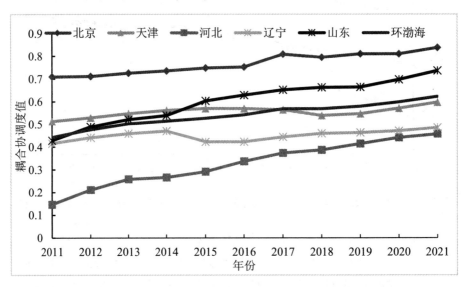

图 7-16　2011—2021 年环渤海大湾区创新—开放—共享三系统耦合协调度演变趋势

如图 7-16 所示，北京创新—开放—共享三系统的耦合协调度始终领跑环渤海区域，研究期内的耦合协调度整体增长 18.12%，实现了由中级协调向良好协调的转变。这主要得益于北京坚持"专精特新"，专注高端产业的加速发展，推动科技成果的共建共享，推动建设以制度创新、深化改革和扩大开放为重要使命的自贸试验区。山东的耦合协调度在十一年间实现了飞速增长，2011—2014 年耦合协调度居环渤海区域第三，自 2015 年起超越天津升至第二，成为耦合协调水平仅次于北京的省份，研究期内其耦合协调度由 0.428 增至 0.736，增幅 71.96%。这主要是因为在《山东半岛蓝色经济区发展规划》的战略布局指导下，胶东板块经济发展更加趋于开放和创新，经济发展中的公共设施共享机制也更加健全。天津的耦合协调度演变趋势较为平稳，研究期内一直维持在勉强协调状态，说明天津创新、开放与共享三系统的融合程度仍存在较大的提升空间。辽宁的耦合协调度在 2011—2014 年呈稳步上升态势，经历连续两年的轻微下降，于 2017 年起保持平稳的增长趋势，且其耦合协调类型未能跨越濒临失调阶段。河北的耦合协调度整体处于较低水平，也正因其起点较低，进步空间也就更大，耦合协调度由 2011 年的 0.146 增至 2021 年的 0.457，增幅高达 213.01%，从严重失调类型跃升为濒临失调类型。尽管如此，河北在环渤海区域内与其他省市的差距仍然较大。主要原因在于河北作为京津科技创新资源外溢和产业转移的承载地，自主创新能力不强，对外开放程度较低，各地级市发展存在较大差距，导致其资源共享面临一定阻力。环渤海区域耦合协调度的变化趋势稳中有升，从 2011 年的 0.443 提高至 2021 年的 0.623，增幅 40.63%，三系统耦合协调状况比较理想。

（七）协调—绿色—开放三系统

由图 7-17 来看，环渤海大湾区三系统耦合协调度呈稳步增长态势，北京的耦合协调发展水平远高于其他省市，总体呈现先平稳发展后小幅升高的趋势，2021 年已进入良好协调阶段。北京通过调整与优化经济结构和产业结构、实施环境治理工程以及积极参与国际合作，在协同推进协调、绿色和开放三者之间良性发展方面取得明显效果。天津的耦合协调度在研究期内呈平缓上升走势，整体保持在初级协调阶段。原因在于天津通过促进经济社会协调发展、加强生态环境整治力度和扩大对外开放程度，促使三系统耦合协调度保持在中等偏上水平。山东的耦合协调度在研究期内持续提升，2018 年超越天津位列环渤海区域耦合协调度第二，至 2021 年逐步实现了向中级协调的转变。这主要是因为山东出台旨在推动产业结构优化升级、城市化发展进程的政策措施，持续加大经济协调和社会协调步伐，同时加强黄河三角洲湿地管理力度以及对工业排放、污水处理等问题的监管，在对外开放方面，山东积极与共建"一带一路"国家和地区开展经贸合作。辽宁整体耦合协调度变化波动较大，2011—2014 年辽宁耦合协调类型由濒临失调上升为勉强协调，2015 年和 2016 年连续出现下降，又回归濒临失调阶段，2017—2021 年在勉强协调阶段呈波动走势。这可能是由于辽宁若实现偏资源型、偏重化型的产业结构全面转型升级需耗费大量时间和资金成本，从而在一定程度上制约其三系统耦合协调水平的提升速度。河北的初始耦合协调度最低，在研究期内的增幅最高，2011—2021 年河北耦合协调度值由 0.376 增至 0.563，增幅 49.73%，实现了由轻度失调向勉强协调的转变。原因在于河北环境污染问题由来已久，在中央《大气污染防治行动计划》《打赢蓝天保卫战三年行动计划》等重要政策的指引下，河北开始对重点行业和重点设施的污染排放进行改造升级，生态治理成效显著，由此提升了绿色系统的指标数值，进而促进三系统的耦合协调发展。环渤海区域耦合协调水平表现出稳步增长的态势，从 2011 年的 0.529 增至 2021 年的 0.660，并于 2014 年实现由勉强协调向初级协调的转变。

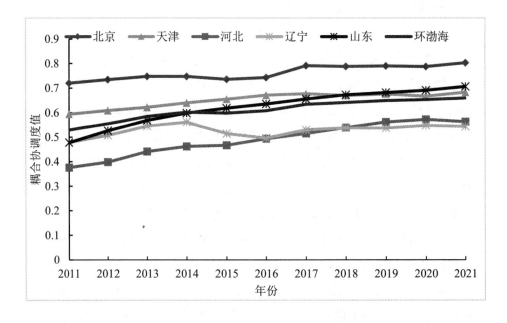

图 7-17　2011—2021 年环渤海大湾区协调—绿色—开放三系统耦合协调度演变趋势

（八）协调—绿色—共享三系统

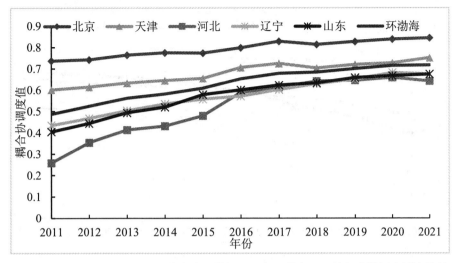

图 7-18　2011—2021 年环渤海大湾区协调—绿色—共享三系统耦合协调度演变趋势

如图 7-18 所示，北京的耦合协调度明显高于环渤海区域其他省份，2011—2021 年的耦合协调度值由 0.737 增至 0.844，实现了由中级协调向良好协调的转变。这与北京市政府高度重视并加大协调、绿色、共享发展的政策支持与引导力度是分不开的，它为北京三系统的耦合协调发展奠定了良好的政策基础。天津的耦合协调度位列区域第二，除 2018 年的数值有所下降外，其余年份均保持增长态势，研究期内实现了由初级协调向中级协调的转变。辽宁和山东的耦合协调度演变走向趋于一致，均介于 0.4—0.6 区间内，且在研究期内保持增长趋势，两省先后于 2013 年和 2014 年由濒临失调阶段进入勉强协调阶段，又相继在 2017 年和 2016 年步入初级协调阶段。辽宁和山东充分利用现有资源优势，同时主动对接和引进京津两地产业和技术，不断加强地区协调发展和绿色环保治理能力，推动公共服务提质增效，促进协调、绿色、共享三系统的共同进步。河北在 2011—2015 年的耦合协调度为区域内最低，但在考察期内耦合协调度的提升速度较快，实现由中度失调阶段到初级协调阶段的飞跃。与北京、天津相对完整和严格的环境标准体系不同，河北的地方环境标准存在滞后问题，自国家推进生态文明建设以来，河北的生态环境建设质量不断提高。环渤海区域的耦合协调度从 2011 年的 0.488 增至 2021 年的 0.717，整体呈良好上升趋势，耦合协调类型实现由濒临失调向中级协调的跨越。

（九）协调—开放—共享三系统

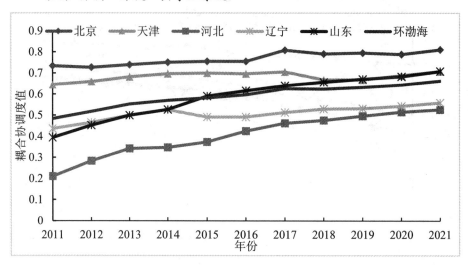

图 7-19 2011—2021 年环渤海大湾区协调—开放—共享三系统耦合协调度演变趋势

由图 7-19 可知，2011—2021 年环渤海大湾区协调—开放—共享三系统耦合协调度分布较为分散，各省市之间存在一定差距。北京的耦合协调度值始终居于首位，2011—2017 年基本呈稳步增长态势，并在 2017 年进入良好协调阶段，此后呈小幅波动态势。可能的原因是北京充分发挥其首都功能，公共基础设施、社会民生保障、对外经贸合作等方面均持续健全和强化。天津的耦合协调程度在 2011—2017 年保持稳步发展态势，2018 年出现小幅下降，此后耦合协调水平开始回升，并保持持续增长状态。这是由于天津经济与社会发展逐步实现由速度规模型向质量效益型的转变，得益于其丰富的资源基础、天然的港口优势与强大的政策支持，使其三系统的耦合协调水平保持在良好的区间范围内。山东的耦合协调度在考察期内呈明显上升趋势，由 2011 年的轻度失调发展为 2021 年的中级协调。原因在于山东不断健全和完善城市基础设施建设与公共服务体系建设，同时凭借半岛优越的地理位置，对外开放水平持续提升。辽宁的耦合协调度在 2011—2014 年呈上升态势，耦合协调类型由濒临失调转向勉强协调，2015 年的耦合协调度降至濒临失调阶段，此后的耦合协调水平又逐渐回升至勉强协调阶段。原因在于自 2015 年开始，辽宁经济增速下降，2016 年出现负增长，随之而来的是人才流失严重，从而制约了辽宁经济社会的进一步发展，不过辽宁经济短期内逐渐恢复增长，耦合协调水平也开始稳步提升。

河北的耦合协调度在研究期内居于末位，其耦合协调水平由 2011 年的 0.210 增至 2021 年的 0.527，增幅高达 150.95%，实现由中度失调向勉强协调的飞跃。其原因可能是由于河北主动承接了大量疏解北京非首都核心功能的工作，且不断夯实自身经济发展基础，加之雄安新区的建设与发展为河北营造了良好的对外开放环境。环渤海区域耦合协调度呈稳步增长趋势，从 2011 年的 0.484 提高到 2021 年的 0.663，逐步实现了从濒临失调阶段向初级协调阶段的变迁。

（十）绿色—开放—共享三系统

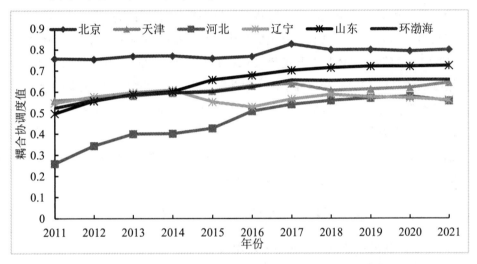

图 7-20　2011—2021 年环渤海大湾区绿色—开放—共享三系统耦合协调度演变趋势

图 7-20 展示了 2011—2021 年环渤海大湾区绿色—开放—共享三系统耦合协调度变化趋势。北京的耦合协调水平领先于其他省市，耦合协调度值一直保持在 0.7 以上，2011—2016 年演变趋势较为平稳，2017 年呈小幅增长态势，且实现了由中级协调向良好协调的转变，2018 年又降至中级协调状态，此后发展一直趋于平稳。这是因为北京持续提升科技能效水平助力绿色生态建设，且以高水平对外开放助力中国式现代化建设，贯彻"以人民为中心"的执政理念，提高公共服务水平。山东、天津、辽宁在 2015 年以前的耦合协调度差距较小，但随着时间推移，三地之间逐渐拉开差距。山东的耦合协调水平呈稳中向好状态发展，且分别于 2012 年、2014 年和 2017 年进入勉强协调、初级协调和中级协调阶段。主要原因是山东省政府一直高度重视省内生态修复和治理，持续推进经济增长方式和产业结构绿

色转型，绿色低碳高质量发展成效明显，促使绿色系统能够与开放和共享系统进行较好地融合。天津的耦合协调度除在 2018 年略有下降外，其余年份均呈上升趋势，由 2011 年的 0.560 增至 2021 年的 0.643，跨越了勉强协调和初级协调两个阶段。这是因为天津依托自身地理优势，大力发展港口航运，提高水运占比，碳排放水平明显降低，加之持续增强公共基础设施建设，并对公共服务资源进行合理分配，促使三系统耦合协调变化表现良好。辽宁的耦合协调类型始终为勉强协调，在 0.5—0.6 区间内波动，研究期内耦合协调度的增幅为 2.49%。原因在于 2014 年世界经济复苏步伐缓慢，国际市场需求不振，国内经济下行压力较大，辽宁开放系统中的对外贸易内生动力不足，致使三系统耦合协调状况不是很理想。河北的耦合协调度在研究期内整体呈上升走势，由 2011 年的 0.260 增至 2021 年的 0.557，增幅高达 114.23%，且实现了由中度失调向勉强协调的跃变。原因在于河北针对自身存在的弱势与不足，充分挖掘并发挥环首都资源禀赋和产业基础优势，加快实现产业绿色方式转型，同时借助京津辐射带动作用，形成绿色、开放、共享的融合发展格局。研究期内环渤海区域耦合协调度在 0.5—0.7 之间，整体实现由勉强协调向初级协调的转变。

三、基于四系统的环渤海大湾区协同发展水平测评

（一）创新—协调—绿色—开放四系统

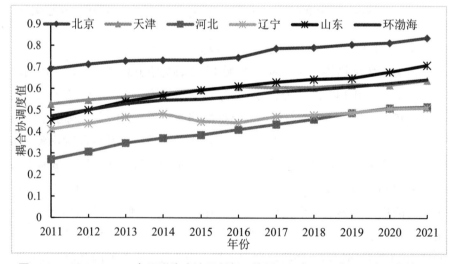

图 7-21 2011—2021 年环渤海大湾区创新—协调—绿色—开放四系统耦合协调度演变趋势

从图 7-21 不难看出，北京四系统的耦合协调度一直稳居环渤海大湾区首位，其耦合协调发展水平遥遥领先于其他省市，且呈现稳中有升的发展趋势，实现了从初级协调向良好协调的转变。主要原因在于北京各类优质资源要素相对集聚，在相应优惠政策的指导下，集聚资源的功效得以充分发挥，为北京四系统的耦合协调提供了良好的前提条件。天津、辽宁、山东、河北三省一市的耦合协调度演变也都基本呈向好趋势。其中，山东在研究期内从濒临失调逐步过渡到中级协调，实现了质的飞跃；天津完成了由勉强协调向初级协调的转变；辽宁在 2019 年及以前一直处于濒临失调阶段，到 2020 年进入勉强协调阶段；河北从中度失调逐步过渡到勉强协调，是环渤海区域耦合协调度增幅最大的省份，由 2011 年的 0.271 增至 2021 年的 0.517，增幅高达 90.77%。原因在于四省市坚持稳中求进工作总基调，主动融入新发展格局，推动经济高质量发展，尽管河北整体产业结构级别较低，创新资源相对缺乏，创新环境较为落后，但在国家政策的大力支持和京津两地的辐射带动下，河北不断加大科技资金投入，激发市场主体创新活力，推动数字产业、绿色产业发展。环渤海区域耦合协调度变化趋势稳步上升，从 2011 年的 0.472 提高至 2021 年的 0.643，实现了由濒临失调向初级协调的进步。

（二）创新—协调—绿色—共享四系统

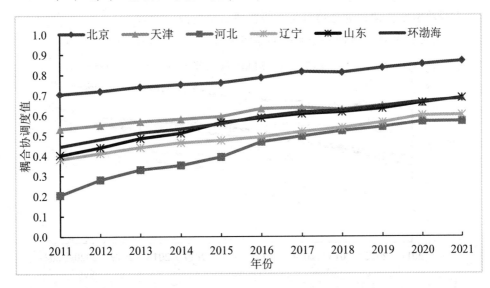

图 7-22　2011—2021 年环渤海大湾区创新—协调—绿色—共享四系统耦合协调度演变趋势

图 7-22 展示了环渤海大湾区五省市耦合协调度均呈稳中有升的变动态势，说明环渤海区域创新、协调、绿色和共享四系统正朝着更加协调的方向发展。其中，北京的耦合协调水平仍然处于领跑地位，由 2011 年的 0.705 增至 2021 年的 0.868，实现了由中级协调向良好协调的变迁。天津的耦合协调类型由 2011 年的勉强协调小幅提升至 2021 年的初级协调，增幅 28.88%。原因可能是天津先进技术与高素质人才相对集中，促进经济增长与能源转型较为便利，且基础设施建设规模和公共服务资金投入也在不断增加。山东的耦合协调度由 2011 年的 0.403 增至 2021 年的 0.686，横跨濒临失调、勉强协调、初级协调三个阶段。主要原因是山东的能源消费和碳排放量位居全国前列，随着碳排放"双控"的稳步推进，山东生态环境建设取得突出成效，逐渐弥补了绿色系统中各项指标的短板。辽宁四系统的耦合协调发展势头良好，研究期内的耦合协调度由 0.384 增至 0.601，实现了从轻度失调向初级协调的转变。原因在于辽宁在协同供需两端、提升发展质效、加快动能转换、加大民生保障四个方面持续发力，经济运行呈现稳中有进、持续向好的态势。河北的耦合协调水平与其他省份存在较大差距，但其耦合协调度在考察期内呈现出迅猛增长态势，实现了由中度失调向勉强协调的跨越。研究期内环渤海区域耦合协调度保持稳步增长趋势，从 2011 年的 0.446 提高到 2021 年的 0.683，增幅为 53.14%，耦合协调状态横跨濒临失调、勉强协调与初级协调三个阶段。

（三）创新—协调—开放—共享四系统

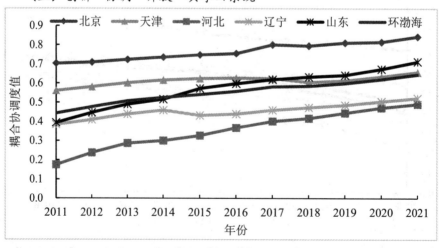

图 7-23　2011—2021 年环渤海大湾区创新—协调—开放—共享四系统耦合协调度演变趋势

如图 7-23 所示，北京近十一年间的耦合协调度均保持在 0.7 以上，即一直处于中级协调以上阶段，且呈持续增长态势，2017 年由中级协调跨入良好协调阶段。原因在于北京非常重视不断完善首都功能，通过提升经济水平与服务质量，努力扩大对外开放，促进经济与社会效益共同进步。天津的耦合协调度在 2011—2016 年呈小幅增势，并于 2013 年实现由勉强协调向初级协调的转变，2017 年和 2018 年连续出现下降，2019—2021 年又恢复增长态势。这可能是因为 2017—2018 年天津处于经济结构战略性调整和转型升级阶段，直到 2019 年其新旧动能转换才取得成效，质量效益得到稳步提升。山东的耦合协调度在研究期间表现出较大幅度的进步，于 2017 年进入初级协调阶段，2018 年超越天津成为区域内四系统耦合协调度排名第二的省份，2021 年的耦合协调度跃进中级协调阶段。辽宁的耦合协调度在研究期内呈总体上升态势，从 0.384 增至 0.523，相继横跨轻度失调、濒临失调和勉强协调三个阶段。辽宁的耦合协调度取得进步的主要原因，在于辽宁坚持走具有鲜明特色的老工业基地全面振兴之路，准确把握稳中求快、稳中求进、稳中求质的经济工作总基调。河北的耦合协调度整体上看与其他省份存在较大差距，但研究期内上升势头明显，2017 年也步入濒临失调阶段，具有较大进步空间。环渤海区域耦合协调度增长态势平稳，从 2011 年的 0.444 增至 2021 年的 0.645，并分别于 2014 年、2020 年实现由濒临协调向勉强协调以及勉强协调向初级协调的转变。

（四）创新—绿色—开放—共享四系统

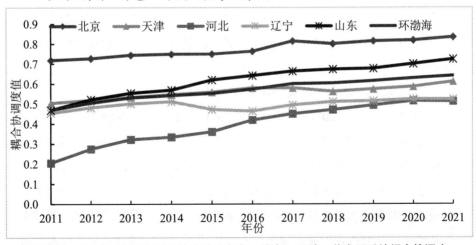

图 7-24　2011—2021 年环渤海大湾区创新—绿色—开放—共享四系统耦合协调度
演变趋势

由图 7-24 中可知，北京的耦合协调水平在研究期内均为 0.7 以上，并呈稳步发展态势，实现了从中级协调向良好协调的进阶。山东的耦合协调度均值位列区域第二，其耦合协调度从 2011 年的 0.470 增长到 2021 年的 0.723，在持续进步中实现了由濒临失调向中级协调的转变。这主要得益于山东规模以上企业研发能力的加速提升以及省政府对科技创新的高度重视，同时山东加快新旧动能转换步伐，制定并实施一系列促进自贸区海外人才流动的政策措施，为人才引进创造了良好的政策环境。天津的耦合协调度均值位居第三，在 2011—2017 年呈缓慢增长态势，2018 年略有下降，且均处于勉强协调阶段，2019 年及以后开始逐渐回升，并在 2021 年进入初级协调阶段。辽宁的耦合协调度在 2011—2014 年呈小幅上涨态势，2015—2016 年连续两年下降，此后恢复增长态势，整个研究期跨越了濒临失调阶段和勉强协调阶段。主要原因是 2015—2016 年辽宁基础设施建设投资增速回落，工业下行压力持续加大，新兴产业尚未形成规模，对生态环境的重视程度也存在不足。河北的耦合协调水平处于区域最低，且与其他省份存在较大差距，但在研究期内实现了大幅增长，2021 年的耦合协调度达到 0.513，进入勉强协调阶段。这是由于河北环境污染问题累积已久、对外开放程度不高、公共服务体系不够完善，自京津冀协同发展战略实施以来，河北坚持经济发展、社会进步、环境保护相统一，着力提升科技创新水平、社会民生福祉、生态环境质量和对外开放程度。环渤海区域耦合协调水平呈平稳上升走势，从 2011 年的 0.471 增至 2021 年的 0.641，分别于 2012 年和 2017 年实现了由濒临失调向勉强协调以及勉强协调向初级协调的转变。

（五）协调—绿色—开放—共享四系统

图 7-25 呈现了 2011—2021 年环渤海区域各省市四系统耦合协调度的演变趋势。北京的耦合协调水平最高，考察期内的耦合协调度均超过 0.7，2011—2017 年呈缓慢增长态势，并于 2017 年实现由中级协调向良好协调的跃进，2018 年出现小幅下降，2019—2021 年在良好协调阶段呈波动上升趋势。原因在于北京市政府高度重视基本公共服务供给体系建设，同时深入推进经济社会协调发展和绿色生态保护工作，以超常规的措施和力度持续打好污染防治攻坚战。天津的耦合协调度在 2011—2017 年呈缓慢上升

态势，并于 2012 年实现由勉强协调向初级协调的进步，2018 年略有下降之后又回归平稳发展状态。山东的耦合协调度在观察时段内呈持续上升趋势，从 2011 年的 0.441 增至 2021 年的 0.703，增幅 59.41%，耦合协调类型由濒临失调跃变至中级协调。由于山东省政府不断推进绿色生态建设，将生态环境治理作为重要的民心工程之一，使其绿色系统指标值增长明显，从而能够较好地与其他三系统进行良好融合。辽宁 2011—2014 年的耦合协调度持续增长，2015—2016 年出现下降，此后一直表现为平稳发展之势。这可能是因为在经济结构与政策环境的双重约束下，辽宁的市场经济发展速度趋缓、民生保障体系不完善、营商环境不够优化，阻碍了其四系统耦合协调度的快速增长。河北相较于其他省份的耦合协调水平偏低，2011 年的耦合协调度仅为 0.270，处于中度失调状态，到 2021 年增至 0.571，增幅高达 111.48%，耦合协调类型转变为勉强协调。环渤海区域耦合协调水平总体发展态势向好，从 2011 年的 0.504 增至 2021 年的 0.673，增幅 33.53%，并于 2016 年实现由勉强协调向初级协调的转变。

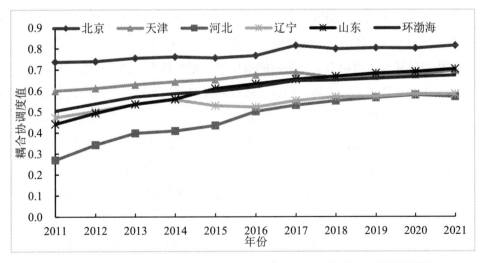

图 7-25　2011—2021 年环渤海大湾区协调—绿色—开放—共享四系统耦合协调度
演变趋势

四、基于全系统的环渤海大湾区协同发展水平测评

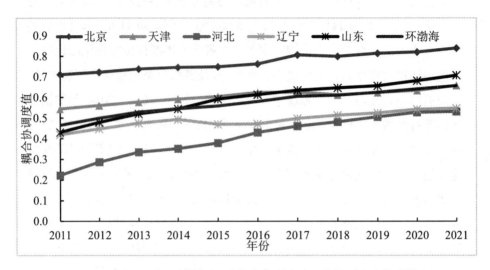

图 7-26　2011—2021 年环渤海大湾区全系统耦合协调度演变趋势

图 7-26 展现出 2011—2021 年环渤海区域创新、协调、绿色、开放、共享五大系统耦合协调度的演变趋势。北京在研究期内的耦合协调水平处于区域最前列，且始终保持良好的发展态势，2017 年实现由中级协调向良好协调的转变，说明其五个系统的指标增长相对均衡、协调程度较好。原因在于北京依托首都优势，积累了雄厚的经济实力和科技基础，为创新与协调系统的发展提供了坚实的物质基础和技术支撑；同时在绿色发展和生态文明建设方面取得了显著成效，有效促进了经济社会的可持续发展；在国际化方面，北京通过吸引外资和开展国际合作，营造了高度开放的国际化环境；在医疗、教育、社保等公共服务和民生领域，北京建立起较为完善的社会共享机制，确保发展成果惠及广大人民群众。这些因素共同促成了北京五大系统耦合协调上的良好表现。天津 2011—2017 年的耦合协调水平呈缓慢增长态势，且在 2015 年实现由勉强协调向初级协调的转化，2018 年的耦合协调度出现小幅下降，2019—2021 年表现为逐步增长态势。这是由于天津作为全国工业体系较为完备的城市，拥有先进的工业技术和众多创新型人才，这为天津经济和科技的稳步有序发展奠定了坚实基础；天津市政府着力推动"津城""滨城"双城并进，加强港产城深度融合步伐，

努力实现经济发展、绿色生态与民生改善的良性循环。山东的耦合协调度在研究期内表现出明显上升趋势,由 2011 年的 0.432 增至 2021 年的 0.707,实现了由濒临失调向中级协调的跨越。原因在于山东省陆续出台实施了一系列鼓励企业创新和推动产业绿色转型的政策,支持重点发展新一代信息技术、新材料、生物医药等高新技术产业以及金融、物流、旅游等现代服务业,促进经济结构的优化调整;山东依托青岛港、威海港等港口优势,与多个国家和地区建立了广泛的贸易合作关系,同时注重引进外资,吸引跨国公司在省内设立生产基地或研发中心;山东还建立起多层次的养老保险体系,逐步健全大病医疗、医疗救助等补充医疗保障制度,在社保体系建设上取得重要进展。辽宁的耦合协调水平在波动中呈增长趋势,研究期内的耦合协调度由 0.420 上升至 0.547,耦合协调类型由濒临失调上升为勉强协调。在过去十一年间,辽宁不断培育高新技术产业和战略性新兴产业,深化国有企业改革,全方位振兴老工业基地迈出坚实步伐,绿色生态建设逐渐取得成效,但因五系统耦合协调需要时间进行调适,其进展速度较为缓慢。河北的耦合协调度在研究期内处于区域最低水平,但上升势头非常强劲,从 2011 年的 0.222 上升至 2021 年的 0.532,增幅达到 139.64%。原因在于河北积极实施“制造强省”战略,解决经济和产业结构不合理问题,并且致力于发展高新技术制造业;在经济保持平稳健康发展的同时,河北还注重生态环境保护。由于各方面基础相对薄弱,河北五系统耦合协调水平起点最低,因而进步空间更大。环渤海区域的耦合协调水平呈现稳中有升的发展态势,其耦合协调度从 2011 年的 0.466 增至 2021 年的 0.657,增幅 40.99%,由濒临失调阶段逐步转至初级协调阶段,且有较大的提升空间。

第八章 环渤海大湾区城市群府际协同治理体系建构

第一节 环渤海大湾区城市群府际协同治理理论框架

以城市群为构成要素的区域府际协同治理是国家治理的重要组成部分，在大力推进国家治理体系和治理能力现代化的背景下，研究提出适用于解析我国区域城市群府际协同治理特质与问题的理论框架具有重要的理论与现实意义。通过对协同治理理论的本土化探讨，得出我国城市群协同治理的核心主体是政府。城市群内各城市的有序发展及整体优势的发挥需要加强府际关系的协调，而城市政府间结构上的复合交融和机制内的联系互动则与协同治理的整体性特质相契合。具体而言，城市群府际协同治理结构以"复"为核心要义，即各城市政府因具有不同的行政等级（结构形式）而具备复合特质，各城市间或重叠或互补的城市功能（结构内容）则显示出交融特征。与此同时，城市群府际协同治理机制将"联"作为整体凝练，意在体现从机制建立需具备的前提条件到机制运行所依靠的合力动能再到机制持续工作的基本保障，均离不开各城市政府间的联系互动。基于此，提出"复联式"府际协同治理理论框架（见图8-1）。

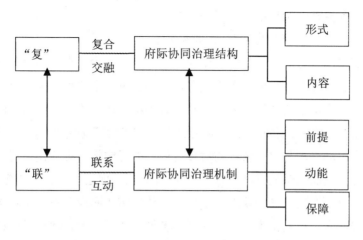

图 8-1　"复联式"府际协同治理理论框架

第二节　环渤海大湾区城市群府际治理特征

一、环渤海大湾区城市群府际治理结构特征

治理结构是区域治理体系的基础和支撑，决定了体系牢固、稳健与否，影响着体系运行的效能。稳健可靠、功能尽显的治理结构可有效抵御外界不利因素的干扰，增强治理主体之间同心聚力、共谋发展的信念。由于环渤海区域内各城市政府的行政级别不尽相同，因此从形式上看，呈现出行政等级多层复合的特征，而行政级别的高低通常与其掌握的权力和资源成正比。与形式相对的是内容，体现在城市群府际治理上，由城市功能来表示。环渤海区域不同城市间的功能定位不尽相同，比如北京是我国的政治文化中心、国际交往中心、科技创新中心，天津将城市功能定位在全国先进制造研发基地、北方国际航运核心区、金融创新运营示范区和改革开放先行区，石家庄是全国重要的战略性新兴产业和先进制造业基地，国家级综合交通枢纽和国家级商贸物流中心、科技创新和成果转化基地，保定将京津冀一体化发展先行区、国家新能源与先进制造业基地、国家历史文化名城与京畿旅游休闲区作为城市定位，沈阳则以先进装备制造业基地和国家历史文化名城跻身东北地区中心城市之列，济南在大力发展装备制造业的同时，还从科创、金融、文化、康养等领域为城市赋能。环渤海大湾区

城市群府际治理结构呈现以下三个主要特征。

(一)"一体"带"两翼",城市有级差

随着京津冀协同发展战略不断向纵深推进,"一体"在环渤海区域城市群中的核心地位愈发突出,作用发挥也更为显著。京津冀三地政府在区域协同发展领导小组的统领下分别设立地方小组,协调执行国家出台的相关政策。在"一体"的示范引领与辐射带动下,"两翼"加速融入"一体"发展之中,主动寻求与"一体"的对接合作,如辽宁将"推动建设辽西融入京津冀协同发展战略先导区"纳入本省"十四五"规划,山东专门成立"对接京津冀协同发展联席会议办公室"。"一体"带"两翼"形塑了环渤海区域城市群府际治理的基本结构,区域内各城市政府间的行政级差则在不同程度上影响着治理结构的延展性、耦合性与能动性,如"一体"内京津两地政府与保定市政府、唐山市政府之间的行政级差,"北翼"内沈阳、大连两市政府与抚顺市政府、丹东市政府之间的行政级差,"南翼"内济南、青岛两市政府与东营市政府、烟台市政府之间的行政级差,以及"一体两翼"内北京与沈阳、天津与威海、青岛与盘锦城市政府之间的行政级差。这些府际行政级差错综交织在一起,客观上增加了构建环渤海大湾区城市群府际协同治理结构形式上的复杂性。

(二)"块块"显张力,形式受影响

属地行政管理体制与区域一体化发展之间的张力一直是制约我国地方政府间可持续、深层次合作的障碍[1],张力产生的根本原因是地方政府难以在属地和区域之间进行合理的权力与利益分配。与长三角区域和粤港澳大湾区相比,环渤海区域城市群中代表各城市政府的"块块"因数量众多且关系错综复杂,更容易产生张力。在京津冀协同发展战略的指引下,"块块"逐渐跳出"一亩三分地"的局限思维,着眼于区域整体利益,不断增强府际合作关系与提升府际合作水平。为抢抓疏解北京非首都功能这一战略机遇期,被称为"千年大计"的雄安新区、一体化战略圈内的天津以及保定、廊坊、承德、张家口等地,都在积极承接非首都功能疏解项目,努力推动优质项目落地实施;聊城、德州、滨州、东营四市在山东省委、省政府的大力支持下,争相承接京津产业转移;青岛、济南也在项目承接、产业对接与市场引入上积极探索行之有效的方式方法;北京更是通过全力

---

① 王学栋、张定安:《我国区域协同治理的现实困局与实现途径》,《中国行政管理》2019 年第 6 期。

支持雄安新区建设和高水平规划建设城市副中心，加强同承接项目的城市政府之间的深层次协作。然而，环渤海区域一些城市政府部门及官员在绩效考核与职位晋升的驱动下，通常会表现出以实现所辖行政区经济与社会发展目标为主导的自利性与排他性，"块块"之间的张力尺度逐渐增大，对城市群府际治理结构形态产生影响。

（三）功能定位明，内容分情形

环渤海区域各城市的功能定位总体上看较为清晰，彼此间存在着不同程度的功能重叠与互补。有些城市的功能定位具有较强的异质性与辨识度，像北京、天津、石家庄、沈阳、大连、济南、青岛等，也有少数城市的功能定位不甚明确，甚至还有个别城市缺乏功能定位。进一步分析城市功能关系不难发现，有些城市的功能存在部分重叠，如保定、张家口、沧州、德州均将新能源产业基地作为城市主要功能之一，盘锦、东营、淄博将城市功能定位在石油化工重要基地或现代工业城市上；有些城市功能属于互补型，如保定、廊坊、承德与京津两地在产业转移与创新改革方面具有功能互补空间，鞍山、营口、丹东、滨州等资源型城市可同发展先进制造业的城市进行优势互补；还有一些港口城市如天津、青岛、大连等，因其功能定位的国际化程度较高，现已成为连接国内外市场和吸引国际合作投资的中心城市。

二、环渤海大湾区城市群府际治理机制特征

"机制"一词最早源于自然科学领域，是指机械和机能的互相作用、过程和功能[①]。后来进入社会科学领域被广泛使用，意为通过一定的运作方式将事物各部分联系在一起，促使其协调运行而发生作用。以治理结构为载体的环渤海区域城市群府际治理机制得以正常运作离不开构建前提、运行动能和全程保障，由此得到该区域府际治理机制包含三个具有较强逻辑关联的子机制：联结子机制、合力子机制与控制子机制。为系统深入地把握环渤海大湾区城市群府际治理机制，对其特征做如下分析。

（一）环境影响广，联结有亲疏

所谓联结，是行动者或要素之间产生关联并相互结合形成的一种初始关系状态，客观环境与主观驱使均可触动联结子机制按钮，环渤海区域各

---

① 孔伟艳：《制度、体制、机制辨析》，《重庆社会科学》2010 年第 2 期。

城市政府间的互动行为与关系调适的产生也都以联结子机制的作用发挥为前提条件。从客观环境上看，政治环境之创新驱动发展战略、京津冀协同发展战略和设立雄安新区等一系列党和国家的重大战略规划，经济环境之立足国内大循环与促进国内国际"双循环"、加快区域经济一体化发展和疏解北京非首都功能等创新理念和重要举措，以及自然地理与社会人文环境都会对环渤海区域城市群府际治理联结子机制的运行产生不同程度的影响。从主观驱使上看，区域内各城市政府为提升本地经济社会发展水平，也会积极主动寻求与其他城市政府的联结。现阶段，城市群府际联结子机制的正常运转主要归功于客观环境，也即不同城市政府在政治、经济、社会、自然等多种环境因素的共同影响下会发生联结。进一步分析可知，这种联结是基于环境力量作用于主体本身的强弱程度，从而表现出远近亲疏的关系样态，特别是属于不同城市群或具有行政级差的城市政府之间联结关系的形成就更加依赖客观环境。环渤海区域内城市政府完全凭借主观意愿驱使自发形成的联结却并非主流，而且在联结后，一般仍会受到客观环境的较大影响。

（二）合力分内外，竞合非均衡

随着城市政府间联结关系的形成，产生于客观环境中的外在压力和存在于主观驱使中的内生动力从蓄势状态开始逐渐显露继而爆发，并迅速启动激发城市政府间竞合动能的合力子机制开关。具体分析可知，合力子机制中的外部压力主要来源于中央领导人的重大决策与战略构想、国家围绕该区域相继出台的政策以及国内其他重点区域强势发展的扩散效应。其中，第一个压力源的力度最大，可直接助推第二个压力源的形成，第三个压力源既可辅助前两个进一步扩大压力程度，亦可单独发力。由于外在压力来源多、力度大，特别是前两个压力源具有强大的权威性与合法性，能够高效促成环渤海城市政府间的通力合作。而合力子机制中的内生动力源自各城市政府的利益偏好与发展诉求，由此形成的合作关系在外部压力的推动下会变得更加稳定与持久。如京津冀城市群已建立起相对健全的府际联席会议制度，府际合作网络也已基本形成；"辽宁沿海经济带六城市系列合作框架协议"的签订促成城市政府间的合作落地；山东半岛蓝色经济区府际合作机制的构建为健全联动共赢的发展格局发挥强有力的推动作用。强大的合力作用不仅能够加深城市政府间的合作观念，还可改善其互动关系，进而形成一种"竞合非均衡"的局面，即合作关系占据主导地位，竞争关系变得相对温和。当环渤海城市政府间的互动合作明显提升所辖城市的对外竞争力时，彼此间的竞争关系则会因实力相当而趋于增强，致使合作关系相对减弱。

（三）管控不健全，保障空间大

虽然我国区域一体化进程正在不断加深，但在区域范围的管控依旧不足[①]。这就需要控制予以保障，控制子机制由此应运而生。纵观环渤海区域，控制职能并未得到多数政府官员的足够重视，与管控相关的配套政策尚不健全，保障该区域城市群府际治理机制的正常运行仍有较大拓展空间。尽管一部分城市政府已通过履行府际联席会议制度、签订府际合作框架协议、组建府际战略合作联盟等加强联动合作，但或是缺乏对合作中可能出现的问题进行估计和预判，或是未能及时对合作中已经发生的违背协议、争权诿责、分配失衡等问题进行纠偏，抑或是在问题出现后，没有立即采取补救措施，最终导致合作难以为继。这是因为有些城市政府官员对于跨行政区的合作缺乏控制意识，比如一些城市政府在府际合作中通常具有较强的话语权和影响力，在互动过程中更有可能消极对待控制。此外，即使合作各方具备控制意识，但在合作初期为能尽快达成合作意向、推动合作顺利开展，可能会把控制搁置一旁。

第三节　环渤海大湾区城市群府际协同治理体系建构

等级式与协商式是整体政府的两种治理路径，前者强调中央权威和自上而下的层级节制，后者依托组织之间的差异性开展"协商而非等级命令"式的协调合作[②]。在我国现有的政治行政体制下，城市群内各治理主体的统一行动与相互合作很大程度上依赖等级式治理下"强制性协调空间"的安排，中央政府在其中扮演关键角色，尤其是超大区域城市群府际治理更需要中央政府的统领和指导。环渤海区域城市群因覆盖地域宽广、结构形态错综、功能关系多样、运行机制复杂，需要党中央和国务院的统一部署与指挥协调。因此，应强化中央在构建环渤海大湾区城市群府际协同治理体

---

① Wu Fulong, "China's Emergent City-region Governance: A New Form of State Spatial Selectivity through State-orchestrated Rescaling", *International Journal of Urban and Regional Research*, Vol.40, No.6, 2016, pp.1134-1151.

② 蒋敏娟：《中国政府跨部门协同机制研究》，北京：北京大学出版社，2016 年。

系中的统领地位。具体而言，需要中央不仅从结构维度对城市群形态、各城市政府的行政级别、各城市的功能定位进行规划与指导，还需通过机制维度深刻影响各城市政府间的联结关系、竞合程度与管控效果。根据"复联式"府际协同治理理论框架，结合环渤海区域城市群府际治理特征，构建环渤海大湾区城市群府际协同治理体系（见图8-2）。

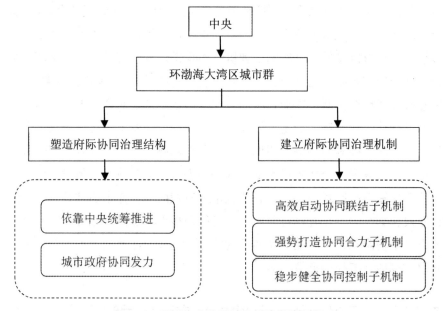

图8-2　环渤海大湾区城市群协同治理体系

由图8-2可知，环渤海大湾区城市群府际协同治理体系属于纵向等级式治理。中央一般会通过领导人讲话、颁布公共政策、搭建区域合作平台、成立议事协调机构等方式形成协同治理的总体思路，各城市政府为贯彻落实中央战略规划和决策部署，会在其五年规划、政府工作报告及相应配套政策中明确体现中央精神。基于此，再进一步将塑造府际协同治理结构与建立府际协同治理机制作为构建环渤海大湾区城市群府际协同治理体系的两大重要抓手。

一、塑造府际协同治理结构

（一）依靠中央统筹推进

环渤海区域已形成"一体两翼"的城市群结构形态，塑造府际协同治理结构的首要任务便是优化结构整体与强化结构功能。由于不同城市政府间存在行政级差与张力作用，因此需要依靠中央统筹推进。作为结构核心的"一体"，因 2014 年以来持续得到党和国家的高度关切与政策支持，其府际协同治理结构已基本塑就，"两翼"在"一体"的强大辐射带动下，正积极寻求和创造机会融入"一体"之中。为加快形成府际协同治理结构，"两翼"内的城市治理主体要在中央的统领下，从全局出发，合理调适与其他城市政府之间的关系以及在"一体"中的角色扮演和作用发挥。与此同时，"一体"城市群政府要继续在中央的指导下，将巩固与增强府际协同治理结构及其功能推向纵深。

（二）城市政府协同发力

环渤海城市群中的中心城市政府应基于中央要求，在明晰其所辖城市比较优势与发展前景的基础上，充分发挥辐射带动作用。中心城市政府需根据中央精神和宏观规划及时出台相应配套政策，以不断增强城市活力、培育区域经济增长极，还要注重加强与其城市功能和产业优势互补的其他城市政府之间的协同支持。中心城市政府之间要积极寻求共识、拓展融通共赢的新空间，从而提高城市群的集聚经济效益，加快推动城市群的协调发展。与此同时，非中心城市政府需要清晰界定所辖城市功能，打造城市名片，突出地方发展特色，并以此努力增强与中心城市政府的协同互动能力。

二、建立府际协同治理机制

（一）高效启动协同联结子机制

协同联结子机制是府际协同治理机制构建的基础，高效启动协同联结子机制是全面推进府际协同治理机制运行的前提。为提升环渤海城市群府际协同联结子机制效能，需要坚持与时俱进原则，区域内各城市政府应树立"由己至彼扬长避短"和"由彼至己取长补短"的协同联结观念，利用好客观环境助力城市群发展所释放的强大组合红利，再根据与其他城市政府之间的联结历史或联结意向，建立府际协同联结关系。在此过程中，各城市政府可综合采用"一对一""一对多""多对多"等协同联结方式，在求同存异中扩大协同联结范围与加深协同联结程度。但需注意的是，城市政府间的协同联结关系在以客观环境推动逐渐转为主观因素驱使之前，政治和经济环境所产生的影响不能被削弱。

（二）强势打造协同合力子机制

根据合力运算法则，在两个分力大小相同的情况下，分力方向越相近，合力越大，分力方向完全相同时，合力最大。由于环渤海区域城市群府际合力子机制的动力来源于外在压力与内生动力，所以强势打造协同合力子机制既要增强内外协同分力，又要最大程度地增强二力的同向性。第一，以外部压力助推协同治理效能的提升。为有效弥合"块块"之间的张力，激发各城市政府的内生动力，促使其与外在压力同向性增强，要将外部的三个压力源持续产生的强大推力高效转化为一系列的制度优势，如互动合作制度、利益分配与补偿制度、考评激励制度、学习实践制度等，进而将制度优势转化为城市群府际协同治理效能。第二，促进外力作用效率和公平的有机统一。在外部压力作用于城市本身及治理主体时，中心城市会优先获得更多收益，这就需要兼顾非中心城市的利益诉求，使有限资源在区域内获得合理配置，从客观上增强非中心城市政府参与区域协同治理的意愿。第三，优化外部压力的作用方式。因各城市政府的资源占有和治理能力不同，三大城市群的发展水平也存在差异，因此在施加外力时，要因时因地、有的放矢地将其作用于相应治理主体。外力经由不断完善转变为促协同外力后，将创出更加公正、开放、和谐的治理环境。而且与一般外力相比，促协同外力还能妥善解决因城市间无序竞争引发的负面问题。然而外因是条件，内因才是根本。环渤海区域各城市政府借助促协同外力提高其内生动力的强度与韧性的过程，也是推动后者逐渐转变为促协同内力的过程。促协同外力与促协同内力方向一致、互相促进，共同为协同合力子机制的运行提供强大动能。

（三）稳步健全协同控制子机制

第一，环渤海区域各城市政府要认识到实施控制的必要性和重要性。各城市政府要对建立健全协同控制子机制达成共识，这需要中央出台旨在加强协同控制力度的政策，从而更加便捷地创造有利于协同控制子机制运行的制度环境。第二，各城市政府依据中央政策制定出协同控制的行动方案和操作办法。协同合作各方应按照所处的控制阶段，讨论制定并形成各方认同的协同控制内容，并将其写入城市政府间的合作协议中。第三，各城市政府要严格执行协同控制条款。对于初步建立协同合作关系的城市政府要进行前馈控制，随着协同合作关系的加深，需及时对合作中出现的问题启动同期控制，如果问题因未能解决而出现不良后果，需立即实施反馈控制。治理主体一旦出现违反合作协议的情形，要在第三方的监督下承担相应责任。此外，协同控制子机制在实际运行时还需各城市政府把握好度，即将控制成本限定在合适的区间，避免因控制过度造成子机制僵化，导致府际协同治理体系整体效能的下降。

第九章　环渤海大湾区科技创新政策协同演变及其影响

　　党的二十大报告明确指出，"必须坚持科技是第一生产力、人才是第一资源、创新是第一动力，深入实施科教兴国战略、人才强国战略、创新驱动发展战略，开辟发展新领域新赛道，不断塑造发展新动能新优势。区域科技创新理论认为，科技创新和进步是区域经济可持续发展的主要驱动力，而科技进步速度和科技创新效率会直接影响区域经济进展情况。科技创新既有利于化解区域发展不平衡不充分矛盾，统筹推进区域协调发展，也能高效推动各地区间分工协作，实现资源要素的优势互补与互利共赢，为区域经济发展带来良好机遇[①]。为全面深入贯彻落实创新驱动发展战略、科教兴国战略、人才强国战略，着力促进科技创新高质量发展，环渤海区域内各省市分别制定出台了一系列科技创新政策。制定科技创新政策不仅需要兼顾多元化的政策目标，还要综合运用各种政策工具，科技创新政策目标之间和政策工具之间的有效协同对于区域创新绩效的影响日益凸显，政策间的相互配合与协调对于政策效果的充分发挥、科技创新活动效率的有效提升均能产生举足轻重的作用。然而，受地方利益和协调成本等复杂因素的影响，区域科技创新政策协同效果如何，政策协同又对该区域创新绩效产生怎样的影响，这些问题都值得深入研究。

---

　　① 燕连福、程诚：《科技创新促进共同富裕的独特优势、面临挑战与推进路径》，《北京工业大学学报》（社会科学版）2024 年第 5 期。

第一节　环渤海大湾区科技创新政策文本的遴选与量化

一、政策文本来源

为研究区域政策协同演变的特征、趋势与规律，深度剖析不同类型的政策工具协同、政策目标协同对区域创新绩效的影响差异，需要以时间跨度足够长、具有代表性的区域及相应政策作为研究对象。由于 2011 年和 2016 年分别是国家"十二五"和"十三五"规划的开局之年，时间横跨两个五年规划，而且 2019 年全国两会提出构建环渤海大湾区是未来建设以首都为中心的世界级城市群的重要一环，基于此，选取 2011—2021 年环渤海区域内五省市发布的科技创新政策进行研究。这里搜集的科技创新政策文本主要源自两部分：一是各省或直辖市政府、科技厅/局以"科技""科技创新"为关键词进行全文检索获取的政策文本；二是利用北大法宝网、国家法律法规数据库在已获取的政策文本基础上做进一步补充。与此同时，将发明专利授权量和新产品销售收入作为衡量区域创新绩效的指标。一方面，科技创新与专利之间的耦合性与关联程度较强，专利授权量是衡量地区科技研发水平的重要指标，能够直接反映科技创新政策带来的成果产出；另一方面，新产品销售收入代表区域的创新成果和商业化水平，能够反映科技创新政策带来的经济产出。这两类指标数据来源于《中国统计年鉴》及各省市统计年鉴。

二、政策文本处理

为确保政策文本来源具有较高的准确性、代表性和针对性，按照如下原则对政策文本进行筛选：一是将来自不同渠道的政策文本进行对比分析，剔除重复文件；二是保留与科技创新活动密切相关的政策文本；三是剔除发文主体为国家或区县级别的政府文件；四是选取能够体现环渤海区域各省市政府政策的文件，领导讲话、会议纪要等被剔除。

根据上述原则，最终遴选出科技创新政策有效样本 697 份，其中北京市 206 份、天津市 137 份、河北省 118 份、山东省 136 份、辽宁省 100 份，其中包括法律、条例、实施办法、通知、决定等。为消除量纲的影响，采用极值法对创新绩效、科技资金投入、科技人员投入作归一化处理。

三、政策文本量化

政策文本是政策内容的载体，是政府处理公共事务的真实反映和行为痕迹，是对政策系统与政策过程客观的、可获取的、可追溯的文字记录①。政策文本量化分析是指在研究过程中引入统计学和文献计量学等学科方法，对政策文本内容与外部结构要素进行量化分析，并结合基于文本内容的定性分析方法，梳理政策议题的历史发展脉络、政策发布主体的府际网络关系以及政策工具的选择与组合、政策的主要关注点等公共政策研究问题。

（一）政策数量年度变化

为推动环渤海区域科技创新高质量发展，区域内各省级政府制定颁布了一系列科技创新政策，以解决科技发展中面临的问题和促进实现科技发展预定目标，科技创新政策数量总体上呈迅速增长之势。与 2011 年相比，2021 年环渤海区域科技创新政策数量增长达 3 倍以上。各年份政策文本数量如图 9-1 所示。

图 9-1 2011—2021 年环渤海区域五省市科技创新政策文本数

---

① 黄萃、任弢、张剑：《政策文献量化研究：公共政策研究的新方向》，《公共管理学报》2015 年第 2 期。

（二）政策文本类型分布

环渤海区域科技创新政策文本类型以办法、通知公告为主，还包括条例、方案、意见等。其中，"办法"类（122 项）及"通知公告"类（112 项）的政策文本数量居于前两位，占比分别为 27.92% 和 25.63%。政策文本类型分布具体如表 9-1 所示。

表 9-1　2011—2021 年环渤海区域科技创新政策类型分布情况

区域	通知公告	意见	办法	方案	条例	细则措施	其他
北京	40	33	59	17	7	22	13
天津	60	5	33	5	15	6	8
河北	12	17	30	18	7	26	4
辽宁	17	48	1	26	0	4	4
山东	53	31	2	21	5	14	10
环渤海区域	112	55	122	40	29	54	25

（三）政策高频主题词变迁

通过阅读遴选出的环渤海区域科技创新政策文本，对文本中的关键词或主题词共同出现在同一政策文本中的现象进行分析，提取出与科技创新相关的高频主题词（见表 9-2）。

表 9-2　环渤海区域科技创新政策样本高频主题词统计

关键词	频数	关键词	频数
创新	269	人才支持	105
科技支撑	218	企业	91
公共服务平台建设	189	专项资金	84
金融支持	135	税收优惠	75
资金投入	124	知识产权	55
科技成果转化	108	人才引进	39

由表 9-2 整理并生成共词矩阵，部分统计结果如表 9-3 所示。

表 9-3　环渤海区域科技创新政策样本高频关键词共词矩阵（部分）

关键词	创新	科技支撑	公共服务平台建设	金融支持	资金投入	科技成果转化
创新	0	112	101	75	60	56
科技支撑	112	0	71	55	62	44
公共服务平台建设	101	71	0	58	63	48
金融支持	75	55	58	0	55	36
资金投入	60	62	63	55	0	41
科技成果转化	56	44	48	36	40	21

　　根据前文关于环渤海区域建设与发展历程的划分，对其科技创新政策样本中高频关键词的变迁历程进行深入分析。

　　1. 初步发展阶段（2011—2013 年）[①]

　　通过分析可知，创新、科技支撑、资金投入为这一时期环渤海区域科技创新政策样本中的高频关键词，其中科技支撑出现的频次最高，主要原因是这一时期环渤海区域科技创新尚处于初步发展阶段，建立健全相关体制机制、增加相应的资金投入、完善科技创新基础设施建设对于支撑与促进科技创新主体发展更为重要。统计结果见图 9-2。

图 9-2　2011—2013 年环渤海区域科技创新政策样本高频关键词词云统计

---

　　① 环渤海区域的初步发展阶段为 2004—2013 年，考虑到科技创新政策文本统计起始时间为 2011 年，故将政策样本高频关键词变迁历程中的初步发展阶段时间界定为 2011—2013 年。

2. 重点发展阶段（2014—2018 年）

创新、科技支撑、公共服务平台建设是这一时期政策样本中的高频关键词。与初步发展阶段不同的是，在重点发展阶段，公共服务平台建设出现在科技创新政策文本高频关键词中，说明公共服务平台建设是这一阶段科技创新发展中重要的政策主题之一。建设公共服务平台是整合资源、服务公众、连接供需、中转要素的重要行动，加快推动科技创新离不开如国家重点实验室、创新服务平台、孵化器、众创空间等公共服务平台的要素集聚和作用发挥。统计结果见图 9-3。

图 9-3 2014—2018 年环渤海区域科技创新政策样本高频关键词词云统计

3. 迈向新阶段（2019—2021 年）[①]

这一时期环渤海区域科技创新政策样本高频关键词仍为创新、科技支撑和公共服务平台建设，与重点发展阶段保持一致。此外，金融支持和人才支持也频频出现在政策样本中，说明财税金融和科技人才政策支持对于科技创新活动的激励程度在逐步加深。统计结果见图 9-4。

---

① 环渤海区域的建设与发展自 2019 年起开始迈向新阶段，但科技创新政策文本统计截止时间为 2021 年，故将政策样本高频关键词变迁历程中的迈向新阶段时间界定为 2019—2021 年。

图 9-4　2019—2021 年环渤海区域科技创新政策样本高频关键词词云统计

（四）政策文本内容量化

1. 量化标准

政策文本是政策思想的载体，从政策文本内容出发对政策协同进行量化分析，有利于研究政策制定的原理，揭示政策背后的利益博弈[①]。测量环渤海区域各省市科技创新政策协同度，首先要对政策文本进行量化操作，具体是将政策目标、政策工具和政策力度作为政策文本量化操作的指标。

（1）政策目标。政策目标反映出一项政策要达到的目的，借鉴彭纪生等[②]的分类思路，将科技创新政策目标分为创新、科技成果转化、人才及技术引进、知识产权保护、消化吸收。具体而言，创新目标突出新技术、新成果的发明；科技成果转化目标是指科技成果的市场化、商品化，直接将科技与经济联系起来；人才及技术引进目标强调通过给予优惠、简化程序等方式，引进国内外优秀创新人才以及先进技术和产品；知识产权保护目标旨在通过对创新主体智力劳动成果的保护，激发其创新积极性；消化吸收目标，强调对引进技术进行分析研究实现本土化发展。依据政策文本对于政策目标描述的明确和详细程度，对其进行赋分。以创新目标为例，具体量化标准如表 9-4 所示。

---

① 杨佳雯、赵志耘、高芳：《基于文本量化分析的中国省级人工智能政策布局研究》，《现代情报》2022 年第 7 期。

② 彭纪生、仲为国、孙文祥：《政策测量、政策协同演变与经济绩效：基于创新政策的实证研究》，《管理世界》2008 年第 9 期。

表 9-4　政策目标量化标准（以创新为例）

政策目标分类	赋值	量化标准
创新	5	强调自主创新、原始性创新；建立区域创新体系；从各个方面大力支持创新活动
	4	加大税收、资金方面的支持力度；编制区域创新计划
	3	给予创新活动资金支持；编制专门的创新计划或者年度创新计划
	2	给予一定的税收或者资金支持；提出创新相关建议
	1	仅提及自主创新、创新等相关词汇，缺乏具体的政策
注：若政策文本不涉及该目标，则赋值为0。		

（2）政策工具。政策工具是政府为实现政策目标所采取的方法和手段。借鉴罗斯威尔（Rothewell R）和泽格维尔德（Zegveld W）[①]的分类方法，将科技创新政策工具分为需求型、供给型和环境型三类：需求型工具是对科技创新发展产生拉力作用的政策工具；供给型工具是对促进科技创新产生推力作用的政策工具；环境型工具是对科技创新产生影响作用的政策工具。其中，需求型与供给型工具的协同使用，有利于从拉和推两方面促进科技创新；需求型与环境型工具的协同使用，有助于拉动科技创新事业的发展，同时为科技创新提供良好的支持环境；供给型与环境型工具的协同使用，不仅能为推动科技创新提供必要的资源支持，还可为促进科技创新营造良好的氛围。根据不同类型政策工具的含义与作用，再将其进一步细分，具体如表 9-5 所示。

表 9-5　政策工具类型细分

政策工具类型	政策工具细分
需求型	政府采购
	外包
	贸易管制
	人才支持
供给型	技术支持
	资金支持
	公共服务
环境型	税收优惠
	金融支持
	法规管制

---

① Rothewell R and Zegveld W, *Industrial Innovation and Public Policy: Preparing for the 1980s and 1990s*, London: Frances Printer, 1981.

依据政策文本对政策工具描述的详细程度以及政策工具本身被执行的力度，对其进行量化处理。以供给型政策工具中的人才支持措施为例，对其进行赋值，具体如表 9-6 所示。

表 9-6　供给型政策工具量化标准（以人才支持为例）

工具细分	赋值	量化标准
人才支持	5	充分尊重人才与知识，有详细的人才奖励、表彰制度；最大限度培养人才、鼓励人才流动；有完善的社会福利与保障制度；设计和完善各类教育、培训体系，如设计高等教育发展体系、企业员工技能培训体系
	4	对人才的科技创新、科技转化等活动建立奖励机制；鼓励人才流动；有好的社会福利与保障制度；制定短期的、针对个别产业的人才发展规划；强调各类教育和培训
	3	对有重要贡献的人员给予报酬等奖励；相对完善的社会福利与保障制度；制定短期的、针对个别产业的人才发展规划；强调各类教育和培训体系的建设
	2	对有重大贡献的人员提取奖金作为奖励，鼓励人员流动；强调各类教育、培训体系的建设，但没有制定人才发展规划
	1	仅提及对有贡献的科技人员奖励，但未做详细阐述，缺乏具体的配套政策

注：若政策文本不涉及该工具，则赋值为 0。

（3）政策力度。政策力度用来描述政策文本的法律效力，代表政策所体现的权重。借鉴已有研究[①]，将政策颁布机构级别和政策文种类型共同作为政策力度的评价标准，具体赋值如表 9-7 所示。

表 9-7　政策力度量化标准

赋值	量化标准
5	省级的人民代表大会及其常委会颁布的有关科技创新的地方性法规
4	省政府颁布的有关科技创新的规定、办法、意见、通知等
3	省政府颁布的相关暂行规定或试行办法等
2	省科技厅、财政厅、宣传部等有关局颁布的意见、办法、指南、方案、条例、标准、暂行规定、细则、规划等
1	省科技厅、财政厅、宣传部等有关厅局发布的通知、公告等

---

① 李丽、陈佳波、李朝鲜等：《中国服务业发展政策的测量、协同与演变——基于 1996—2018 年政策数据的研究》，《中国软科学》2020 年第 7 期。

2. 量化流程

依据不同政策指标的量化标准，对科技创新政策文本进行量化操作，具体流程分为三步：第一，政策编码。按照"政策编号-条款编号-政策目标（政策工具）编号"的方式进行编码，若某一政策条款同时包含两种或两种以上的政策目标（政策工具）类型，则分别对其进行编码。第二，政策打分。邀请研究方向为科技政策、科技创新、科技治理的高校教师和研究生9人，对各项政策的目标、工具和力度分别打分。首先随机选取10项政策进行预打分，方向一致率为63.25%，依据打分情况对分值差距较大的指标进行讨论并取得共识；再次进行预打分，方向一致率为83.69%，针对有异议的政策指标再次进行讨论，进一步修正量化标准，在确定最终政策量化标准后进入正式打分环节。第三，根据每位参与者的打分情况，分别计算各项政策在目标、工具和力度上的平均分，计算得到各项政策的效力分值。

第二节　环渤海大湾区科技创新政策协同演变分析

随着政策发布数量的逐渐增多，政策运行环境复杂性、不确定性和无序性的日益加剧，简单的政策组合会导致部门之间出现利益冲突、资源浪费等问题。而政策协同能够使政策之间协调配合、形成合力，避免政策间不兼容、不协调情况的发生，从而达到良好的政策实施效果，实现帕累托最优。

一、分析框架及方法模型

基于协同学的核心观点，同时借鉴政策协同及与创新绩效影响关系的研究文献，构建部门-要素-系统三维分析框架（见图9-5），对环渤海区域科技创新政策的协同演变趋势进行深入研究。

如图9-5所示，在部门维度，运用社会网络分析法对科技主管部门与其他部门之间的合作度以及发文部门合作网络演变进行分析；在要素维度，通过对政策文本进行研读，依据政策量化标准手册对各项政策进行量化处理，利用状态协同度模型进行政策协同度测算，凭借测算结果分析环渤海区域科技创新政策目标之间、政策工具之间的协同情况；在系统维度，根据要素维度各项指标得分，计算出各项政策的政策效力值，即测算各项政策的文本内容的有效性及其附加影响力，再利用耦合协调模型，测度京-津-冀-鲁-辽整个系统的科技创新政策综合协调水平。

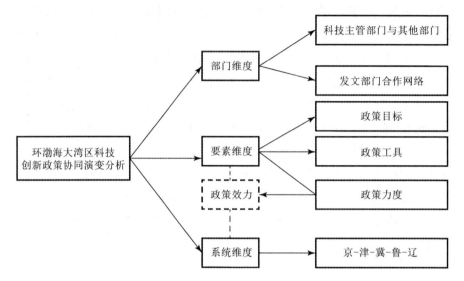

图 9-5 环渤海大湾区科技创新政策协同演变分析框架

（一）合作网络分析方法

1. 整体网络分析

整体性网络分析即衡量社会网络的总体情况，包括网络关系数、网络节点数、网络密度、网络效率和平均路径。具体计算分析公式如下：

$$D = \frac{2l}{n(n-1)} \tag{1}$$

$$L = \frac{2}{n(n-1)}\sum_{i \geq j} d_{ij} \tag{2}$$

$$E = 1 - \frac{q}{\max(q)} \tag{3}$$

式（1）中的 l 指网络关系数，即网络中节点与节点间存在的连线数量，n 为网络节点数，指网络中政府主体等网络节点的个数，D 为网络密度，用于衡量环渤海区域科技创新关系网络的疏密程度；式（2）中的 L 为平均路径，指网络中节点与节点间距的平均值，用来表示政府主体间的分离程度，d_{ij} 为任意两点之间的最短路径；式（3）中的 E 为网络效率，指网络成分数确定时网络中存在冗余的程度，q 为网络中多余的关系连线。

2. 个体中心网络分析

个体网络节点主要以节点的中心性分析为主，常见的中心性分析指标有点度中心度、中间中心度与接近中心度。

$$C_d = \sum_{i=1,i \neq j}^{n} d_{ij} \tag{4}$$

$$C_b = \sum_{j}^{n} \sum_{k \neq j \neq i, j < k}^{n} \frac{g_{jk}(i)}{g_{jk}} \tag{5}$$

$$C_p^{-1} = \sum_{i-1}^{n} d_{ij} \tag{6}$$

式（4）中的 C_d 为点度中心度，指某节点与其他节点相连的关系数量，反映节点自身的连接能力；式（5）中的 C_b 为中间中心度，指某节点作为最短路径中桥梁的次数，反映节点对其他节点的控制能力，g_{ik} 为 j 和 k 之间的最短路径，$g_{ik}(i)$ 为经过点 i 的最短路径数目；式（6）中的 C_p^{-1} 为接近中心度，指某节点与相连的所有节点的最短路径的均值，反映某节点不受其他节点控制的能力。

（二）状态协同度测算模型

状态协同度模型主要测度系统指标数值间的差值比率，可以呈现出政策内部的协同情况[①]。依据环渤海区域科技创新政策目标（政策工具）的年度数值，建立协同度函数，用以测度环渤海区域科技创新政策体系内政策目标之间、政策工具之间的协同演变情况。

首先，利用公式（1）和（2）计算出政策目标（政策工具）的年度数值：

$$YS_t = \sum_{j=1}^{n} pe_j \times pm_j \tag{1}$$

$$YS_t = \sum_{j=1}^{n} pe_j \times pg_j \tag{2}$$

其中，pe_j、pm_j、pg_j 分别代表第 j 项政策的政策力度、政策目标、政策工具得分，YS_t 代表政策目标（政策工具）的年度数值，n 代表第 t 年的政策数量。

再利用公式（3）和（4）计算状态协同度：

---

① 张炜、费小燕、肖云：《基于多维度评价模型的区域创新政策评估——以江浙沪三省为例》，《科研管理》2016 年第 S1 期。

$$u\left(e/f\right)=\exp\left[-\frac{\left(YS_t-YS_t'\right)^2}{S^2}\right] \tag{3}$$

$$U(e,f)=\left[\min\{u(e/f),u(f/e)\}\right]/\left[\max\{u(e/f),u(f/e)\}\right] \tag{4}$$

其中，u（e/f）为政策目标（政策工具）e 相对于政策目标（政策工具）f 的状态协同度，YS_t' 为政策目标（政策工具）f 要求的政策目标（政策工具）e 在第 t 年的拟合值，S^2 为政策目标（政策工具）e 的实际值的方差，u（f/e）反之。

为了计算拟合值，分别以 X、Y 代表政策目标（政策工具）e 和政策目标（政策工具）f 的年度数值，以 2011—2021 年的数据作为分析样本，利用回归方程 $Y=\alpha+\beta X$ 作回归拟合，计算出拟合系数 β，进而得到第 t 年政策目标（政策工具）e 的拟合值 YS_t'。

u（e/f）和 u（f/e）相差越远，则值越小，说明二者之间的协同度越低，当二者相等时，其值为 1，此时二者呈完全协同状态。基于此，将 [0，0.4] 定义为低度协同区间，（0.4，0.7] 为中度协同区间，（0.7，1] 为高度协同区间，如表 9-8 所示。

表 9-8　状态协同度的判别标准及类型

协同度	协同情况
[0，0.4]	低度协同
（0.4，0.7]	中度协同
（0.7，1]	高度协同

（三）耦合协调模型

耦合协调模型可用于计算系统内部子系统之间的协调发展程度，即各子系统之间的相互作用程度[1]。依据环渤海区域各省市出台政策的政策效力数值建立耦合协调模型，测算该区域科技创新政策效力相互作用的强弱程度。

利用公式（5）计算环渤海区域各子系统中科技创新政策的政策效力，X_{ij} 代表第 i 个子系统中第 j 项政策的政策效力值，$i=1,2,3,4,5$。运用极差法

---

[1] 何源、乐为、郭本海：《"政策领域-时间维度"重视角下新能源汽车产业政策央地协同研究》，《中国管理科学》2021 年第 5 期。

对政策效力进行归一化处理，处理结果用 x_{ij} 表示，依据公式（6）计算出第 i 个子系统中各项政策的综合协调水平 U_i。在此基础上，利用公式（7）测算环渤海区域科技创新政策子系统集的耦合度 C，利用公式（8）计算耦合协调度 D。即：

$$X_{ij} = \left(pm_j + pg_j\right) \times pe_j \tag{5}$$

$$U_i = \sum_{j=1}^{n} x_{ij} / n \tag{6}$$

$$C = \frac{U_1 \times U_2 \times \cdots \times U_n}{\left(\dfrac{U_1 \times U_2 \times \cdots \times U_n}{n}\right)_n} 1/n \tag{7}$$

$$D = \sqrt{C \times T} \tag{8}$$

其中，$T = a_1 U_1 + a_2 U_2 + \ldots + a_n U_n$，代表 n 个子系统的综合指标，a_n 指代某一科技创新政策子系统的重要程度，且 $\sum_{n=1}^{l} \alpha_n = 1$（$l=2,3,4,5$）。为避免不同地区权重不同而产生的偏误，采用等权重加权法对五个子系统赋权[①]。将耦合协调度 D 分为 5 个等级，如表 9-9 所示。

表 9-9　耦合协调度的判别标准及类型

耦合协调度 D	协调等级
[0，0.2)	严重失调
[0.2，0.4)	中度失调
[0.4，0.6)	勉强协调
[0.6，0.8)	中度协调
[0.8，1]	高度协调

二、环渤海大湾区科技创新政策协同演变实证分析

（一）部门维度

环渤海区域 2011—2021 年五省市科技创新政策两个和两个以上部门联合发文数量为 263 份，发文部门主要涉及科技局（厅）、财政局（厅）、省级人民政府、发展和改革委员会（以下简称"发改委"）、人力资源和社

① 杨慧：《基于耦合协调度模型的京津冀 13 市基础设施一体化研究》，《经济与管理》2020 年第 2 期。

会保障局（厅）（以下简称为"人社局""人社厅"）、教育委员会（厅）等。

1. 整体网络分析

如表 9-10 所示，对环渤海区域五省市科技创新政策发文部门进行整体网络分析可知，从网络节点数来看，各省市网络节点数差异较大，其中天津的网络节点数最低，仅有 12，这可能是由于受到创新应用领域的限制，政策制定参与部门相对有限；山东最高，网络节点数为 43，说明参与科技创新政策制定的政府部门相对较多；北京、河北、辽宁的网络节点数相差不大，介于 30—40 之间。从网络关系数来看，各省市之间存在不同程度的差距，其中天津最低，这是因为其网络节点数较低导致其网络关系数也处于较低水平；山东的网络关系数最高，为 341，说明其政府部门间互动更加频繁，府际关系以纵横交错的复杂网络形式呈现出来。从网络密度和平均路径来看，天津的网络密度最高，为 0.327，平均路径最低，为 1.673，这是因其网络节点数和网络关系数相对较低所致，但其网络结构中的节点连通性较好；北京与山东的网络密度均在 0.2 以下，平均路径均在 2.0 以上；河北与辽宁的网络密度均在 0.2 以上，平均路径均在 2.0 以下。

表 9-10 2011—2021 年环渤海区域五省市科技创新政策整体网络结构特征

省份	网络节点数（n）	网络关系数（l）	网络密度（D）	平均路径（L）
天津	12	96	0.327	1.673
北京	33	202	0.191	2.137
河北	31	222	0.233	1.973
辽宁	36	327	0.260	1.830
山东	43	341	0.189	2.079

进一步分析 2011—2021 年环渤海区域各省市科技创新政策发文部门之间的关系，可以全面把握五省市科技创新政策制定主体之间的复杂网络关系。

（1）北京市科技创新政策制定府际关系网

如图 9-6 所示，北京市多个发文部门共同制定的科技创新政策文本数量较多，且主要发文部门节点间的距离较近，信息传输路径较短，信息传输的独立性和有效性较强，形成了紧密而错综复杂的府际关系合作网络。

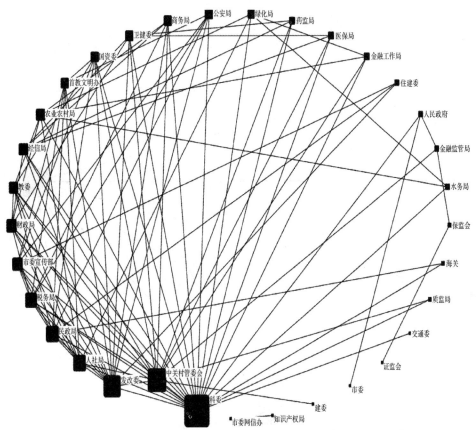

图 9-6　2011—2021 年北京市科技创新政策制定府际关系网①

（2）天津市科技创新政策制定府际关系网

如图 9-7 所示，天津市参与科技创新政策制定的政府部门数量相对较少，且联系尚不紧密。其中，科技局、财政局、人社局作为科技创新政策制定的主要部门，在联合发文部门中出现频次相对较高。

---

① 2018 年 11 月，在北京市政府机构改革中，将北京市金融工作局的职责以及市商务委员会的典当行、融资租赁公司、商业保理公司的监管职责进行整合，组建市地方金融监督管理局，作为北京市政府直属机构，加挂市金融工作局的牌子；将市商务委员会更名为市商务局，仍作为市政府组成部门，加挂市政府口岸办公室牌子，这里统一使用"商务局"的称谓。

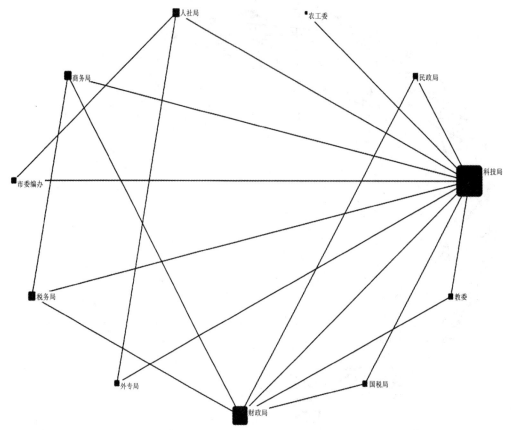

图 9-7 2011—2021 年天津市科技创新政策制定府际关系网①

（3）河北省科技创新政策制定府际关系网

如图 9-8 所示，河北省参与科技创新政策制定的政府职能部门较多，形成了比较紧密的合作网络。其中，科技厅、财政厅、教育厅位列联合发文部门出现频次前三位。值得一提的是，教育厅名列前三位，说明河北省教育部门的政策资源控制能力在逐步提升，高等院校参与科技创新活动的程度也日渐加深。

---

① 2018 年 6 月，根据《中共中央关于深化党和国家机构改革的决定》《国务院机构改革方案》和国家税务总局关于国税地税征管体制改革的部署要求，天津市国家税务局与地方税务局正式合并成立国家税务总局天津市税务局。2018 年 11 月，在天津市政府机构改革中，将市科学技术委员会、市外国专家局（市引进国外智力办公室）的职责进行整合，组建市科学技术局，作为市政府的组成部门。

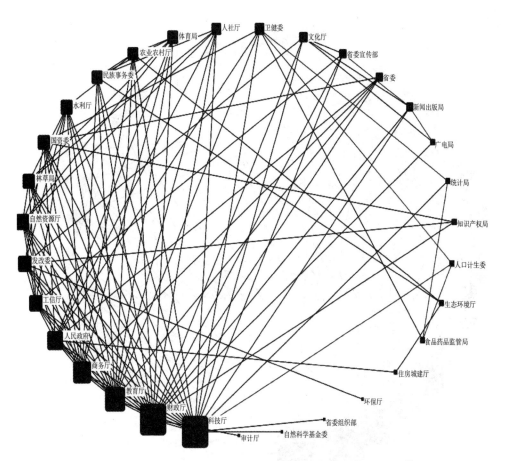

图 9-8　2011—2021 年河北省科技创新政策制定府际关系网①

（4）辽宁省科技创新政策制定府际关系网

如图 9-9 所示，辽宁省科技创新政策发文主体之间的信息交流速度与信息传递效率较快，其中财政厅、科技厅、人社厅和税务局作为省内科技创新活动的核心部门，成为府际关系网络中的重要节点，为科技创新活动提供了丰富的资源支持。

---

① 2018 年 11 月，在河北省政府机构改革中，将省委省政府农村工作办公室、省农业厅的职责，以及省发展和改革委员会的农业投资项目、省财政厅的农业综合开发项目、省国土资源厅的农田整治项目、省水利厅的农田水利建设项目等管理职责整合，组建省农业农村厅，不再保留省委省政府农村工作办公室和省农业厅。

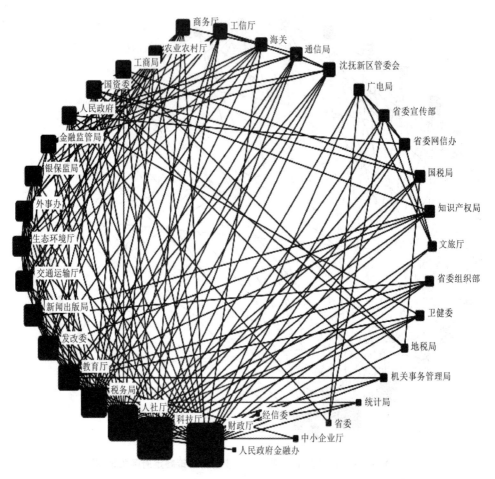

图 9-9　2011—2021 年辽宁省科技创新政策制定府际关系网①

（5）山东省科技创新政策制定府际关系网

如图 9-10 所示，山东省科技厅、财政厅、发改委、工信厅、教育厅等部门形成了紧密的府际关系网络，为科技创新活动的顺利开展提供了丰富多样的政策工具，促进了山东省科技创新高质量协同发展。

---

① 2018 年 6 月，辽宁省地方税务局与辽宁省国家税务局合并后，新组建成立国家税务总局辽宁省税务局。

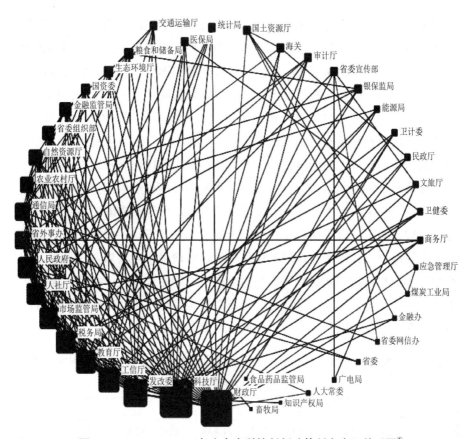

图 9-10　2011—2021 年山东省科技创新政策制定府际关系网①

2. 个体网络分析

个体网络分析即探究网络节点在整个网络中的重要性、相对位置和关联程度，主要用相对点度中心度、中间中心度和接近中心度三个指标对环渤海区域五省市科技创新政策样本发文单位的个体中心网络进行评价分析。

（1）相对点度中心度

相对点度中心度能够用于比较不同规模网络中节点的中心性。2011—2021 年环渤海区域五省市科技创新政策府际关系个体网络相对点度中心度排名前十位的发文部门统计情况如表 9-11 所示。环渤海区域各省市政府

---

① 2018 年 10 月 9 日，山东省委召开省级机构改革动员大会，组建山东省自然资源厅（山东省林业局）；2018 年 10 月 30 日，根据《山东省省级机构改革的实施意见》，山东省应急管理厅正式挂牌成为省政府组成部门，不再保留安全生产监督管理局。

部门中相对点度中心度排名第一的均为科技管理部门，表明科技管理部门在环渤海区域各省市科技创新政策制定中发挥了重要作用。这是因为各地科技局（厅）是贯彻执行国家科技规划和统筹当地科技发展的主要部门，为促进地方科技创新高质量发展，各省市以科技局（厅）为主导部门制定发布一系列科技创新政策。此外，财政局（厅）、教育厅、人社局（厅）、发改委等部门也积极参与到当地科技创新工作中，为科技创新活动提供财力、人力等的支持，协助科技管理部门共同制定科技创新政策。

具体来看，在北京市，科委的相对点度中心度处于最高位，财政局位列第二位，中关村管委会和发改委并列第三位，但与科委的相对点度中心度存在较大差距，这说明科委在北京市科技创新政策制定府际关系网络中处于主导地位；天津市科技局处于最高位，财政局紧随其后，税务局、人社局等部门与科技局和财政局的相对点度中心度相差较大；河北、辽宁、山东三省的科技厅均处于最高位，且财政厅也都排在第二位，说明三省份财政厅在与科技厅联合发布政策中的参与度相对较高。

表 9-11　2011—2021 年环渤海五省市科技创新政策府际关系个体网络相对点度中心度（取前十位）

节点	北京	节点	天津	节点	河北	节点	辽宁	节点	山东
科委	18.566	科技局	21.250	科技厅	11.833	科技厅	12.000	科技厅	10.212
财政局	9.926	财政局	14.375	财政厅	9.667	财政厅	9.943	财政厅	8.889
中关村管委会	8.640	税务局	5.625	教育厅	5.667	人社厅	5.943	发改委	4.974
发改委	8.640	人社局	3.750	人民政府	4.500	教育厅	5,486	教育厅	4.709
经信局	5.882	教委	1.875	工信厅	4.000	税务局	4,686	人社厅	4.392
人社局	4.596	商务局	1.875	发改委	3.833	发改委	3.771	工信厅	4.127
教委	3.860	民政局	1.250	商务厅	3.167	人民政府	2.971	税务局	3.439
税务局	3.493	农工委	1.250	人社厅	2.833	国资委	2.743	人民政府	3.069
农业农村局	3.309	外专局	1.250	水利厅	2.000	外事办	1.943	市场监管局	2.857
国资委	2.022	市委编办	1.250	省委宣传部	1.667	商务厅	1.829	省委组织部	2.222

（2）中间中心度

2011—2021 年环渤海区域五省市科技创新政策府际关系个体网络中间中心度排名前十位的发文部门统计情况如表 9-12 所示。

具体来看，北京、天津、河北三地的科技管理部门的中间中心度均高于其他政府部门，这些省市的科技管理部门在科技创新活动中承担着重要的信息传递与组织分配功能，故其掌握的其他部门节点间最短路径数量最多，在府际关系网络中发挥着桥梁与纽带作用，具有较强的政策资源控制能力；辽宁和山东两省财政厅的中间中心度最高，说明财政部门在政策制定中联合科技管理部门，为科技创新活动提供专项资金以及各种税收优惠和金融支持。

表 9-12　2011—2021 年环渤海五省市科技创新政策府际关系个体网络中间中心度（取前十位）

节点	北京	节点	天津	节点	河北	节点	辽宁	节点	山东
科委	36.593	科技局	70.111	科技厅	30.999	财政厅	28.711	财政厅	13.252
中关村管委会	23.180	财政局	10.000	财政厅	23.588	科技厅	24.453	科技厅	11.691
金融监管局	11.694	人社局	1.111	人民政府	8.194	人社厅	7.180	人民政府	4.774
人民政府	7.632	税务局	0	发改委	7.824	教育厅	4.613	省委宣传部	3.268
发改委	7.010	教委	0	卫健委	6.233	税务厅	4.500	通信局	3.143
银保监会	5.847	国税局	0	教育厅	5.937	人民政府	3.583	自然资源厅	3.105
人社局	3.013	民政局	0	农业农村厅	3.117	发改委	2.084	发改委	3.104
民政局	2.708	商务局	0	民族事务委	3.054	交通运输厅	1.935	煤炭工业局	2.929
税务局	1.775	农工委	0	商务厅	2.865	生态环境厅	1.743	税务局	2.704
市委宣传部	1.286	发改委	0	国资委	5.674	省委宣传部	1.234	工信厅	2.099

（3）接近中心度

2011—2021 年环渤海区域五省市科技创新政策府际关系个体网络接

近中心度排名前十位的发文部门统计情况如表9-13所示。区域内各省市科技管理部门和财政部门的接近中心度相对较高，与其他部门节点的距离最短，并且受其他部门节点的影响较小，表明各省市科技管理部门和财政部门在府际关系网络中更接近核心位置，与联合发文的其他政府部门的关系最为紧密。

表9-13 2011—2021年环渤海五省市科技创新政策府际关系个体网络接近中心度
（取前十位）

节点	北京	节点	天津	节点	河北	节点	辽宁	节点	山东
科委	106	科技局	10	财政厅	69	财政厅	42	科技厅	95
中关村管委会	112	财政局	14	科技厅	69	科技厅	44	财政厅	98
发改委	115	税务局	17	教育厅	73	人社厅	48	发改委	105
人社局	119	人社局	17	商务厅	76	税务局	52	工信厅	108
税务局	120	商务局	17	人民政府	78	教育厅	54	税务局	109
财政局	121	教委	18	工信厅	81	发改委	56	教育厅	110
经信局	122	国税局	18	国资委	81	新闻出版局	59	市场监管局	112
教委	122	外专局	18	发改委	82	人民政府	60	人社厅	113
民政局	123	市委编办	18	水利厅	82	外事办	60	人民政府	114

（二）要素维度

由于政策力度指标代表某项政策的法律效力，不具备协同演变分析的基础和条件，因此，环渤海区域科技创新政策协同演变分析框架中的要素维度包括政策目标和政策工具两部分。分析环渤海区域科技创新政策目标之间、政策工具之间的协同演变情况有助于了解和把握政策体系内部要素的受重视程度以及它们之间的协调发展程度，以便为提升环渤海区域科技创新政策协同效应提供思路建议。

1. 政策目标

环渤海区域科技创新政策体系中不同政策目标出现的频次相差较大（见图9-11）。其中，创新目标被提及的次数最多，高达348次，说明创新在环渤海区域科技创新发展中处于引领地位，大部分科技活动、科技项目的组织开展都以创新作为首要目标；科技成果转化目标、人才及技术引进目标被提及的次数均达到 150 次以上，表明环渤海区域对这两个政策目标也给予了较高程度的重视；知识产权保护目标未能得到地方政府的高度关注，出现次数为 77 次；消化吸收目标在环渤海区域科技创新活动中发挥的作用相对较弱，被提及的次数最少，仅为 22 次。

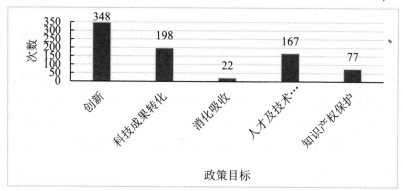

图 9-11　2011—2021 年环渤海区域科技创新政策目标出现频次

进而利用状态协同度模型计算得到环渤海区域科技创新政策目标两两之间的协同演变情况（见表 9-14）。观察并总结其协同变化规律，将政策目标协同度的演变分为相对平稳型、V 字波动型以及 N 字波动型。

（1）相对平稳型

知识产权保护、人才及技术引进、科技成果转化这三个目标两两之间，以及人才及技术引进与消化吸收目标之间在大部分年份表现出高度协同，协同度基本在 0.8 以上，整体走势相对平稳。以知识产权保护与人才及技术引进目标之间的协同演变为例，两者协同度在 2011—2016 年间基本处于高度协同区间，且演变趋势非常平稳，尽管 2017 年降幅明显，但从 2018 年起协同度又上升至高度协同区间。造成协同度下降主要是因为 2017 年各省份签订环渤海知识产权保护战略合作协议，持续健全跨区域知识产权行政保护协作机制，同时各地区政府在科技创新政策中均增加了有关促进知识产权保护方面的条款数量，但没有同步提高人才及技术引进目标的出现次数，造成二者协同度的走低。

（2）V 字波动型

创新与知识产权保护、人才及技术引进、科技成果转化目标之间在 2016 年和 2017 年的协同度处于低度协同区间，其余年份均处于高度协同水平，整体呈"V 字形"波动。中间年份协同度较低主要是因为知识产权保护、人才及技术引进、科技成果转化的目标得分均有所下降，扩大了它们与创新目标之间的差距。以创新与知识产权保护目标之间的协同演变为例，二者协同度在 2016 年和 2017 年分别为 0.005 和 0.001，这是由于在这两个时间段，环渤海区域的政策制定主体均提高了创新在政策文本中的地位，但知识产权保护没有得到同等对待。

（3）N 字波动型

消化吸收与知识产权保护、创新、科技成果转化目标之间的协同度变化呈"N 字形"波动，即呈先上升、后下降、再上升的趋势。以消化吸收与知识产权保护目标之间的协同演变为例，2012 年的协同度为 0.922，但到 2015 年其协同度猛跌至 0.128。这是因为在环渤海区域科技创新政策体系中，提及消化吸收的政策条款数量不足创新的 30%，且多为简要概述，在国家大力倡导自主创新的背景下，政策制定主体开始减少消化吸收目标在政策文本中的出现频次。

表 9-14　2011—2021 年环渤海区域科技创新政策目标协同演变

含义	2011年	2012年	2013年	2014年	2015年	2016年	2017年	2018年	2019年	2020年	2021年
知识产权保护与人才及技术引进	0.761	0.999	0.979	0.975	0.937	0.979	0.677	0.001	0.976	0.858	0.991
知识产权保护与科技成果转化	0.964	0.999	0.96	0.96	0.315	0.854	0.921	0.969	0.964	0.961	0.978
人才及技术引进与科技成果转化	0.537	0.999	0.994	0.978	0.968	0.965	0.923	0.096	0.975	0.967	0.994
人才及技术引进与消化吸收	0.999	0.920	0.978	0.999	0.922	0.985	0.999	0.973	0.944	0.998	0.999
知识产权保护与创新	0.952	0.978	0.994	0.975	0.348	0.005	0.014	0.976	0.974	0.983	0.987
人才及技术引进与创新	0.985	0.985	0.974	0.980	0.936	0.073	0.022	0.002	0.978	0.987	0.998
创新与科技成果转化	0.761	0.998	0.953	0.979	0.993	0.106	0.059	0.809	0.955	0.781	0.817
含义	2011	2012	2013	2014	2015	2016	2017	2018	2019	2020	2021
消化吸收与创新	0.002	0.971	0.904	0.832	0.904	0.931	0.095	0.634	0.913	0.911	0.909
知识产权保护与消化吸收	0.043	0.922	0.929	0.863	0.128	0.141	0.034	0.655	0.871	0.907	0.896
消化吸收与科技成果转化	0.109	0.944	0.954	0.988	0.910	0.907	0.147	0.057	0.922	0.987	0.848

2. 政策工具

首先，从总体上把握环渤海区域科技创新政策体系中各类政策工具的出现频次。如图 9-12 所示，供给型工具被提及次数最多，其中公共服务、资金支持和人才支持是环渤海区域为促进科技创新制定的主要措施；环境型工具的出现数量处于中间水平，其中金融服务最受重视，法规管制出现较少；需求型工具被提及频次最少，说明环渤海区域政策制定主体对政府采购、外包、贸易管制等措施应用于推动科技创新的重视程度明显不足。

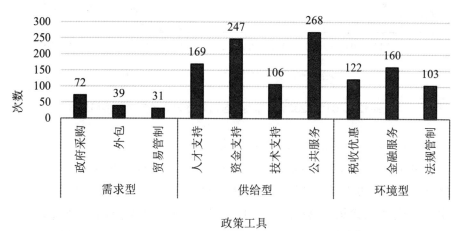

图 9-12　2011—2021 年环渤海区域科技创新政策工具出现频次

然后，分别从需求—供给、需求—环境和供给—环境三个方面计算并分析环渤海区域科技创新政策体系内各类政策工具两两之间的协同演变情况（见图 9-13）。

（1）需求—供给政策工具协同演变分析

由图 9-13 可知，需求—供给政策工具协同度走势波动较大，协同效果很不稳定。2011—2013 年协同度由 0.16 直线上升至 0.97，2013—2018 年持续下降，在经历 2018 年的谷底之后，2019 年协同度升至 0.29，此后两年的协同度先降后升。其中，2018 年的协同度达到最低点，主要是环渤海区域颁布的科技创新政策中需求型工具数量较少，仅占政策工具总数的 8.11%，且以办法类文种居多，政策力度较小，但供给型政策工具在政策文本中被反复提及，导致这一年两类政策工具的协同情况不理想。

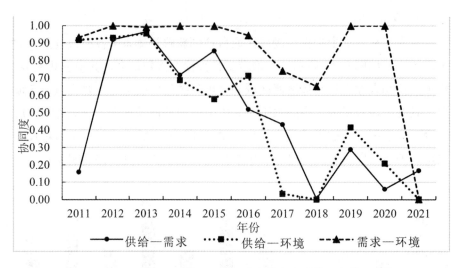

图 9-13 2011—2021 年环渤海区域科技创新政策工具协同演变

（2）需求—环境政策工具协同演变分析

整体上看，2021 年以前需求—环境政策工具协同演变状况良好，协同度基本维持在 0.7 以上，处于高度协同区间，且协同发展变化相对比较稳定，说明这两类政策工具在政策文本中出现的频次和被描述程度基本趋近。其中，2016 年的协同度开始呈下降趋势，这是由于需求型工具和环境型工具在环渤海区域当年政策体系中的出现频次均有所上升，但需求型政策工具的上升幅度更大，从而影响到二者之间的协同度。2021 年的协同度迅速降低，可能是因为 2020 年财政部提出修订《中华人民共和国政府采购法》，并加大政府对于创新产品的采购力度，同时受中美贸易摩擦的影响，商务部进一步加强了对贸易管制的相关规定。因此，环渤海区域各省份在政策制定中增加了需求型工具中政策采购措施的出现次数，还加大了对于贸易管制内容描述的详细程度，但供给型政策工具的出现频次变化幅度较小，两者没有实现同步发展，导致协同度急剧下降。

（3）供给—环境政策工具协同演变分析

整体分析可知，2011—2013 年供给—环境政策工具协同度均在 0.9 以上，此后连续两年协同度呈下降趋势，2015 年协同度降至 0.58，从最初的高度协同状态退至中度协同状态。在经历一年的小幅上涨之后，2017 年的协同度出现骤降，至 2018 年其协同度几乎接近零点，这是因为自 2016 年以后，环渤海区域科技创新政策文本中的供给型工具的出现频次高于环型工具，前者的平均得分是后者的近 3 倍，造成二者协同度的大幅下降。在 2019 年的协同度增至 0.42 之后，又出现连续下降态势，至 2021 年其协同度再次下降到趋近于零。

（三）系统维度

在从要素维度分析环渤海区域科技创新政策目标和政策工具协同演变的基础上，进一步从系统维度，运用耦合协调模型计算该区域科技创新政策系统整体的政策效力协同演变情况（见图 9-14），这有助于从整体上把握科技创新政策协同变迁走势，进而为提升环渤海区域科技创新政策综合协调水平提供对策建议。

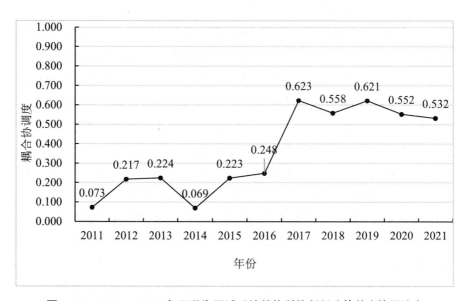

图 9-14 2011—2021 年环渤海区域系统整体科技创新政策效力协同演变

如图 9-14 所示，在 2011—2016 年，环渤海区域整体呈现严重失调状态，2017 年其协调度攀升至 0.623，此后一直保持在 0.5—0.7 的区间范围内，处于勉强及中度协调区间，区域综合协调水平具有较大提升空间。环渤海区域科技创新政策系统的耦合协调度自 2016 年以来开始保持在 0.5 以上的水平，一是得益于对《京津冀协同发展规划纲要》（以下简称《纲要》）的贯彻落实。《纲要》一经发布，作为环渤海区域重要组成部分的京津冀三地政府纷纷制定并出台相关政策促进区域协同发展，这对环渤海区域科技创新政策系统协同发展水平的提升起到了重要作用；二是 2016 年作为"十三五"规划的开局之年，党和国家对科技创新提出了新的要求和目标，环渤海区域作为我国北方经济重要增长极，五省市政府也同步颁布了一系列科技创新政策，旨在进一步提升科技创新能力和水平。

第三节 环渤海大湾区科技创新政策协同对区域创新绩效的影响

一、研究假设

（一）政策工具协同与区域创新绩效

作为政策的基本要素，政策工具协同是政策协同的重要维度，贯穿于整个政策过程。由于不同政策工具特点、作用机制各异，政策工具之间存在着相互影响和相互作用。政策工具之间的协同、互补可实现政策目标，提升政策效能。由前文提及的 Rothewell 和 Zegveld 的政策工具分类思路可知，供给型工具能够为科技创新活动提供资金、人才和技术支持，降低科技创新活动的成本；需求型工具可以为科技创新成果提供稳定的市场需求，降低科技创新风险，拓宽科技成果转化的渠道；环境型工具主要通过税收、金融、法规等措施为科技创新营造良好的氛围，间接助力科技创新发展。以供给型工具为抓手、需求型工具为驱动、环境型工具为保障的"三维一体"的科技创新政策工具组合体系，有助于解决政策失灵、政策冲突等问题，助力区域创新持续高效发展。

政策工具作为创新政策的研究核心，财政激励与金融支持两类政策工具的协同为企业创新提供了充足的资金支持，多元化风险投融资机制是企业创新融资的捷径，各政策工具之间的协同作用有助于达到事半功倍的政策效果[1]。反之，当需求、供给、环境政策工具之间协同性过低，会对中小企业等主体的创新产生一定程度的抑制[2]。金融支持、税收优惠等环境型工具提供的间接资源与技术支持、人才支持所带来的原始创新之间的良好互

---

[1] 李伟红、李洁然、陈燕：《中小企业创新政策协同作用的经济绩效研究——基于全国 16 省份 2001-2011 年样本数据》，《科技管理研究》2014 年第 12 期。

[2] Uyarra E, Shapira P and Harding A, "Low Carbon Innovation and Enterprise Growth in the UK: Challenges of a Place-Blind Policy Mix", *Technological Forecasting and Social Change*, Vol.103, 2016, pp.264-272.

动能够有效促进产业发展，但供给型工具的过度使用可能会对企业自身投资产生挤出效应，助长创新主体投机行为[1]。受制度、文化等因素的影响，政策工具之间呈现良好协同并不总是助力政策效果的达成，政府要结合实际完善不同政策工具的协同方式[2]。

环渤海区域政策工具日益丰富，政策颁布数量也在持续增加，各类工具的使用情况存在明显差异。2011—2021 年间，环渤海区域政策文本中供给型工具共出现 790 次，政策总得分为 10270；需求型工具共出现 142 次，政策总得分为 1687；环境型工具共出现 385 次，政策总得分为 4394。同时受经济、社会等外部环境因素的影响，环渤海区域政策工具协同水平在不同阶段会有所波动，从而对区域创新绩效产生的影响也存在差异。政策工具的协同使用对于环渤海区域创新绩效能够起到促进作用，但由于各类政策工具的协同使用程度存在差异，故对创新绩效的促进作用有限甚至抑制其增长。

基于此，提出如下假设：

H1：环渤海区域政策工具协同对该区域创新绩效有显著影响。

H1a：环渤海区域供给—需求工具的协同对该区域创新绩效有显著影响。

H1b：环渤海区域需求—环境工具的协同对该区域创新绩效有显著影响。

H1c：环渤海区域供给—环境工具的协同对该区域创新绩效有显著影响。

H2：环渤海区域不同类型政策工具协同对该区域创新绩效的影响存在显著差异。

（二）政策目标协同与区域创新绩效

政策目标协同是政策协同的重要组成部分，高效的政策目标协同能够显著提高政策绩效，若政策绩效能够优化资源、发展技术，则此类目标协同会显著正向影响区域创新绩效。创新与知识产权保护目标协同度的增加，导致企业获得技术的成本升高，会在一定程度上遏制技术溢出效应，只追

---

[1] 张越、余江、刘宇：《我国集成电路产业政策协同演变及其有效性研究》，《科研管理》2023 年第 7 期。

[2] 张国兴、高秀林、汪应洛：《我国节能减排政策协同的有效性研究：1997—2011》，《管理评论》2015 年第 12 期。

求引进而忽视消化吸收不利于自主创新，有意识加强核心目标的协同有利于中国经济实现高质量发展[①]。如果政策制定者能够协调科技创新过程中多个参与者的不同目标，那将对促进科技创新发挥重大作用[②]。创新目标突出新技术、新成果的发明；科技成果转化目标是指科技成果的市场化、商品化，直接将科技与经济联系起来；人才及技术引进目标强调通过给予优惠、简化程序等方式引进国内外优秀创新人才以及先进技术和产品；知识产权保护目标旨在通过对创新主体智力劳动成果的保护，激发其创新积极性；消化吸收目标强调对引进技术进行分析研究从而实现本土化发展[③]。

不同政策目标之间的协同有助于减少政策阻滞、降低政策资源浪费，但由于政策目标重视程度的不同，不同类别政策目标之间的协同对区域创新绩效的影响可能存在一定差异。2011—2021 年间，环渤海区域各政策文本中创新目标共出现 348 次，政策总得分为 3862；科技成果转化目标共出现 198 次，政策总得分为 2662；人才及技术引进目标共出现 167 次，政策总得分为 1542；知识产权保护目标共出现 77 次，政策总得分为 981；消化吸收目标共出现 22 次，政策总得分为 183。政策协同状态越好，越有利于区域创新绩效的提升，但受社会、环境及政策实际执行情况的影响，需要依据具体情景进行分析。

在科技创新政策目标中，创新是引领发展的第一动力，是深入贯彻落实创新驱动发展战略的核心内容；科技成果转化是促进科技与经济紧密结合的重要环节，是提升区域创新体系效能的关键路径；人才及技术引进是全面实施创新驱动发展战略、科教兴国战略和人才强国战略的不竭源泉，是推动区域高质量发展的有力保障。经过前期的政策文本梳理发现，创新目标、科技成果转化目标、人才及技术引进目标在政策文本中出现的次数位列前三。因此，在分析科技创新政策目标协同与区域创新绩效的影响关系时，主要研究创新目标、科技成果转化目标、人才及技术引进目标分别与其他政策目标的协同对环渤海区域创新绩效的影响。

基于此，提出如下假设：

① 彭纪生、仲为国、孙文祥：《政策测量、政策协同演变与经济绩效：基于创新政策的实证研究》，《管理世界》2008 年第 9 期。

② 李梓涵昕、朱桂龙、刘奥林：《中韩两国技术创新政策对比研究——政策目标、政策工具和政策执行维度》，《科学学与科学技术管理》2015 年第 4 期。

③ 张国兴、高秀林、汪应洛：《我国节能减排政策协同的有效性研究：1997－2011》，《管理评论》2015 年第 12 期。

H3：环渤海区域政策目标协同对该区域创新绩效有显著影响。

H3a：环渤海区域创新目标与其他政策目标之间的协同对该区域创新绩效有显著影响。

H3b：环渤海区域科技成果转化目标与其他政策目标之间的协同对该区域创新绩效有显著影响。

H3c：环渤海区域人才及技术引进目标与其他政策目标之间的协同对该区域创新绩效有显著影响。

H4：环渤海区域不同政策目标协同对该区域创新绩效的影响存在显著差异。

（三）政策系统协同与区域创新绩效

科技创新作为增强区域竞争力的重要手段，是适应区域产业结构调整、发展区域特色经济的客观需要。为促进区域创新发展，环渤海区域各省份出台的一系列科技创新政策在数量与效力上均呈逐年增长趋势。基于此，提出如下假设：

H5：环渤海区域政策系统协同对该区域创新绩效有显著正向影响。

二、变量设计

（一）被解释变量

区域创新绩效（TP）。区域是从系统角度探究创新活动的合适尺度，创新绩效在区域创新活动和创新发展中发挥着基础性作用，现有研究多以创新产出衡量创新绩效。参考以往学者的研究[1][2]，将发明专利授权量和新产品销售收入作为创新绩效的衡量指标。一方面，科技创新与专利之间的耦合性和关联程度较强，专利授权量是衡量地区科技研发水平的重要指标，能够直接反映科技创新政策带来的成果产出；另一方面，新产品销售收入代表区域的创新成果和商业化水平，能够反映科技创新政策带来的经济产出。

（二）解释变量

科技资金投入（K）、科技人员投入（L）、政策工具两两之间协同度，

---

① 汪涛、张志远、王新：《创新政策协调对京津冀区域创新绩效的影响研究》，《科研管理》2022 年第 8 期。

② 何源、乐为、郭本海：《"政策领域—时间维度"双重视角下新能源汽车产业政策央地协同研究》，《中国管理科学》2021 年第 5 期。

政策目标两两之间协同度。其中，科技人员是科技创新的核心资源，资金投入是科技创新的重要保障，二者对开展科技创新活动、发展科技事业均发挥着重要作用。政策工具两两之间和政策目标两两之间协同度所包含的主要内容如表 9-15 所示。

表 9-15　变量名称及含义

协同分类	变量名	含义
政策工具协同	GX	供给与需求政策工具协同
	GH	供给与环境政策工具协同
	XH	需求与环境政策工具协同
政策目标协同	CXKJ	创新与科技成果转化政策目标协同
	CXZH	创新与知识产权保护政策目标协同
	CXRC	创新与人才及技术引进政策目标协同
	CXXH	创新与消化吸收政策目标协同
	KJZH	科技成果转化与知识产权保护政策目标协同
	KJRC	科技成果转化与人才及技术引进政策目标协同
	KJXH	科技成果转化与消化吸收政策目标协同
	RCZH	人才及技术引进与知识产权保护政策目标协同
	RCXH	人才及技术引进与消化吸收政策目标协同

三、计量回归模型

柯布—道格拉斯函数是关于投入与产出关系的函数，能使均方估计误差降到最低。该函数的基本形式为 $Y = aK^{\alpha}L^{\beta}$，其中，Y 代表产量，K 代表资本投入，L 代表劳动力投入，α 为资本所得在总产量中所占的份额、β 为劳动所得在总产量中所占的份额。基于此，将政策变量纳入经济模型，也即分别将科技创新政策工具之间的协同度、科技创新政策目标之间的协同度作为政府投入，将区域创新绩效作为产出，并对它们进行对数化处理。考虑到政策滞后的影响，在具体分析时根据 AIC（Akaike info criterion）和

SC（*Schwarz criterion*）准则对滞后期进行选择。

首先，构造模型（1）对科技创新政策工具协同与区域创新绩效的影响关系进行实证分析。

$$\ln TP = \alpha + \beta_1^1 \ln K + \beta_1^2 \ln L + \beta_1^3 \ln GX_{t-i} + \beta_1^4 \ln XH_{t-i} + \beta_1^5 \ln GH_{t-i} + \varepsilon_t$$

$$t \in [2011, 2021] \quad （1 t \in 2011, 2021） \quad （1）$$

其中 ε_t 表示其他随机因素对被解释变量的影响；i 为滞后年数。

其次，再构造模型（2）-（4）对科技创新政策目标协同与区域创新绩效的影响关系进行实证分析，其中，ε_t 表示其他随机因素对被解释变量的影响，i 为滞后年数。

$$\ln TP = \alpha + \beta_2^1 \ln K + \beta_2^2 \ln L + \beta_2^3 \ln CXKJ_{t-i} + \beta_2^4 \ln CXZH_{t-i} + \beta_2^5 \ln CXRC_{t-i} + \beta_2^6 \ln CXXH_{t-i} + \varepsilon_t$$

$$t \in [2011, 2021] t \in 2011, 2021 \quad （2）$$

$$\ln TP = \alpha + \beta_3^1 \ln K + \beta_3^2 \ln L + \beta_3^3 \ln KJZH_{t-i} + \beta_3^4 \ln KJRC_{t-i} + \beta_3^5 \ln KJXH_{t-i} + \beta_3^6 \ln CXKJ_{t-i} + \varepsilon_t$$

$$t \in [2011, 2021] t \in 2011, 2021 \quad （3）$$

$$\ln TP = \alpha + \beta_4^1 \ln K + \beta_4^2 \ln L + \beta_4^3 \ln ZHRC_{t-i} + \beta_4^4 \ln RCXH_{t-i} + \beta_4^5 \ln CXRC_{t-i} + \beta_4^6 \ln KJRC_{t-i} + \varepsilon_t$$

$$t \in [2011, 2021] t \in 2011, 2021 \quad （4）$$

四、实证结果与分析

本书中被解释变量 TP 和解释变量 K、L 的数据均来自《中国统计年鉴》和《中国科技统计年鉴》，解释变量中的政策工具之间协同度、政策目标之间协同度的数据主要在政策测量结果的基础上进行滞后取得。运用 Eviews11 对所构建的模型进行实证检验，探讨 2011—2021 年环渤海区域五省市科技创新政策工具之间、政策目标之间的协同以及政策系统协同对区域创新绩效的影响。

（一）政策工具协同对区域创新绩效的影响

利用模型（1）计算得到环渤海区域科技创新政策工具协同对该区域创新绩效的影响，统计结果见表9-16。

表 9-16　政策工具协同对区域创新绩效影响的统计结果

回归方程参数		自变量系数参数			
R^2	DW	自变量	β	T-Statistic	Prob.
0.948	1.343	lnK	0.771	2.563	0.006***
		lnL	-0.231	-0.952	0.039**
		lnGX	0.101	-0.448	0.067*
		lnGH	-0.360	-0.997	0.035**
		lnXH	0.159	0.653	0.512
注：***、**、*分别表示在1%、5%、10%的水平上显著；下同。					

由 R^2 值和 DW 值可知，模型的总体拟合效果较好，环渤海区域科技创新政策工具协同对区域创新绩效的影响分析如下。

1. 供给与需求政策工具协同

环渤海区域供给—需求政策工具之间的整体协同情况对区域创新绩效存在正向影响，且在10%的水平上显著，H1a 得到验证。为进一步推进科技创新引领高质量发展，环渤海区域各地政府围绕重点实验室建设、科技创新券管理、财政科技计划等方面出台了一系列政策，旨在加强科技创新供给侧与需求侧的对接力度，二者的有效协同能够较好地从产业链的上、下游解决影响科技创新活动的供需对接问题，减少产业在转移升级过程中的交易成本，形成有利于提升区域创新能力，激发区域各地政府、学研机构和企业等主体创新活力的制度体系，从而对环渤海区域创新绩效产生较强的促进作用。

2. 需求与环境政策工具协同

环渤海区域需求—环境政策工具之间的整体协同情况对区域创新绩效具有负向影响，并在5%的水平上显著，验证了 H1b。一般来说，需求型和环境型政策工具的协同使用有助于解决企业在创立初期面临的融资难、发展难等问题，提升企业科技创新成果的经济效益与社会效益，并为区域创新发展营造良好氛围。但相较于供给型工具，这两类政策工具在科技创新政策文本中被提及的频次相对较少，政策力度也相对较低，从而导致两者之间的协同对创新绩效的影响有限。此外，由于政府采购、获得金融支持等政策工具在实际执行中有可能因监管过度、履行程序繁杂而影响执行效率，造成二者在具体实施层面的协同效果不理想。而且过度依赖政府会降低创新主体通过中介机构、与其他企业联合等市场手段将科技成果转化为创新绩效的动力，从长远来看不利于对区域创新绩效产生持续的促进作用。

3. 供给与环境政策工具协同

环渤海区域供给—环境政策工具之间的整体协同情况对区域创新绩效不具有显著影响，未能验证 H1c。这是因为区域内各地政府对这两类政策工具在具体应用时如何实现有效协同还缺乏进一步的明确和细化，故而会影响政策工具的实际执行效果，也就难以对区域创新绩效发挥实质作用。

综上所述，政策工具两两之间未能全部显著影响区域创新绩效，但其影响方向存在显著差异，故 H1 部分得到验证，H2 完全得到验证。

（二）政策目标协同对区域创新绩效的影响

1. 创新目标与其他政策目标协同对区域创新绩效的影响

利用模型（2）分析创新目标与其他政策目标协同对区域创新绩效的影响，统计结果如表 9-17 所示。

表 9-17　创新目标与其他政策目标协同对区域创新绩效影响的统计结果

回归方程参数		自变量系数参数			
R^2	DW	自变量	β	T-Statistic	Prob.
0.990	1.517	lnK	1.315	14.973	0.001***
		lnL	−0.619	−5.560	0.011**
		lnCXKJ	0.136	0.652	0.056*
		lnCXZH	−0.287	−2.197	0.116
		lnCXRC	−0.195	−1.109	0.348
		lnCXXH	0.151	0.767	0.049**

由 R^2 值和 DW 值可知，模型的总体拟合效果较好。环渤海区域科技创新政策文本中的创新目标与其他政策目标之间的协同对区域创新绩效的影响分析如下。

（1）创新与科技成果转化政策目标协同

环渤海区域创新目标与科技成果转化目标之间的协同对区域创新绩效具有正向影响，且在 10% 的水平上显著，H3a 得到验证。创新是科技成果转化的源泉和基础，科技成果转化是创新的目的和落脚点，它们都是创新发展的重要支撑与核心动力。区域内五省市政府在政策制定中重视创新和科技成果转化之间的良好协同，这样不仅可以将科技创新成果及时、高效地转化为现实生产力，还能为创新主体指明科学技术改进与创新的方向，有利于巩固与扩大科技成果供需双方的合作关系，进而显著促进区域创新绩效的提升。

（2）创新与知识产权保护政策目标协同

环渤海区域创新目标与知识产权保护目标之间的协同对区域创新绩效并未产生显著影响，故未能验证 H3a。创新是知识产权的重要来源，二者的协同是创新主体适应外部环境变化和谋求自身发展的必然需要。环渤海区域各地政府在科技创新政策中对于知识产权保护同样给予了关注，但在实际执行中可能由于地方政府之间的协作程度不高，所以未对区域创新绩效发挥正向作用。

（3）创新与人才及技术引进政策目标协同

环渤海区域创新目标与人才及技术引进目标之间的协同对区域创新绩效的影响同样不显著，仍未能验证 H3a。引进—消化吸收—再创新是实现外延式创新发展的基本路径，人才及技术引进作为该路径的首要环节，在政策文本中出现的频次处于中等水平，但发挥承上启下作用的消化吸收在五省份政策中被提及的次数相对较少，因此导致二者之间的协同未能对区域创新绩效产生显著影响。

（4）创新与消化吸收政策目标协同

环渤海区域创新目标与消化吸收目标之间的协同在 5%的显著性水平上对区域创新绩效产生了正向影响，H3a 得到验证。消化吸收与创新并举有助于创新主体不断汲取最新科技成果，实现科技的本土化发展，节约研发成本，降低研发风险，加快研发进程。尽管消化吸收在环渤海区域科技创新政策中出现的频次较低，但这一目标在具体执行中需要较长时间才能真正发挥其功效，当与创新目标形成良好的协同关系时，便可推动区域创新绩效的提升。

综上所述，创新目标与其他政策目标两两之间的协同未能全部显著影响区域创新绩效，故 H3a 部分得到验证。

2. 科技成果转化目标与其他政策目标协同对区域创新绩效的影响

利用模型（3）得出科技成果转化目标与其他政策目标协同对区域创新绩效的影响，统计结果如表 9-18 所示。

表 9-18　科技成果转化目标与其他政策目标协同对区域创新绩效影响的统计结果

回归方程参数		自变量系数参数			
R^2	DW	自变量	β	T-Statistic	Prob.
0.992	1.991	lnK	1.115	16.154	0.0001***
		lnL	−0.608	−6.732	0.0007***
		lnKJZH	−0.163	−2.438	0.093*
		lnKJRC	−0.102	−0.410	0.709
		lnKJXH	−0.058	2.535	0.085*
		lnCXKJ	0.233	0.900	0.087*

如表 9-13 所示，R^2 值为 0.992，DW 值也在可接受范围内，说明模型的总体拟合效果较好，环渤海区域科技成果转化目标与其他政策目标之间的协同对区域创新绩效的影响分析如下。

（1）科技成果转化与知识产权保护政策目标协同

环渤海区域科技成果转化目标与知识产权保护目标之间的协同对区域创新绩效在 10% 的水平上存在负向影响，H3b 得到验证。知识产权保护是实现科技成果转化的核心要素，科技成果转化需要知识产权"保驾护航"，二者协同引起环渤海区域创新绩效的负向变化可能是因为一部分政策执行主体没有给予知识产权保护足够重视，在政策执行过程中也就没有很好地将科技成果转化与知识产权保护有机结合起来，由此造成二者之间的协同效应不理想。

（2）科技成果转化与人才及技术引进政策目标协同

环渤海区域科技成果转化目标与人才及技术引进目标之间的协同对区域创新绩效的影响并不显著，未能验证 H3b。环渤海区域各地政府虽然在多项政策中提出要加大引进新产品、新技术、新工艺和科技人才的力度，但在实施过程中更多的是促进引进的资源要素在地区之间流动，未能很好地将引进与转化有机结合起来，导致引进资源在各地之间配置不均，两者协同也就难以对区域创新绩效产生显著影响。

（3）科技成果转化与消化吸收政策目标协同

环渤海区域科技成果转化目标与消化吸收目标之间的协同对区域创新绩效具有负向影响，且在 10% 的水平上显著，H3b 得到验证。从外延式创新发展角度看，企业高效率、高质量地消化吸收所引进的先进技术和工艺对于提高自身科技成果转化水平能够起到重要的促进作用。环渤海区域内的企业能够较好地消化吸收引进的新技术与新工艺，并将吸收的成果与转移转化协同起来，这样不仅有助于"产学研用"之间的良好互动，还能催生新技术，发现新市场，不断促进区域创新绩效的提升。

3. 人才及技术引进目标与其他政策目标协同对区域创新绩效的影响

利用模型（4）计算出人才及技术引进目标与其他政策目标协同对区域创新绩效的影响效果，统计结果如表 9-19 所示。

表 9-19 人才及技术引进目标与其他政策目标协同对区域创新绩效影响的统计结果

回归方程参数		自变量系数参数			
R^2	DW	自变量	β	T-Statistic	Prob.
0.967	2.229	lnK	1.147	6.185	0.009
		lnL	−0.550	−3.611	0.035
		lnRCZH	−0.079	0.156	0.886
		lnRCXH	−0.161	−0.822	0.471
		lnRCCX	−0.155	−0.779	0.493
		lnRCKJ	−0.173	−0.366	0.739

如表 9-19 所示，R^2 值为 0.967，DW 值也在可接受范围内，说明模型的总体拟合效果较好，环渤海区域人才及技术引进目标与其他政策目标之间的协同对区域创新绩效的影响分析如下。

（1）人才及技术引进与知识产权保护政策目标协同

环渤海人才技术引进目标与知识产权保护目标之间的协同对区域创新绩效无显著影响，未能验证 H3c。这可能是环渤海区域人才引进和技术转化机制还不够顺畅，或是创新环境不够优化，导致人才和技术资源的利用效率不高。加之所制定的知识产权保护目标过于严格或过于宽松，对区域创新绩效可能会产生一定程度的负面影响。两者目标效应综合叠加，致使其协同无法对区域创新绩效产生显著影响。

（2）人才及技术引进与消化吸收政策目标协同

环渤海区域人才及技术引进目标与消化吸收目标之间的协同对区域创新绩效的影响同样不显著，H3c 依然未能得到验证。这可能是引进的人才和技术未能有效地融入环渤海区域各省市科研或产业环境，或者人才的专业技能、研究方向与区域发展的实际需求不匹配，导致消化吸收目标难以与其协同发挥良好作用，从而制约了二者协同对区域创新绩效产生的影响。

综上，政策目标两两之间协同没有全部对区域创新绩效产生显著影响，但其影响存在显著的方向性差异，故 H3 部分得到验证，H4 全部得到验证。

（三）政策系统协同对区域创新绩效的影响

基于环渤海区域科技创新政策系统总体耦合协调度，计算得出政策系统协同对区域创新绩效的影响，统计结果如表 9-20 所示。

表 9-20　科技创新政策系统协同对区域创新绩效影响的统计结果

回归方程参数		自变量系数参数			
R^2	DW	自变量	β	T-Statistic	Prob.
0.763	1.323	政策系统协同	0.813	5.072	0.01***

由 R^2 值和 DW 值可知，模型的总体拟合效果较好。环渤海区域科技创新政策系统协同对区域创新绩效具有显著的正向影响，故 H5 得到验证。政策系统协同有助于形成稳定、可预期的创新环境，政策的一致性和连续性能够降低创新活动的不确定性和风险，提高创新主体的信心和积极性。环渤海区域科技创新政策系统协同能够促进创新成果的转化和应用，通过政策的正确引导和强力支持，可以推动区域内各省市创新主体形成紧密的产学研用体系，进而有助于将创新成果转化为实际生产力，推动区域创新绩效不断提升。

第十章 环渤海大湾区高新技术产业协同创新研究

第一节 环渤海大湾区高新技术产业协同创新概述

一、环渤海大湾区高新技术产业协同创新内涵

（一）协同创新

协同创新一词最早由麻省理工学院研究员葛洛（Gloor A P）提出，即由进行自我激励的人构成网络小组并拥有集体愿景，以网络进行思想、知识和信息等方面的交流合作，从而协作实现共同目标[①]。我国学者陈劲等认为，协同创新是以知识增值为核心，以企业、高校科研院所、政府、教育部门为创新主体的价值创造过程，在此过程中实现各个创新要素整合以及创新资源在系统内的无障碍流动[②]。何郁冰认为协同创新是一个动态非线性的过程，并提出以战略协同为基础、以知识协同为核心、以组织协同为保证的产学研协同创新模式[③]。刘丹等基于网络特性与生态系统的视角，认为协同创新是创新生态系统内成员的密切合作与众多创新要素的协同作用，完成创新生态系统内技术或产品从创新产生至技术扩散的整个过程[④]。区域协同创新机制是指为提升中小企业自主创新能力、以研究型大学为主

---

① Peter A G, *Swarm Creativity: Competitive Advantage through Collaborative Innovation Networks*, New York: Oxford University Press, 2006.

② 陈劲、阳银娟：《协同创新的理论基础与内涵》，《科学学研究》2012 年第 2 期。

③ 何郁冰：《产学研协同创新的理论模式》，《科学学研究》2012 年第 2 期。

④ 刘丹、闫长乐：《协同创新网络结构与机理研究》，《管理世界》2013 年第 12 期。

导、以政府引导和支持为辅助、以技术中介机构为支撑，能够推动区域经济发展的机制[①]。

（二）高新技术产业协同创新

当前，我国高新技术产业发展主要依靠各地区资源发展自身高新技术产业，缺乏跨区域、跨产业的协同创新，制约了高新技术产业发展[②]。高新技术产业的区域协同创新可以看作是通过各地区之间创新能力的整合和创新资源的无障碍流动，以实现优势互补并获得协同效应，同时促进高科技知识向新产品或新工艺转化[③]。基于生态系统视角，高新技术产业生态系统的内部是企业间以技术标准为纽带的技术创新群体，外部强调借助信息技术进行跨界融合形成基于竞争、互利共生等关系的协作共同体[④]。在高新技术产业协同创新过程中，各创新主体实现创新要素的高效整合，能够产生单一创新主体无法获得的创新产出，优化产业布局，进而促进产业创新发展[⑤]。

（三）环渤海大湾区高新技术产业协同创新

环渤海区域拥有雄厚的工业基础，其产业结构丰富多样，辽宁、河北和天津拥有良好的制造业基础，环渤海区域的钢铁、石化、制盐、煤炭等产业在国民经济中占有举足轻重的地位。同时，电子信息、生物制药等高新技术产业发展迅速，在产业结构中所占比重越来越大，对环渤海经济圈高新技术产业集聚起到了促进作用。

环渤海大湾区高新技术产业协同创新是指湾区内各省市高新技术产业通过创新投入活动，以创新环境为产业支撑，最终获得创新产出的创新过程。在此过程中，湾区内各地创新主体的创新能力得以优化整合、创新资源无障碍流动，以实现优势互补，进而产生"1+1>2"的协同效应，从而促进各省市及整个环渤海区域高新技术产业协同创新发展。

---

① 许彩侠：《区域协同创新机制研究——基于创新驿站的再思考》，《科研管理》2012 年第 5 期。

② 马宗国、丁晨辉：《"一带一路"倡议下区域高新技术产业协同创新研究》，《经济体制改革》2019 年第 1 期。

③ 袁旭梅、张旭、王亚娜：《中国高新技术产业区域协同创新能力评价与分类》，《中国科技论坛》2018 年第 9 期。

④ 刘和东、刘权：《高新技术产业生态系统的演化效应与协同机制》，《技术经济》2021 年第 1 期。

⑤ 陈红川、韦璐青、黄小军：《高新技术产业协同创新协同度评价研究》，《工业工程》2022 年第 2 期。

二、环渤海大湾区高新技术产业协同创新系统构建

有关高新技术产业协同创新系统的构建，杨博旭等从人才、资金、技术三个角度构建高新技术产业创新要素聚集水平评价指标体系[1]；尹洁等将高新技术产业创新过程进行生态化重构，将其分为同化、生长和利用三阶段[2]；刘兰剑等从动态演化、可持续创新、开放性三个维度构建高新技术产业创新生态系统评估指标体系[3]；王玉冬等基于协同效应，按照高新技术产业创新链与资金链的结构及其关键节点，构建高新技术产业创新链与资金链协同度评价指标体系，其中创新链包括研发阶段和成果转化阶段[4]；刘和东将高新技术产业创新系统分为研发、技术转移、商业化和辅助子系统四部分[5]；汪良兵等将高技术产业创新系统分为技术研发、技术吸收、创新产出与创新环境四个子系统[6]。基于此，将环渤海大湾区高新技术产业协同创新系统划分为创新投入子系统、创新产出子系统和创新环境子系统。其中，创新投入是指为产业进行科技创新投入的人力、资金，也包括支持研发新产品的投入费用与采用技术所需的资金；创新产出是指进行研发创新活动所得的直接或间接产出，包括经济效益和科技效益；创新环境是产业进行协同创新的基础，由涵盖政产学研方面的指标构成。基于高新技术产业协同创新系统的活动过程，以科学、准确和可操作性为原则，遴选子系统内部序参量，构建如表 10-1 所示的评价指标体系。

---

① 杨博旭、王玉荣、李兴光等：《从分散到协同：高新技术产业创新要素集聚发展路径》，《科技管理研究》2020 年第 12 期。

② 尹洁、刘玥含、李锋：《创新生态系统视角下我国高新技术产业创新效率评价研究》，《软科学》2021 年第 9 期。

③ 刘兰剑、项丽琳、夏青：《基于创新政策的高新技术产业创新生态系统评估研究》，《科研管理》2020 年第 5 期。

④ 王玉冬、张博、武川：《高新技术产业创新链与资金链协同度测度研究——基于复合系统协同度模型》，《科技进步与对策》2019 年第 23 期。

⑤ 刘和东：《高新技术产业创新系统的协同度研究——以大中型企业为对象的实证分析》，《科技管理研究》2016 年第 4 期。

⑥ 汪良兵、洪进、赵定涛：《中国高技术产业创新系统协同度》，《系统工程》2014 年第 3 期。

表 10-1 环渤海大湾区高新技术产业协同创新系统评价指标体系

系统	子系统	序参量	单位	代码
高新技术产业协同创新	创新投入（X_1）	高新技术产业 R&D 人员折合全时当量	人年	e_{11}
		高新技术产业 R&D 经费内部支出企业资金	万元	e_{12}
		新产品开发经费支出	万元	e_{13}
		引进技术经费支出	万元	e_{14}
		技术改造经费支出	万元	e_{15}
	创新产出（X_2）	新产品开发项目数	项	e_{21}
		新产品销售收入	万元	e_{22}
		有效发明专利数	件	e_{23}
	创新环境（X_3）	高新技术产业 R&D 经费内部支出政府资金	万元	e_{31}
		高新技术产业利润额	亿元	e_{32}
		研发机构数	个	e_{33}
		技术市场成交合同金额	亿元	e_{34}

由表 10-1 可知，创新投入子系统选取高新技术产业 R&D 人员折合全时当量、高新技术产业 R&D 经费内部支出企业资金、新产品开发经费支出、引进技术经费支出、技术改造经费支出作为序参量。创新产出子系统选取新产品开发项目数、新产品销售收入和有效发明专利数作为序参量。创新环境子系统选取高新技术产业 R&D 经费内部支出政府资金、高新技术产业利润额、研发机构数、技术市场成交合同金额作为序参量。

第二节 环渤海大湾区高新技术产业协同创新系统协同度测度

一、研究模型

设高新技术产业协同创新系统为 X，各子系统为 X_i，$i \in [1,3]$，其中 X_1、X_2、X_3 分别代表创新投入子系统、创新产出子系统和创新环境子系统。在子系统发展过程中，各子系统序参量为 e_{ij}，$j \in [1,n]$，表示子系统 X_i 有 n 个序参量，且 $n \geqslant 1$，$\alpha_{ij} \leqslant e_{ij} \leqslant \beta_{ij}$，$\beta_{ij}$ 和 α_{ij} 分别为第 i 个子系统第 j 个序参量的上下限值。定义序参量有序度的计算公式为：

$$\varphi_i(e_{ij}) = \begin{cases} \dfrac{e_{ij} - \alpha_{ij}}{\beta_{ij} - \alpha_{ij}}, & j \in [1,m] \\[3mm] \dfrac{\beta_{ij} - e_{ij}}{\beta_{ij} - \alpha_{ij}}, & j \in [m+1,n] \end{cases} \tag{1}$$

其中，$\varphi_i(e_{ij})$ 表示第 j 个子系统第 j 个序参量的有序度，假设 $e_{i1} \cdots e_{im}$ 为正向指标，其取值越大，系统有序程度就越大，$e_{im+1} \cdots e_{in}$ 为负向指标，其取值越大，对系统的有序程度贡献越小。$\varphi_i(e_{ij}) \in [0,1]$，其值越大，表示序参量对系统有序程度的贡献越大。序参量 e_{ij} 对子系统 X_i 的有序程度可通过 $\varphi_i(e_{ij})$ 来归集，子系统有序度可以通过线性加权平均法或几何平均法进行归集，这里用熵值法计算权重，采用线性加权平均法进行归集，公式为：

$$\varphi_i(e_i) = \sum_{j=1}^n \omega_{ij} \varphi_i(e_{ij}) , \quad i \in [1,3] \tag{2}$$

式（2）中，ω_{ij} 表示第 i 个子系统第 j 个序参量的权重值，$\omega_{ij} \in [0,1]$。$\varphi_i(e_i)$ 表示第 i 个子系统的有序度，且 $\varphi_i(e_i) \in [0,1]$，$\varphi_i(e_i)$ 越大，子系统有序度越高，反之则越低。

设以 t_0 为基期，子系统 X_i 在基期时刻的有序度为 $\varphi_i^0(e_i)$，对复合系统演变过程中的时刻 t_1 来说，有序度为 $\varphi_i^1(e_i)$，在 t_1 时刻复合系统协同度 D 的计算公式为：

$$D = \theta \sqrt[3]{\prod_{i=1}^3 \left| \varphi_i^1(e_i) - \varphi_i^0(e_i) \right|} \tag{3}$$

其中，$\theta = \min\left[\varphi_i^1(e_i) - \varphi_i^0(e_i)\right] / \left|\min\left[\varphi_i^1(e_i) - \varphi_i^0(e_i)\right]\right|$，$D \in [-1,1]$，其值越大，表明高新技术产业协同创新系统协同度越高，反之则越低。参数 θ 作用在于当且仅当 $\varphi_i^1(e_i) > \varphi_i^0(e_i)$ 时，才会有正的协同度，说明从 t_0 到 t_1

时刻，复合系统是协同演进的。若其中一个子系统的有序度增加，而另外的子系统有序度不显著或下降，或者各子系统有序度均下降，说明复合系统并没有处于较好的协同状态，甚至处于不协同状态，此时复合系统协同度体现为 $D \in [-1,0]$。由此，复合系统协同度可以划分为以下几个阶段，如表 10-2 所示。

表 10-2　环渤海大湾区高新技术产业协同创新复合系统协同度等级评价标准

协同度	0.7<D≤1	0.3< D≤0.7	0<D≤0.3	−1≤D≤0
状态	高度协同	一般协同	低度协同	不协同

传统的复合系统协同度模型仅研究考察期内各时期相对于基期的变化情况，无法考察研究时间段内连续变化的状态和速度，将信息集结思想引入复合系统协同度模型，在原测算模型基础上进行扩展，将研究时间段进一步细分，基于速度演化状态和速度演化趋势，构建具有速度特征的复合系统协同度动态测算模型[①]。由式（3）得到在 $t_1, \cdots, t_{k+1}$ 每个时刻内的复合系统协同度 $D_1, \cdots, D_{k+1}$，设 V_k 是 D_k 在 $[t_k, t_{k+1}]$ 时期的变化速度，假定处于匀速变化状态，则在 $[t_k, t_{k+1}]$ 时段内与时间轴 t 围成的面积 S^v 可以反映协同度的变化速度状态，公式为：

$$S^v \left(t_k, t_{k+1} \right) = \int_{t_k}^{t_{k+1}} \left[V_k + (t - t_k) \times \frac{V_{k+1} - V_k}{t_{k+1} - t_k} \right] dt \tag{4}$$

其中，$V_k = (D_{k+1} - D_k) / (t_{k+1} - t_k)$，$V_k > 0$，系统协同度处于增长状态；$V_k < 0$，系统协同度处于下降状态；$V_k = 0$，系统协同度处于稳定状态。$S^v$ 的正负情况可以表示变化速度状态的上升和下降情况。用 μ_k 表示 S^v 在 $[t_k, t_{k+1}]$ 时段内的线性增长率，公式为：

$$\mu_k = \begin{cases} 0 & , t_{k+1} = 1 \\ \dfrac{V_{k+1} - V_k}{t_{k+1} - t_k} & , t_{k+1} > 1 \end{cases} \tag{5}$$

设 δ 是关于 μ_k 的函数，则在 $[t_k, t_{k+1}]$ 时段内反映协同度的变化速度趋

---

① 刘微微、石春生、赵圣斌：《具有速度特征的动态综合评价模型》，《系统工程理论与实践》2013 年第 3 期。

势的公式为：

$$\delta\left(\mu_k\right) = \frac{\varepsilon}{1+e^{-\mu_k}} \tag{6}$$

在 $\left[t_k, t_{k+1}\right]$ 时段融合变化速度状态和变化速度趋势的动态测度值为：

$$Z = S^v\left(t_k, t_{k+1}\right) \times \delta\left(\mu_k\right) \tag{7}$$

最后，综合整个期间，在 $\left[t_1, t_n\right]$ 内高新技术产业协同创新系统协同度的动态综合值为：

$$Z^* = \sum_{k=1}^{n-1} S^v\left(t_k, t_{k+1}\right) \times \delta\left(\mu_k\right) \tag{8}$$

在 $\left[t_1, t_n\right]$ 内，$Z^* > 0$，协同度的动态综合值较高，变化速度呈上升态势，$Z^* < 0$，其动态综合值较低，变化速度呈下降态势，$Z^* = 0$，动态综合值稳定，变化速度呈平稳态势。

二、数据来源与处理

选取环渤海区域内五省市 2011—2021 年高新技术产业协同创新系统内的序参量相关数据，数据均来自《中国高技术产业统计年鉴》《中国科技统计年鉴》和国家统计局网站，由于《中国高技术产业统计年鉴》2018 年未出版，未能获得 2017 年的有关数据，因此未将其纳入研究范围。

三、测度结果与分析

（一）序参量有序度

根据公式（1）计算得出环渤海大湾区五省市高新技术产业协同创新复合系统内各子系统序参量有序度，具体结果如表 10-3 至表 10-7 所示。

表 10-3　2011—2021 年北京高新技术产业协同创新子系统序参量有序度

序参量	2011年	2012年	2013年	2014年	2015年	2016年	2018年	2019年	2020年	2021年
e_{11}	0.064	0.441	0.968	0.973	0.750	0.877	0.694	0.486	0.942	0.872
e_{12}	0.032	0.120	0.175	0.200	0.228	0.333	0.392	0.542	0.554	0.941
e_{13}	0.027	0.103	0.180	0.200	0.180	0.203	0.256	0.385	0.477	0.936
e_{14}	0.669	0.961	0.889	0.645	0.510	0.487	0.616	0.451	0.478	0.052

续表

序参量	2011年	2012年	2013年	2014年	2015年	2016年	2018年	2019年	2020年	2021年
e_{15}	0.951	0.824	0.309	0.253	0.719	0.930	0.126	0.292	0.132	0.042
e_{21}	0.033	0.259	0.673	0.412	0.099	0.075	0.214	0.364	0.593	0.942
e_{22}	0.058	0.019	0.079	0.142	0.082	0.120	0.178	0.214	0.281	0.928
e_{23}	0.033	0.119	0.138	0.177	0.237	0.308	0.505	0.559	0.653	0.942
e_{31}	0.047	0.391	0.749	0.757	0.956	0.715	0.361	0.179	0.636	0.361
e_{32}	0.013	0.016	0.038	0.032	0.028	0.049	0.079	0.126	0.139	0.922
e_{33}	0.437	0.719	0.382	0.873	0.955	0.773	0.182	0.046	0.346	0.355
e_{34}	0.041	0.142	0.211	0.262	0.318	0.405	0.586	0.717	0.827	0.950

对于北京而言，高新技术产业 R&D 人员折合全时当量（e_{11}）、引进技术经费支出（e_{14}）和技术改造经费支出（e_{15}）是对创新投入子系统有序度影响较大的序参量，这三个序参量的有序度波动情况明显，高新技术产业 R&D 经费内部支出企业资金（e_{12}）有序度一直增加，新产品开发经费支出（e_{13}）变化比较稳定，仅在 2015 年出现小幅减少；新产品开发项目数（e_{21}）是对创新产出子系统有序度影响较大的序参量，新产品销售收入（e_{22}）有序度在 2015 年有所减少，有效发明专利数（e_{23}）有序度一直持续增加；对创新环境子系统有序度影响较大的序参量是高新技术产业 R&D 经费内部支出政府资金（e_{31}）和研发机构数（e_{33}），高新技术产业利润额（e_{32}）在 2014—2015 年有所下降，技术市场成交合同金额（e_{34}）有序度一直稳定增加。

表 10-4 2011—2021 年天津高新技术产业协同创新子系统序参量有序度

序参量	2011年	2012年	2013年	2014年	2015年	2016年	2018年	2019年	2020年	2021年
e_{11}	0.027	0.097	0.202	0.383	0.936	0.482	0.221	0.089	0.145	0.352
e_{12}	0.043	0.183	0.272	0.355	0.555	0.616	0.639	0.473	0.642	0.952
e_{13}	0.045	0.202	0.273	0.272	0.686	0.440	0.679	0.579	0.837	0.954
e_{14}	0.383	0.956	0.838	0.742	0.844	0.602	0.592	0.095	0.047	0.060
e_{15}	0.936	0.300	0.136	0.278	0.129	0.027	0.059	0.592	0.260	0.262
e_{21}	0.137	0.877	0.295	0.557	0.042	0.192	0.318	0.456	0.768	0.951
e_{22}	0.044	0.347	0.905	0.953	0.842	0.718	0.286	0.068	0.169	0.464

续表

序参量	2011年	2012年	2013年	2014年	2015年	2016年	2018年	2019年	2020年	2021年
e_{23}	0.050	0.195	0.324	0.337	0.578	0.749	0.818	0.662	0.855	0.959
e_{31}	0.059	0.022	0.041	0.034	0.922	0.081	0.210	0.028	0.059	0.013
e_{32}	0.093	0.566	0.853	0.760	0.956	0.843	0.047	0.093	0.293	0.659
e_{33}	0.216	0.806	0.392	0.264	0.631	0.535	0.057	0.041	0.599	0.950
e_{34}	0.037	0.089	0.126	0.220	0.316	0.357	0.468	0.655	0.806	0.946

对于天津而言，高新技术产业 R&D 人员折合全时当量（e_{11}）、引进技术经费支出（e_{14}）和技术改造经费支出（e_{15}）是对创新投入子系统有序度影响较大的序参量，这三个序参量有序度波动情况明显，高新技术产业 R&D 经费内部支出企业资金（e_{12}）和新产品开发经费支出（e_{13}）有序程度均较为稳定，仅在个别年份出现下降；新产品开发项目数（e_{21}）和新产品销售收入（e_{22}）是对创新产出子系统有序度影响较大的序参量，其中新产品开发项目数的影响更大，有效发明专利数（e_{23}）的有序度仅在 2019 年略有减少，其余期间一直平缓增加；对创新环境子系统有序度影响较大的序参量是高新技术产业 R&D 经费内部支出政府资金（e_{31}）、高新技术产业利润额（e_{32}）和研发机构数（e_{33}），其中高新技术产业 R&D 经费内部支出政府资金投入很不稳定，技术市场成交合同金额（e_{34}）有序度一直稳定增加。

表 10-5　2011—2021 年河北高新技术产业协同创新子系统序参量有序度

序参量	2011年	2012年	2013年	2014年	2015年	2016年	2018年	2019年	2020年	2021年
e_{11}	0.045	0.167	0.327	0.568	0.899	0.954	0.511	0.450	0.563	0.488
e_{12}	0.041	0.104	0.211	0.347	0.523	0.573	0.652	0.418	0.950	0.727
e_{13}	0.044	0.112	0.175	0.331	0.412	0.488	0.673	0.664	0.951	0.953
e_{14}	0.163	0.137	0.199	0.838	0.929	0.820	0.949	0.256	0.076	0.040
e_{15}	0.193	0.545	0.764	0.953	0.861	0.367	0.689	0.150	0.044	0.288
e_{21}	0.031	0.137	0.188	0.314	0.123	0.159	0.325	0.495	0.676	0.940
e_{22}	0.038	0.120	0.172	0.254	0.333	0.387	0.543	0.653	0.758	0.947
e_{23}	0.036	0.090	0.116	0.176	0.291	0.418	0.557	0.619	0.754	0.945
e_{31}	0.038	0.164	0.331	0.661	0.689	0.628	0.288	0.947	0.204	0.240
e_{32}	0.054	0.035	0.170	0.316	0.423	0.433	0.253	0.560	0.690	0.944
e_{33}	0.035	0.131	0.167	0.245	0.301	0.346	0.278	0.678	0.762	0.944
e_{34}	0.024	0.039	0.031	0.028	0.041	0.066	0.339	0.472	0.691	0.933

对于河北而言，主要影响创新投入子系统有序度稳定程度的序参量是引进技术经费支出（e_{14}）和技术改造经费支出（e_{15}），其余三个序参量的有序度变化相对稳定，其中高新技术产业 R&D 人员折合全时当量（e_{11}）和高新技术产业 R&D 经费内部支出企业资金（e_{12}）有序度在 2018 年及以后偶有减少，新产品开发经费支出（e_{13}）有序度一直保持增加态势；在创新产出子系统中，新产品开发项目数（e_{21}）有序度在 2015 年有所减少，新产品销售收入（e_{22}）和有效发明专利数（e_{23}）的有序度一直持续稳定增加；对创新环境子系统有序度影响较大的序参量是高新技术产业 R&D 经费内部支出政府资金（e_{31}），其余序参量有序度变化情况相对稳定，个别期间偶有下降。

表 10-6　2011—2021 年山东高新技术产业协同创新子系统序参量有序度

序参量	2011年	2012年	2013年	2014年	2015年	2016年	2018年	2019年	2020年	2021年
e_{11}	0.046	0.273	0.532	0.594	0.639	0.672	0.607	0.224	0.469	0.955
e_{12}	0.280	0.416	0.492	0.054	0.701	0.753	0.792	0.674	0.817	0.963
e_{13}	0.041	0.201	0.302	0.343	0.454	0.584	0.565	0.489	0.595	0.950
e_{14}	0.080	0.222	0.278	0.195	0.320	0.020	0.020	0.071	0.051	0.929
e_{15}	0.060	0.453	0.771	0.701	0.920	0.928	0.813	0.399	0.600	0.969
e_{21}	0.034	0.159	0.221	0.266	0.270	0.349	0.416	0.462	0.611	0.943
e_{22}	0.032	0.123	0.146	0.195	0.498	0.601	0.378	0.214	0.392	0.941
e_{23}	0.043	0.113	0.148	0.250	0.373	0.498	0.850	0.777	0.727	0.952
e_{31}	0.038	0.251	0.366	0.948	0.376	0.428	0.325	0.331	0.315	0.851
e_{32}	0.042	0.319	0.482	0.632	0.805	0.951	0.295	0.070	0.446	0.567
e_{33}	0.038	0.391	0.339	0.337	0.379	0.463	0.349	0.350	0.547	0.947
e_{34}	0.025	0.031	0.046	0.073	0.095	0.174	0.294	0.406	0.713	0.934

对于山东而言，引进技术经费支出（e_{14}）是对创新投入子系统有序度影响较大的序参量，其余四个序参量的有序度整体呈上升趋势，仅在个别年份出现小幅减少；新产品销售收入（e_{22}）是对创新产出子系统有序度影响程度较大的序参量，有效发明专利数（e_{23}）有序度在 2019—2020 年有所下降，新产品开发项目数（e_{21}）有序度一直持续增加；对创新环境子系统有序度影响较大的序参量是高新技术产业 R&D 经费内部支出政府资金（e_{31}），研发机构数（e_{33}）和高新技术产业利润额（e_{32}）在个别年份出现降

低，技术市场成交合同金额（e_{34}）有序度一直稳定增加。

表 10-7　2011—2021 年辽宁高新技术产业协同创新子系统序参量有序度

序参量	2011年	2012年	2013年	2014年	2015年	2016年	2018年	2019年	2020年	2021年
e_{11}	0.035	0.376	0.314	0.432	0.354	0.097	0.265	0.268	0.728	0.944
e_{12}	0.129	0.076	0.111	0.926	0.041	0.017	0.101	0.109	0.127	0.239
e_{13}	0.394	0.029	0.376	0.267	0.153	0.107	0.225	0.243	0.476	0.938
e_{14}	0.074	0.032	0.524	0.926	0.035	0.026	0.017	0.064	0.112	0.034
e_{15}	0.204	0.225	0.081	0.937	0.196	0.218	0.439	0.027	0.165	0.531
e_{21}	0.076	0.167	0.156	0.172	0.031	0.171	0.406	0.589	0.710	0.940
e_{22}	0.129	0.096	0.234	0.138	0.179	0.444	0.919	0.030	0.237	0.940
e_{23}	0.038	0.124	0.152	0.190	0.325	0.387	0.594	0.585	0.801	0.947
e_{31}	0.966	0.852	0.829	0.331	0.723	0.745	0.287	0.057	0.612	0.879
e_{32}	0.062	0.087	0.137	0.224	0.069	0.025	0.413	0.372	0.410	0.934
e_{33}	0.041	0.950	0.551	0.373	0.407	0.296	0.495	0.285	0.506	0.584
e_{34}	0.034	0.142	0.054	0.122	0.198	0.283	0.514	0.641	0.756	0.943

对于辽宁而言，高新技术产业 R&D 人员折合全时当量（e_{11}）、高新技术产业 R&D 经费内部支出企业资金（e_{12}）、新产品开发项目数（e_{13}）、技术改造经费支出（e_{15}）都是对创新投入子系统有序度影响较大的序参量，其中新产品开发经费支出（e_{13}）影响最大，且波动性大，引进技术经费支出（e_{14}）变化比较稳定；新产品开发项目数（e_{21}）和新产品销售收入（e_{22}）是对创新产出子系统有序度影响较大的序参量，有效发明专利数（e_{23}）有序度一直持续稳定增加；对创新环境子系统有序度影响较大的序参量是高新技术产业 R&D 经费内部支出政府资金（e_{31}）和研发机构数（e_{33}），高新技术产业利润额（e_{32}）和技术市场成交合同金额（e_{34}）有序度分别在 2013 年、2015 年和 2016 年略有减少，但总体呈稳定有序增加之势。

综上，环渤海大湾区各省市序参量有序度变化情况各不相同，高新技术产业 R&D 人员折合全时当量（e_{11}）和引进技术经费支出（e_{14}）是主要影响创新投入子系统的两个序参量；新产品销售收入（e_{22}）是对创新产出子系统有序度影响较大的序参量，有效发明专利数（e_{23}）有序度相对稳定；高新技术产业 R&D 经费内部支出政府资金（e_{31}）是主要影响创新环境子系统有序度的序参量；各序参量指标的有序发展能够促进各子系统的有序发展，从而提高子系统有序度，但仍需各个序参量共同有序推进。

（二）子系统有序度

根据公式（2）计算得到 2011—2020 年环渤海大湾区高新技术产业协同创新各子系统有序度，结果如图 10-1 至图 10-3 所示。

1. 创新投入子系统

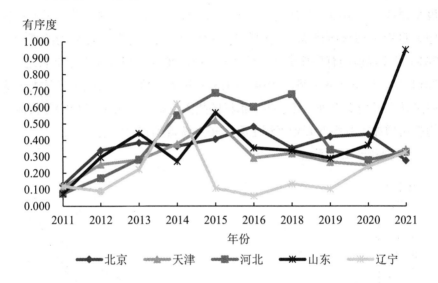

图 10-1　2011—2021 年环渤海大湾区高新技术产业创新投入子系统有序度演变趋势

由图 10-1 可知，环渤海大湾区各省市高新技术产业创新投入子系统有序度整体呈波动上升趋势。北京的有序度在 2016 年及以前和 2018—2020 年一直呈缓慢上升态势，2016—2018 年和 2020—2021 年略有下降，原因是 2018 年高新技术产业 R&D 人员折合全时当量、引进技术经费支出和技术改造经费支出三个序参量投入指标较 2016 年有所减少。天津的有序度在 2016 年及以前波动性较大，其中 2011—2015 年的有序度由 0.113 升至 0.522，各指标投入有序增加，因此子系统有序度一直上升，2015—2016 年出现骤减，原因是除高新技术产业 R&D 经费内部支出企业资金序参量有序度增加外，其余四个指标投入均有所下降，致使有序度出现下降，2016 年以后有序度开始平缓波动上升，一直在 0.2—0.3 范围内波动。河北有序度整体走势大致呈M形，2011—2015 年有序度呈较快增长趋势，且 2015 年的有序度升至 0.688，2015—2016 年有序度略有下降，2016—2018 年有序度又有所回升，2018—2020 年有序度下降幅度明显，由 0.681 降至 0.281，原因是除新产品开发经费支出外，其余四个指标有序度均下降，2021 年得益于新产品开发经费支出和技术改造经费支出的增加，促使有序度有所上升。山东的有序度趋势在研究期内可以分为三部分，2016 年及以前有序度呈 M 形趋势，其中 2014 年有序度下降的原因是由于高新技术产业 R&D 经费内部支出企业资金和引进技术经费支出的减少所致，2016—2020 年有序度平缓波动，2020—2021 年有序度大幅增长至 0.953，这得益于子系统各序参量指标均有所增加。辽宁的有序度趋势在研究期内可分为两部分，2016 年及以前的有序度变化呈倒 "V" 形，2014 年以前呈有序增长之势，2014 年以后呈下降趋势，2014—2015 年的有序度出现大幅下降是由于除引进技术经费支出外，其余四个指标的投入均减少，2016 以后因各项指标均有所增加，有序度开始平缓上升，子系统得到有序发展。

2. 创新产出子系统

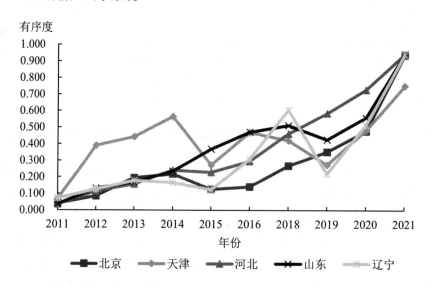

图 10-2　2011—2021 年环渤海大湾区高新技术产业创新产出子系统有序度演变趋势

由图 10-2 可知，环渤海大湾区各省市高新技术产业创新产出子系统的有序度整体呈稳步上升趋势。北京、河北和山东三省市的有序度在研究期内走势相似，呈缓慢上升趋势，说明三地高新技术产业创新产出能力较为稳定。其中，北京有序度在 2014—2015 年略有下降，原因是新产品开发项目数和新产品销售收入有所减少，山东有序度在 2018—2019 年有所下降，是由于新产品销售收入和有效发明专利有所减少所致，河北有序度走势良好，一直呈上升趋势。天津的有序度在研究期内呈波动趋势，2014 年及以前天津的有序度呈较快增长趋势，由 0.067 增至 0.564，各项产出指标有序增加，2014 年以后有序度呈"W"形趋势，特别是在 2015 年和 2019 年，其有序度处于最低水平，2015 年出现下降的原因是新产品开发项目数大幅减少，当年的新品开发能力有待提高，2016—2019 呈下降趋势是受新产品销售收入减少影响，此后有序度逐渐恢复有序上升趋势。辽宁的有序度整体走势大致分为平缓上升和"N"形两阶段，在 2016 年前，辽宁有序度在 0.05—0.10 范围内平稳波动，此后呈"N"形趋势，有序度波动性变大，2015—2018 年的有序度上升幅度明显，2018 年增至 0.6 以上，这是因为新产品开发项目数和新产品销售收入有序增加所致，2019 年出现大幅下降是因为新产品销售收入减少，2020—2021 年有序度呈上升趋势。

3. 创新环境子系统

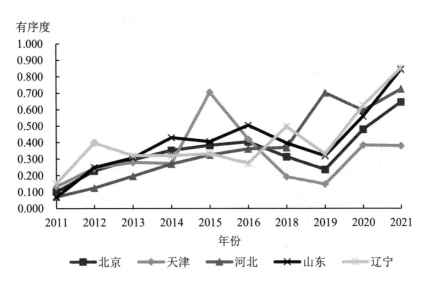

图 10-3　2011—2021 年环渤海大湾区高新技术产业创新环境子系统有序度演变趋势

如图 10-3 所示，环渤海大湾区创新环境子系统有序度整体呈波动上升趋势。北京的有序度在 2016 年及以前一直呈缓慢上升趋势，2016—2019 年出现小幅下降，主要是由于高新技术产业 R&D 经费内部支出政府资金和研发机构数两个指标较 2016 年有所减少，2019—2021 年上升幅度明显，由 0.273 增至 0.646，得益于创新环境子系统内各指标的有序增长。2014 年及以前天津的有序度缓慢波动上升，2014—2015 年出现大幅增长，高新技术产业 R&D 经费内部支出政府资金、高新技术产业利润额和研发机构数这三个指标数值增加所致，子系统有序度呈良好上升趋势，2015—2019 年有序度呈下降趋势，主要是由于高新技术产业 R&D 经费内部支出企业资金、高新技术产业利润额和研发机构数量均有所下降，2019—2021 年以后有序度又有所上升，这与高新技术产业利润额和研发机构数有所上升有关。2011—2019 年河北有序度呈上升趋势，其中 2011—2018 年有序度上升平稳，2018—2019 年有序度增幅较大，由 0.369 增至 0.701，这与创新环境子系统内的各个序参量指标均上升有关，尤其是高新技术产业 R&D 经费内部支出企业资金大幅增加，2019—2020 年有序度出现小幅下降，2020—2021 年有序度有所回升，均是受高新技术产业 R&D 经费内部支出企业资金波动影响。山东的有序度趋势在研究期内可分为两个阶段，2019 年及以前的有序度呈平缓的"M"形走势，2014—2015 年有序度略有下降，2016—2019 年有序度下降幅度增加，这是因为高新技术产业 R&D 经费内部支出政府资金和高新技术产业利润额减少，2019—2021 年有序度大幅增至 0.853，这得益于子系统中的各个序参量指标均有所增加，使子系统得到有序发展。辽宁的有序度趋势在研究期内同样可分为两部分，2016 年及以前有序度呈平缓波动趋势，子系统内各指标均稳定上升，2016 年及以后有序度呈"N"形趋势，2018—2019 年有序度出现下降是由于研发机构数减少，2019—2021 年有序度呈上升趋势，创新环境子系统得到有序发展。

（三）复合系统协同度静态结果

将环渤海大湾区高新技术产业协同创新系统各子系统有序度的计算结果代入公式（3），以 2011 年为基期，计算得到 2012—2021 年环渤海大湾区高新技术产业协同创新复合系统协同度静态结果，如表 10-8 所示，并据此绘制复合系统协同度变化趋势图（见图 10-4）。

表 10-8　2012—2021 年环渤海大湾区五省市高新技术产业协同创新复合系统协同度

协同度	北京	天津	河北	山东	辽宁
2012 年	0.105	0.171	0.074	0.155	-0.075
2013 年	0.197	0.209	0.146	0.226	0.122
2014 年	0.219	0.263	0.270	0.242	0.199

续表

协同度	北京	天津	河北	山东	辽宁
2015 年	0.188	0.364	0.311	0.381	-0.049
2016 年	0.221	0.274	0.342	0.375	-0.119
2018 年	0.221	0.162	0.426	0.344	0.134
2019 年	0.231	0.074	0.453	0.276	-0.076
2020 年	0.370	0.241	0.420	0.422	0.292
2021 年	0.418	0.340	0.532	0.852	0.501
平均值	0.241	0.233	0.330	0.364	0.103

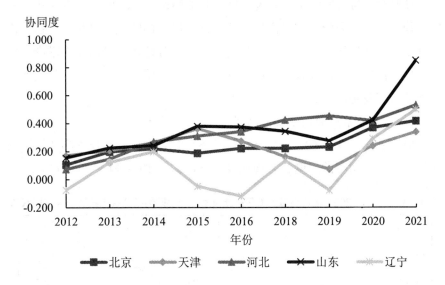

图 10-4　2012—2021 年环渤海大湾区高新技术产业协同创新复合系统协同度变化趋势

由表 10-8 和图 10-4 综合可知，环渤海大湾区高新技术产业协同创新复合系统协同度在波动中呈上升趋势。2012—2021 年北京高新技术产业协同创新复合系统协同度呈平缓上升趋势，其中 2012—2019 年的协同度在 0.3 以下波动，处于低度协同状态，2019—2021 年协同度缓慢上升，达到一般协同阶段。天津高新技术产业协同创新复合系统协同度在 2015 年和 2021 年达到一般协同状态，其余期间均处于低度协同状态，2016—2018 年的协同度出现小幅下降的主要原因是创新产出和创新环境的有序度略有降低。河北高新技术产业协同创新复合系统协同度连年增长，其中 2020 年略有下降，原因在于创新投入和创新环境子系统有序度有所下降，但2021年的协同度升至0.532，发展趋势表现良好。整个研究期内山东高新技术产业协同创新复合系统协同度可分为三个阶段，第一阶段为2012—2014年，协同度缓慢上升，但均在0.3以下，处于低度协同状态；第二阶段为2015—2020年，协同度在2019年略有下降，其余期间均处于一般协同状态；第三阶段为2020—2021年，逐步进入高度协同阶段，2021年的协同度达到0.852，这是由于三个子系统有序度提高且发展方向一致。辽宁的高新技术产业协同创新复合系统协同度在研究期内波动较大，2012—2019年的协同度水平在不协同和低度协同之间变动，2012年、2015—2016年和2019年的协同度为负值，原因在于创新投入不稳定，致使创新投入子系统有序度较基期减少，与其他两个子系统变化方向不协调一致；2020—2021年创新投入稳定，复合系统协同度由低度协同向一般协同转变。可见复合系统协同度是各子系统协调一致、共同作用的结果，各地在推进高新技术产业创新过程中需要注重创新投入的稳定性和对创新环境的持续优化，从而促进高新技术产业协同创新系统的良性发展。

（四）复合系统协同度动态结果

根据公式（4）-（6），分别计算得到环渤海大湾区高新技术产业协同创新复合系统协同度的速度状态和速度趋势，如表10-9和表10-10所示。

表10-9　2013—2021年环渤海大湾区高新技术产业协同创新复合系统协同度速度状态

年份	北京	天津	河北	山东	辽宁
2013—2014	0.057	0.046	0.098	0.043	0.137
2014—2015	-0.005	0.078	0.082	0.077	-0.085
2015—2016	0.001	0.005	0.036	0.067	-0.159
2016—2018	0.017	-0.101	0.057	-0.018	0.091
2018—2019	0.005	-0.100	0.055	-0.050	0.021
2019—2020	0.074	0.040	-0.003	0.039	0.079
2020—2021	0.094	0.133	0.040	0.288	0.289

从表10-9可以看出，环渤海大湾区高新技术产业协同创新复合系统协同度速度状态值多数为正，仅在个别期间为负。具体而言，北京与河北高

新技术产业协同创新复合系统协同度速度状态值在整个研究期均为正值，说明其复合系统协同度速度变化保持稳步增长；天津、山东和辽宁的速度状态值仅在个别时段为负，其余时段均为正值，说明其复合系统协同度速度变化偶有下降，但整体呈增长趋势。从整个研究期来看，相较于其他四省市，辽宁的速度状态值波动较大；除辽宁外，早期其他四地高新技术产业协同创新复合系统协同度速度状态值走势相近，均呈现增长趋势，自2016年以后，各地协同度速度状态值开始呈现不同变化趋势，在国家与各省市出台一系列支持与促进高新技术产业发展政策的指引下，各地高新技术产业创新资源投入不断增加，创新环境加速优化，创新产出成果不断涌现，高新技术产业协同创新水平得到不同程度的提升。

表 10-10 2013—2021 年环渤海大湾区高新技术产业协同创新复合系统协同度速度趋势

年份	北京	天津	河北	山东	辽宁
2013—2014	0.965	1.008	1.025	0.972	0.940
2014—2015	0.974	1.023	0.959	1.062	0.839
2015—2016	1.032	0.905	0.995	0.927	1.088
2016—2018	0.983	0.989	1.026	0.988	1.160
2018—2019	1.005	1.012	0.972	0.981	0.773
2019—2020	1.064	1.126	0.970	1.107	1.281
2020—2021	0.955	0.966	1.073	1.140	0.921

从表 10-10 可以看出，辽宁高新技术产业协同创新复合系统协同度速度趋势值波动明显，其他省市速度趋势值变化情况基本相似。北京在2014—2015 年、天津和山东在 2015—2016 年、河北和辽宁在 2018—2019年的高新技术产业协同创新复合系统协同度变化速度呈下降趋势，说明其协同度增长速度放缓。整个研究期内环渤海大湾区的协同度变化速度趋势值多呈上升趋势，但偶有下降，在一定程度上反映出需要进一步加强高新技术产业协同创新复合系统的稳定性，不仅要注重提升其协同度，还要关注其协同度变化速度的增长。

根据公式（7）-（8），计算得到环渤海大湾区高新技术产业协同创新复合系统动态测度值（Z）和动态综合值（Z*），如表 10-11 和表 10-12 所示。

表 10-11   2013—2021 年环渤海大湾区高新技术产业协同创新复合系统协同度动态测度值

年份	北京	天津	河北	山东	辽宁
2013—2014	0.055	0.046	0.100	0.042	0.129
2014—2015	-0.005	0.079	0.079	0.082	-0.072
2015—2016	0.001	0.005	0.036	0.062	-0.173
2016—2018	0.016	-0.100	0.059	-0.018	0.106
2018—2019	0.005	-0.101	0.054	-0.049	0.017
2019—2020	0.079	0.045	-0.003	0.043	0.102
2020—2021	0.089	0.128	0.043	0.328	0.266

由表 10-11 可知，环渤海大湾区高新技术产业协同创新复合系统协同度动态测度值多数期间为正，仅个别年份出现负值。研究期内北京、河北的高新技术产业协同创新复合系统协同度动态测度值分别在 2014—2015 年和 2019—2020 年为负，此期间系统协同发展演化速度呈下降态势，其余期间复合系统协同发展变化速度呈不断上升态势，表明复合系统整体协同发展一致性较好，各子系统内部实现有序发展。天津和山东的动态测度值在 2016—2019 年两个期间为负值，辽宁的动态测度值在 2014—2016 年两个期间为负值，复合系统变化速度呈下降态势，其余期间保持上升态势。虽然北京、天津、河北、山东的协同度均为正值，但其协同度变化速度逐渐放缓，甚至偶有下降，需要继续保持系统协同发展；辽宁不仅协同度偶有负值，其变化速度也偶有下降态势，说明其不仅需要通过提高子系统内部协同程度以促进整个系统协同度水平的发展，还需要保持协同度变化速度的上升趋势。

表 10-12   环渤海大湾区高新技术产业协同创新复合系统协同度动态综合值

地区	北京	天津	河北	山东	辽宁
动态综合值（Z^*）	0.241	0.103	0.368	0.491	0.374

由表 10-12 可知，整个研究期环渤海大湾区各省份动态综合值均为正，说明其子系统均得到良性有序发展，复合系统协同度的变化速度总体处于上升态势。但不同省市具有较大差异，相比较而言，天津的动态综合值较低，其高新技术产业协同创新复合系统协同度整体具有广阔的发展空间，

河北、辽宁、山东的动态综合值均在 0.3 以上，这些省份的高新技术产业协同创新复合系统总体演变处于良好发展态势。

第三节　完善环渤海大湾区高新技术产业协同创新发展的对策建议

北京要坚持产业基础高级化、产业链现代化、大力发展战略性新兴产业，打造具有全球竞争力的高精尖产业结构；要大力发展智能和高端制造产业，通过不断加强智能制造装备、智能工厂和产品的迭代优化与性能提升，大力推进智能制造产业模式的根本转变，形成具有国际影响力的先进制造业产业集群；同时聚焦大数据、云计算等基础领域，培育新一代信息技术产业集群，培育一批具有核心技术主导权的龙头企业；要以生物医药产业带动健康制造与服务配套发展的万亿级产业集群，重点建设中关村生命科学园、中关村高端医疗器械产业园等；通过实施产业基础再造和重大技术改造提升工程，鼓励龙头企业带动多元主体建立跨区域、跨行业、跨领域的新型产业联盟，培育一批创新型领军企业，打造若干以平台型企业为主导的产业生态圈。

天津要紧密围绕习近平总书记 2013 年 5 月赴天津考察时对天津工作提出的"三个着力"要求，以及 2024 年 2 月考察天津时作出的"天津作为全国先进制造研发基地，要发挥科教资源丰富等优势，在发展新质生产力上勇争先、善作为"指示，坚持科技创新和产业创新一起抓，聚焦实现新型工业化这一关键任务，锚定高端化、智能化、绿色化方向，推动先进制造业集群向"世界级"迈进；要更加主动服务北京非首都功能疏解和雄安新区建设，持续提升产业服务辐射功能；基于"一基地三区"的城市功能定位，大力发展新一代信息技术、航空航天、新能源汽车、新材料、生物医药等产业，进一步完善京津高新技术产业带建设；要优化工业园区布局，调整传统产业布局，加强优势产业布局，促进产业布局优化和产业链上下游协同；还要紧跟国内外科技创新研究前沿，把握新兴产业发展态势，培育壮大战略性新兴产业，增强在全球产业链供应链中的竞争力和影响力。

河北要围绕自身主导产业和优势产业，打造一批具有竞争力的产业集群，通过重点发展电子信息、生物医药等产业集群，形成产业链上下游的紧密配合和协同创新，进而发挥产业集群的集聚效应和协同效应；充分激发产业集群内的创新动能，吸引和培养创新型人才，吸引国内外科研机构和企业进行合作和投资，加大投资力度提升产业研发机构和发展平台的数量和质量；还要抓好新能源和智能网联汽车、机器人等产业链建设，开展延链、补链、强链行动，从不同方向构建联通京津的经济廊道，携手打造先进制造业集群；将京津冀协同发展战略推向纵深，有序做好承接京津产业转移工作，加速推进优质产业转移项目落地实施，促使产业在迁移过程中不断实现转型升级，同时主动对接央企，让更多河北产品和服务进入央企的产业链、供应链；加快京津冀国家技术创新中心河北中心、雄安中心建设，推动创新应用场景共建共享，健全科技成果转化对接机制，畅通京津研发、河北转化通道。

山东要充分利用沿海优势，大力发展海洋高新技术产业，大力推动全省海洋高新技术产业开发区建设，以提升山东海洋科技创新能力和产业集聚发展水平；要以"链长制"为总抓手，以"十大工程"为主路径，推动新一代信息技术产业全面扩量提质，产业链供应链韧性和安全水平显著增强，努力打造全国新一代信息技术产业重要集聚区、融合应用引领示范区和技术创新发展新高地；要强化济南、青岛等龙头城市引领，推动龙头企业开放市场链、供应链、创新链，引进一批技术含量高、协同发展性强的配套企业和生态伙伴，打造具有全球影响力的"雁阵形"产业集群；加大对鲁西地区的科研投入，出台合理的补贴和激励政策，借助济南都市圈、青岛都市圈、烟威都市区的规划与建设，将部分高新技术产业转移到鲁西地区，带动省内西部高新技术产业发展，缩小省内各地区之间的发展差距；发挥山东半岛城市群内学研机构带动作用，培养创新型人才，为山东半岛城市群高新技术产业协同发展提供强有力的智力支持。

辽宁要充分发挥沈阳、大连等核心城市协同创新作用，以国家级创新平台为引领，以自主创新示范区、高新区为载体，支持更多省级高新区晋升为国家级高新区，整合各类功能区，建设培育更多协同互补、联合发展的创新共同体；鼓励引导在辽科研院所、高校和企业聚焦产业发展需求推进科技创新，加快产业技术创新，以培育具有自主核心技术的科技型企业，注重营造有利于科技型中小微企业成长的良好环境，推动更多中小企业加速成长为高新技术企业和瞪羚独角兽企业；着力打造创新核心区，通过联合共建等方式集聚高水平科技平台、中试基地、产业技术研究院等创新资源，建设集基础研究、应用研究和产业化于一体的创新核心区、科技城；构建完善"众创空间—孵化器—加速器—产业园"全链条孵化体系，积极打造标志性区域孵化平台，加强科技成果转移转化，推进完善科技成果转移转化体系建设，争创沈大鞍国家科技成果转移转化示范区；加快推进辽西北承接产业转移示范区建设，支持阜新、朝阳、葫芦岛等市积极融入京津冀协同发展战略，深化与京津冀产业对接协作，加快建设环京津冀先进制造业基地。

环渤海区域要依托北京、天津、石家庄、保定、济南、青岛、沈阳和大连等中心城市的科研资源优势和高新技术产业基础，充分发挥国家级新区、国家自主创新示范区、国家高新区等高端要素集聚平台作用，联合打造一批产业链条完善、辐射带动力强、具有国际竞争力的高新技术产业集群，切实增强经济发展新动能。要加强区域内地方政府政策扶持及要素保障力度，发挥政策、人才、资金和技术要素支撑作用，落实支持产业发展相关政策，促进产业政策、财税支持与金融服务良性互动，以支持高新技术产业集群协同发展。可参考京津冀协同发展领导小组、粤港澳大湾区建设领导小组的建设与发展经验，推动成立环渤海大湾区建设领导小组，并根据实际发展情况调整和优化政策工具，促进要素自由流动，提高资源配置效率。各省市应注重加快发展新质生产力，优化高新技术产业发展制度环境，加快完善现代产权制度，最大程度激发各类市场主体活力，制定符合各地区实际的产业政策，积极发展战略性新兴产业集群和未来产业集群，深入推进数字经济创新发展，形成产业竞争新优势，加强高新技术产业体系协同创新，推动都市圈和城市间专业化分工协作，协同建设现代化产业体系。深化环渤海各省市之间及其与外界的"产学研"交流合作，深入贯彻落实创新、协调、绿色、开放、共享的新发展理念，优化产业布局，淘汰落后产能、化解过剩产能，共创高新技术产业协同创新发展新格局。

参考文献

［1］［德］赫尔曼·哈肯：《协同学：大自然构成的奥秘》，凌复华译，上海：
上海译文出版社，2013 年。

［2］Ansell C and Gash A, "Collaborative Governance in Theory and Practice", *Journal of Public Administration Research and Theory*, Vol.18, No.4, 2008, pp.543-571.

［3］Ansell C and Torfing J, "How Does Collaborative Governance Scale?", *Policy & Politics*, Vol.43, No.3, 2015, pp.315-329.

［4］Benton E J, "Challenges to Federalism and Intergovernmental Relations and Takeaways amid the COVID-19 Experience", *The American Review of Public Administration*, Vol.50, No.5-6, 2020, pp.536-542.

［5］Donahue D J and Zeckhauser J R, "Public-Private Collaboration" // Moran M, Rein M and Goodin R. *The Oxford Handbook of Public Policy*, New York: Oxford University Press, 2008, p.496.

［6］Mumtaz M, "Intergovernmental Relations in Climate Change Governance: A Pakistani Case", *Global Public Policy and Governance*, Vol.3, No.4, 2023, pp.116-136.

［7］Nice C D, *The Intergovernmental Setting of State-Local Relations*, New York: Routledge, 2018.

［8］Wallner J, "Ideas and Intergovernmental Relations in Canada", *Political Science & Politics*, Vol.50, No.3, 2017, pp.717-722.

［9］Wu Fulong, "China's Emergent City-region Governance：A New Form of State Spatial Selectivity through State-orchestrated Rescaling", *International Journal of Urban and Regional Research*, Vol.40, No.6,

2016, pp.1134-1151.

[10] 陈井安、池瑞瑞:《新发展格局下成渝府际协同研究:演进过程、面临挑战与实现路径》,《软科学》2022 年第 12 期。

[11] 陈世香、黄冬季:《协同治理:我国城市社区公共文化服务供给机制创新的个案研究》,《南通大学学报》(社会科学版) 2018 年第 5 期。

[12] 陈章喜、颛孙冠华:《粤港澳大湾区科技创新与经济高质量发展耦合协调研究》,《云南社会科学》2021 年第 4 期。

[13] 樊博、聂爽:《数字空间政府的应急协同治理——基于"结构—机制—效能"框架的阐析》,《行政论坛》2023 年第 6 期。

[14] 方舒:《协同治理视角下"三社联动"的实践反思与理论重构》,《甘肃社会科学》2020 年第 2 期。

[15] 冯锐、高菠阳、陈钰淳:《粤港澳大湾区科技金融耦合度及其影响因素研究》,《地理研究》2020 年第 9 期。

[16] 傅为忠、刘瑶:《产业数字化与制造业高质量发展耦合协调研究——基于长三角区域的实证分析》,《华东经济管理》2021 年第 12 期。

[17] 耿娜娜、邵秀英:《黄河流域生态环境—旅游产业—城镇化耦合协调研究》,《经济问题》2022 年第 3 期。

[18] 郭庆宾、骆康:《中国城市群资源集聚能力的协调发展及其驱动机制——以长江中游城市群为例》,《中国软科学》2020 线第 5 期。

[19] 何源、乐为、郭本海:《"政策领域-时间维度"双重视角下新能源汽车产业政策央地协同研究》,《中国管理科学》2021 年第 5 期。

[20] 黄萃、任弢、张剑:《政策文献量化研究:公共政策研究的新方向》,《公共管理学报》2015 年第 2 期。

[21] 蒋敏娟:《中国政府跨部门协同机制研究》,北京:北京大学出版社,2016 年。

[22] 赖先进:《治理现代化场景下复合型协同治理及实现路径》,《理论视野》2021 年第 2 期。

[23] 李国平、朱婷:《京津冀协同发展的成效、问题与路径选择》,《天津社会科学》2022 年第 5 期。

[24] 李剑玲、樊响:《生态视角的京津冀协同发展实证研究——基于三大城市群比较》,《河北学刊》2023 年第 2 期。

[25] 李丽、陈佳波、李朝鲜:《中国服务业发展政策的测量、协同与演

变——基于 1996—2018 年政策数据的研究》,《中国软科学》2020 年第 7 期。

[26] 李晓华:《面向制造强国的现代化产业体系:特征与构成》,《经济纵横》2023 年第 11 期。

[27] 李晓莉、申明浩:《新一轮对外开放背景下粤港澳大湾区发展战略和建设路径探讨》,《国际经贸探索》2017 年第 9 期。

[28] 林伯强、谭睿鹏:《中国经济集聚与绿色经济效率》,《经济研究》2019 年第 2 期。

[29] 林细细、张海峰、张铭洪:《城市经济圈对区域经济增长的影响——基于中心——外围理论的研究》,《世界经济文汇》2018 年第 4 期。

[30] 刘和东、刘权:《高新技术产业生态系统的演化效应与协同机制》,《技术经济》2021 年第 1 期。

[31] 刘兰剑、项丽琳、夏青:《基于创新政策的高新技术产业创新生态系统评估研究》,《科研管理》2020 年第 5 期。

[32] 刘立军、刘义臣:《科技金融与实体经济高质量发展耦合协调研究——以京津冀为例》,《经济问题》2022 年第 8 期。

[33] 刘良:《改革开放以来环渤海地区的政府间合作:历史、绩效与挑战》,《华北电力大学学报》(社会科学版)2017 年第 2 期。

[34] 刘伟忠:《我国协同治理理论研究的现状与趋向》,《城市问题》2012 年第 5 期。

[35] 刘新智、沈方:《人力资本积累与产业结构升级的耦合协调研究——以长江经济带为例》,《西南大学学报》(社会科学版)2021 年第 3 期。

[36] 刘义臣、沈伟康、刘立军:《科技金融与先进制造业创新发展的动态耦合协调度研究》,《经济问题》2021 年第 12 期。

[37] 刘云刚、张吉星、王丰龙:《粤港澳大湾区协同发展中的尺度陷阱》,《地理科学进展》2022 年第 9 期。

[38] 柳天恩、王利动:《京津冀产业转移的重要进展与困境摆脱》,《区域经济评论》2022 年第 1 期。

[39] 逯东、朱丽:《市场化程度、战略性新兴产业政策与企业创新》,《产业经济研究》2018 年第 2 期。

[40] 马骁:《基于复合系统协同度模型的京津冀区域经济协同度评价》,《工业技术经济》2019 年第 5 期。

[41] 马忠新、伍凤兰：《湾区经济表征及其开放机理发凡》，《改革》2016年第 9 期。

[42] 马宗国、丁晨辉：《"一带一路"倡议下区域高新技术产业协同创新研究》，《经济体制改革》2019 年第 1 期。

[43] 冒小飞：《京津冀地区协同发展：结构评估与演进》，《经济与管理》2023 年第 4 期。

[44] 彭纪生、仲为国、孙文祥：《政策测量、政策协同演变与经济绩效：基于创新政策的实证研究》，《管理世界》2008 年第 9 期。

[45] 饶常林：《府际协同的模式及其选择——基于市场、网络、科层三分法的分析》，《中国行政管理》2015 年第 6 期。

[46] 芮国星：《基于协同治理视域的政治舆论引领力建设路径研究》，《内蒙古社会科学》2024 年第 1 期。

[47] 邵海琴、吴卫、王兆峰：《长江经济带旅游资源绿色利用效率与新型城镇化的时空耦合协调》，《经济地理》2021 年第 8 期。

[48] 申勇、马忠新：《构筑湾区经济引领的对外开放新格局——基于粤港澳大湾区开放度的实证分析》，《上海行政学院学报》2017 年第 1 期。

[49] 孙久文、程芸倩：《京津冀协同发展的内在逻辑、实践探索及展望——基于协同视角的分析》，《天津社会科学》2023 年第 1 期。

[50] 孙久文、王邹：《新时期京津冀协同发展的现状、难点与路径》，《河北学刊》2022 年第 3 期。

[51] 孙宗锋、席嘉诚：《数字化协同治理的类型及其逻辑——以政务服务"跨省通办"为例》，《电子政务》2023 年第 10 期。

[52] 唐亚林、于迎：《大都市圈协同治理视角下长三角地方政府事权划分的顶层设计与上海的选择》，《学术界》2018 年第 2 期。

[53] 陶希东：《美国旧金山湾区跨界规划治理的经验与启示》，《行政管理改革》2020 年第 10 期。

[54] 田学斌、柳天恩：《京津冀协同创新的重要进展、现实困境与突破路径》，《区域经济评论》2020 年第 4 期。

[55] 汪涛、张志远、王新：《创新政策协调对京津冀区域创新绩效的影响研究》，《科研管理》2022 年第 8 期。

[56] 汪小龙、丁佐琴：《区域一体化、经济韧性与科技创新》，《科学学与科学技术管理》2023 年第 12 期。

［57］王丽艳、戴毓辰、宋顺锋:《区域协调发展战略下推进环渤海大湾区建设的逻辑与时序探讨》,《城市发展研究》2020 年第 8 期。

［58］王韶华、杨志葳、张伟:《京津冀工业绿色协同发展测度及障碍因子诊断》,《统计与信息论坛》2022 年第 1 期。

［59］王学栋、张定安:《我国区域协同治理的现实困局与实现途径》,《中国行政管理》2019 年第 6 期。

［60］韦景竹、王政:《公共文化数据协同治理研究:内涵、范畴与理论框架》,《图书情报知识》2022 年第 6 期。

［61］吴金兴、祝哲:《"行为人"视角下的避责逻辑与协同治理——一项情景实验》,《公共管理评论》2023 年第 3 期。

［62］肖富群、蒙常胜:《京津冀大气污染区域协同治理中的利益冲突影响机理及协调机制——基于多案例的比较分析》,《中国行政管理》2022 年第 12 期。

［63］徐政、郑霖豪、程梦瑶:《新质生产力赋能高质量发展的内在逻辑与实践构想》,《当代经济研究》2023 年第 11 期。

［64］颜廷标:《区域角色定位方向、维度与实现机理——以京津冀协同发展背景下的河北省为例》,《河北学刊》2021 年第 3 期。

［65］燕连福、程诚:《科技创新促进共同富裕的独特优势、面临挑战与推进路径》,《北京工业大学学报》(社会科学版) 2024 年第 3 期。

［66］杨佳雯、赵志耘、高芳:《基于文本量化分析的中国省级人工智能政策布局研究》,《现代情报》2022 年第 7 期。

［67］杨枝煌、陈尧:《中国大湾区建设的战略运筹》,《社会科学》2020 年第 12 期。

［68］杨志云、毛寿龙:《制度环境、激励约束与区域政府间合作——京津冀协同发展的个案追踪》,《国家行政学院学报》2017 年第 2 期。

［69］尹洁、刘玥含、李锋:《创新生态系统视角下我国高新技术产业创新效率评价研究》,《软科学》2021 年第 9 期。

［70］喻月慧、李珍:《中国儿童健康保障现状、问题及三医协同治理策略》,《社会保障研究》2023 年第 3 期。

［71］袁祖社、张媛:《人类命运共同体的理论境界与中国道路的实践选择》,《西安财经大学学报》2021 年第 1 期。

［72］张贵、孙晨晨、刘秉镰：《京津冀协同发展的历程、成效与推进策略》，《改革》2023 年第 5 期。

［73］张虹鸥、王洋、叶玉瑶：《粤港澳区域联动发展的关键科学问题与重点议题》，《地理科学进展》2018 年第 12 期。

［74］张衔春、胡国华、单卓然：《中国城市区域治理的尺度重构与尺度政治》，《地理科学》2021 年第 1 期。

［75］张越、余江、刘宇：《我国集成电路产业政策协同演变及其有效性研究》，《科研管理》2023 年第 7 期。

［76］张智鹏、宁春姿、徐生霞：《产业协同发展：机制与测度》，《统计学报》2023 年第 2 期。

［77］赵丽娜、钱进：《发挥山东半岛城市群黄河流域龙头作用的路径选择——基于城市群效应视角》，《东岳论丛》2023 年第 9 期。

［78］赵树迪、周显信：《区域环境协同治理中的府际竞合机制研究》，《江苏社会科学》2017 年第 6 期。

［79］周京奎、王文波、张彦彦：《"产业—交通—环境"耦合协调发展的时空演变——以京津冀城市群为例》，《华东师范大学学报》（哲学社会科学版）2019 年第 5 期。

［80］朱最新、刘云甫：《法治视角下区域府际合作治理跨区域管辖组织化问题研究》，《广东社会科学》2019 年第 5 期。